초연결사회를 향한
여덟 개의 인문학적 시선

이 저서는 2019년 대한민국 교육부와 한국연구재단의 지원을 받아 수행된 연구임 (NRF-2019S1A5C2A02082760)

초연결시대
치유인문학
총 서 ❷

# 초연결사회를 향한
# 여덟 개의 **인문학적 시선**

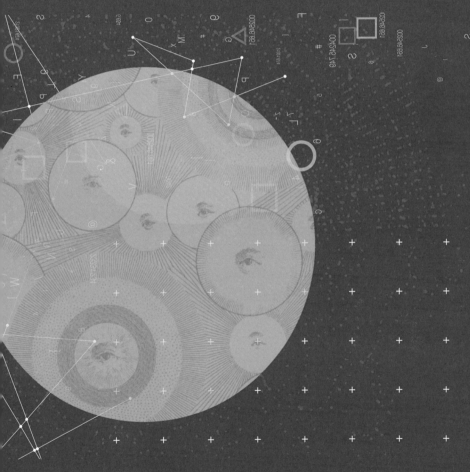

김기봉 유강하 이지선 이철호 정성미 정락길 차민철 한의정 | 강원대 인문과학연구소 엮음

앨피

# 차례

머리말 9

---

디지털 세계의 '연결과 단절',
그 사이의 아날로그적 인간 _유강하          19

미래 사회와 인간
데이터와 인간
SF 속 불온한 미래
에코 챔버echo chamber에 갇힌 닫힌 연결
디지털 세상과 아날로그적 인간의 공존을 위하여

---

버라드의 행위적 실재론
**초연결시대를 위한 인식-존재-윤리학 시론** _이지선          43

행위적 실재론: 여성주의 과학학과 포스트휴머니즘의 접점
회절과 물의 빛기: 방법론 혹은 그 이상
표상주의 비판과 수행적 · 물질적 전회
보어 양자역학 철학의 전유와 포스트휴먼 전회

## 초연결사회와 가치중립화 현상
**퍼스의 관점을 중심으로** _ 이청호 73

초연결사회에 대한 실용주의적 접근
퍼스의 삼원적triadic 범주론
예상prediction과 의미 있는 인식의 과정
의미 있는 인식과 가치중립화 현상
가치중립화 현상에 대한 바람직한 대처


## 신어 속에 투영된 초연결시대 MZ세대의 정체성과 소통 양상 2017, 2018, 2019년 신어를 중심으로 _ 정성미 107

들어가기
신어 속 정체성과 소통의 양상
느슨한 관계와 대화 상실
느슨한 가족관계와 나 중심의 문화
인기, 정보, 영향력, 인정 욕구
감정 소통
콜 포비아 세대의 문자 소통
부작용
나가기

## 초연결시대 매체의 투명성과 불투명성
**영화론을 중심으로** _ 정락길　　　　　　　　　　137

초연결시대 속 영화 매체의 변화를 생각하기
매체의 기획, 그리고 기술과 예술의 관계
현존에의 욕망과 불순성/잡종성hybridation에 대한 성찰
운동의 환영
상호행위성에 대하여


## 포스트시네마 혹은 영화의 재배치 _ 차민철　　165

영화의 소멸 혹은 재생?
디지털 시네마, 뉴미디어 시네마, 그리고 포스트시네마
포스트시네마 관점과 영화의 재배치
영화는 지금 어디에 있는가?

기계–예술가의 탄생 _ 한의정      191

인공지능 시대의 예술
예술가, 창조, 기술
예술가가 기계를 만날 때
기계, 예술, 전시
기계가 예술가가 될 때
기계–예술가의 출현 이후
기계와 인간의 연결망


포스트코로나 시대 감염과 연결에 대한
인문학적 성찰 _ 김기봉      223

이기적 유전자 vs. 인간의 무늬人文
코로나 '때문에'와 '덕분에'
인류 문화사, 감염을 통한 연결
포스트코로나 시대 인문학의 과제

주마간산走馬看山. 달리는 말 위에서 산을 본다. 달리는 말 위에서 산을 보니 산이 제대로 보일 리가 없다.

초연결시대 우리가 올라타고 있는 것은 무엇인가? 정보과학기술, 인공지능, 사물인터넷, 알고리즘 등 하나하나를 대충 파악하기에도 인문학자들에겐 버겁고 생경한 것들이 많다. 달리는 말은 이쯤 되면 낭만이다. 비교도 안 될 만큼 빠른 속도로 우리를 태우고 향방을 가늠할 수 없는 곳으로 이동 중이다. 유토피아라 하기도 하고, 디스토피아라 하기도 한다. 너무 빠르게 변화해 가는 세상, 대충이라도 파악하기 어려운 세상, 점점 미궁 속으로 빠져드는 느낌이다. 흔들리는 시선만큼이나 우리의 정체성도 흔들리고, 주변의 대상들도 모두 혼재되고 혼란스런 형국이다. 그래서 우리는 불안하고, 두렵다.

지금, 초연결시대에 대한 인문학자들의 탈경계적 관점의 다양한 해석이 필요한 시점이다. 과학철학사, 국어학, 영화, 예술, 문화 등 여덟 개의 시선을 통해 자유롭고 다양하게 초연결사회를 조망하는 것이 이 책의 기획 의도이다.

첫 번째 〈디지털 세계의 '연결과 단절', 그 사이의 아날로그적 인간〉은 디지털로 연결되는 세상을 살아가는 아날로그적 육체를 지닌 인간의 삶에 대한 성찰과 비판적 내용을 담고 있다. 두 번째 〈버라드의 행위적 실재론: 초연결시대를 위한 인식-존재-윤리학 시론〉은 초연결시대에 갖는 행위적 실재론의 인식론적·존재론적·윤리학적 함축을 예비적으로 살펴본다. 세 번째 〈초연결사회와 가치중립화 현상: 퍼스의 관점을 중심으로〉는 초연결시대에 빈번히 발생할 수 있는 획일적인 가치중립화 현상에 주목하여 습관적이고 무비판적 인식의 결정을 지양하고 자아와 반자아의 상호작용, 관용 공존의 태도를 해결 방안으로 강조하였다. 네 번째 〈신어 속에 투영된 초연결시대 MZ세대의 정체성과 소통 양상〉은 기존 관계에 대한 회의감, 관계 상실로 인한 자아의 약화, 온라인에서의 대안 관계, 대화에 낯설어하는 사람들의 두려움 등 왜곡되고 굴절된 소통과 관계의 현상을, 초연결시대를 반영한 신어 속에서 포착하고 있다. 다섯 번째 〈초연결시대 매체의 투명성과 불투명성: 영화론을 중심으로〉는 영화의 투명성과 불투명성의 역설적 관계의 역사를 다채롭게 기술하면서 이러한 영화의 역사로부터 초연결사회를 사유하였다. 여섯 번째 〈포스트시네마 혹은 영화의 재배치〉는 초연결시대 영화의 새로운 재탄생인 포스트시네마에 대한 논의로, 영화의 존재적 탐구를 넘어 영화의 재배치를 위한 인식론적 전환을 보여 준다. 일곱 번째 〈기계-예술가의 탄생〉은 인공지능이라는 기계-예술가의 출현을 중심으로 예술에서의 윤리적·도덕적 책임, 저작권 문제 등을 통해 미적·윤리적 주체로서 인간의 책임과 의무, 인간과 비인간의 관계 규정에 대한 필요성을 이야기한다. 여덟 번째 〈포스트코로나 시대 감염과 연결에 대한 인문학적 성찰〉은 포스트코로나 시대 인문학은 인간과 인간 사이의 차원을 넘어 인간과 비인간 사이 연결에 대한 새로운 관계 문법에 대한 숙고를 제시하고 있다.

초연결시대에는 새로운 대상, 그 대상에 대한 고정되지 않은 다양한 의미 해석 등 인문학의 다양한 시선이 필요하다. 여덟 개의 시선에 대한 개요를 소개한다.

◆  ◆  ◆

### 유강하, 〈디지털 세계의 '연결과 단절', 그 사이의 아날로그적 인간〉

이 책은 디지털로 연결되는 세상에서 아날로그적 육체를 갖고 살아가는 인간의 삶에 대한 성찰이자 비판적 보고이다. 과학의 발전, 기술의 진화는 4차산업혁명, 초연결시대로의 진입을 가능하게 했다. 초연결사회에서는 모든 사람이 평등하게 소통할 수 있을 것처럼 보이지만, 정보나 지식의 불균형은 오히려 단절, 불통, 갈등, 불평등을 초래할 수 있다. 초연결시대에 지식의 양적 평등은 이루어질 수 있겠지만, 이것이 질적 평등으로 이어지지 않는다면 불평등은 심화될 것이다. 우리가 쉽게 간과하는 것은 초연결시대, 초연결사회가 과학기술과 시스템과 관련된 것이지만 이것이 인간의 삶과 밀접하게 관련되어 있다는 점이다. 과학기술에 대한 논의가 진행될수록 인간과 인간 삶에 대한 논의가 동시에 진행되어야 하는 이유이다.

사물이 창의적이고 자율적으로 소통하는 초연결시대로 진입했지만, 인간은 여전히 아날로그적 존재로 살아가고 있다. 인간의 존재 방식과 빠르게 진화하는 미래 사회 사이의 간극은 점점 넓어지고 있다. 현재와 가까운 미래에 인간은 어떠한 존재로 살아가야 하고, 기계와 인간은 어떤 관계를 설정해야 할까. 그리고 부단히 변화하는 시대인 초연결시대에서 인간의 존재 의미, 인간 삶의 의미를 어떻게 찾을 수 있을까. 알고리즘이 아니라 상상력이 필요한 순간이다.

**이지선, 〈버라드의 행위적 실재론: 초연결시대를 위한 인식−존재−윤리학 시론〉**
포스트휴머니즘은 각종 연결을 특징으로 하는 이 시대를 대표하거나 적어도 이 시대의 정신을 잘 반영하는 사상이다. 미국의 철학자 캐런 버라드Karen Barad는 로지 브라이도티, 도나 해러웨이와 더불어 포스트휴머니즘을 대표하는 여성주의 이론가이다. 양자역학의 철학을 전공한 눈에 띄는 이력의 소유자로 과학, 철학, 예술을 넘나드는 사유를 전개한다. 이 사유의 핵심을 이루는 것이 "행위적 실재론agential realism"이다. 이 글은 행위적 실재론과 그것이 초연결시대에 갖는 인식론적·존재론적·윤리학적 함축을 살펴보기 위한 예비적 고찰이다. 우선 버라드의 방법론으로 제시하는 "회절diffraction"과 "물의 빚기mattering"의 개념을 소개한다. 그리고 그 이론적 배경으로 과학철학에서의 실재론−구성주의 논쟁과 버틀러의 수행성performativity 개념, 그리고 보어의 양자역학 철학을 제시한다. 이렇듯 행위적 실재론은 여성주의 이론과 양자역학 철학의 성과를 종합함으로써 말−사물, 자연−문화 등의 이분법을 극복하고자 하는 포스트휴머니즘 기획과 조우하는데, 이는 초연결시대의 중요한 화두인 과학기술, 사회 그리고 인간의 관계라는 문제에도 시사하는 바가 크다.

**이청호, 〈초연결사회와 가치중립화 현상: 퍼스의 관점을 중심으로〉**
초연결사회는 인간의 모든 삶의 영역이 네트워크를 통해 직간접적으로 연결되고 공유되는 것이 가능하게 된 사회이다. 이러한 초연결시대에 삶의 양상을 실용주의 철학자 퍼스Charles S. Peirce의 관점에서 살펴보는 것은 유의미하다. 퍼스의 사상에서 범주론theory of categories과 결정이론theory of determination은 인간의 인식 형성 과정을 설명하는 데 유용한 단초를 제공한다. 이 글에서는 퍼스의 범주론을 통해 의미작용 및 해석에 나타나는 결정의 요소들을 살펴보고 이것이 초연결사회에서의 삶에 미치는 영향을 해석하였다. 초연결시대에 빈번히 발생할 수 있는 성공적인 의미의 결정은 선입견에 의한 획일적인 의미의 고착화, 가치중립화 현상과 같은 문제점에 직면하게 된다. 이를 해결하기 위해서는 기존의 고정화된 신념에 매몰되지 않고 습관적이고 무비판적 인식의 결정을 지양하면서 자아와 반자아의 상호작용, 즉 다양한 해석이 발생할 수 있는 여지를 인정하는 저항의 과정을 함축해야 할 것이다. 이를 통해 다양한 해석의 가능성을 긍정하고 다른 사람의 관점에서 바라보는 소급의식retroconsciousness 및 관용과 공존의 태도를 형성하여야 할 것이다.

**정성미, 〈신어 속에 투영된 초연결 시대 MZ세대의 정체성과 소통 양상〉**
이 글은 초연결사회 관련 신어 자료를 통해서 초연결시대를 사는 사람들의 새로운 정체성과 새로운 소통과 관계의 양상을 고찰한다. 이를 위해서 2017년, 2018년, 2019년 신어 자료에서 초연결사회와 디지털 문화를 반영하는 신어를 1차 분류하였다. 1차 분류된 신어 186개의 뜻풀이를 중심으로 새로운 세대의 정체성, 관계와 소통과 연관된 146개 신어를 2차 분류하였다.

MZ세대로 대표되는 '세대' 신어는 관계는 최소화하고, 소통에 있어서 위축된 면을 보이며, 경험은 다양하게 하고, 인공지능, 오디오 기술 등에 잘 적응하는 젊은 세대, 생산직과 사무직을 융합한 새로운 형태의 직종을 차별화해 반영하고 있다.

신어에 나타난 초연결시대 관계와 소통의 특징을 정리해 보면, 첫째, 최소한의 인간관계를 맺으려는 경향, 둘째 관계가 가볍고 느슨한 특징, 셋째 기존 관계에 대해 회의감, 넷째 타인과의 관계 상실로 인한 자아 약화, 다섯째 새로운 온라인상에서 대안 관계 형성, 여섯째 위축된 관계로 전화, 음성으로 이루어지는 실제 대화에 대한 거부감과 두려움으로 소통에 낯설어하는 사람들의 모습을 볼 수 있다. 강하게, 당당하게, 거침없이와 같이 일방적이고 솔직한 표현의 욕구를 반영한 신어도 있다. 가족관계에 있어서도 누구의 희생을 당연하게 여기지 않는 가족 구성원의 행복을 추구하는 새로운 형태의 가족관계와 1인가구와 연관된 혼자', '홀로' 삶을 사는 것, 홀로 사업을 운영하는 것을 반영한 신어가 있었다. 초연결이 기존의 가족관계나 혼자 즐기는 삶, 사업 운영 등에 영향을 준 것으로 보인다.

### 정락길, 〈초연결시대 매체의 투명성과 불투명성: 영화론을 중심으로〉

이 글은 영화를 중심으로 초연결시대 매체에 대한 논의를 전개한다. 매체 혹은 예술에서 현존성을 이야기하는 것은 각 매체가 내포하고 있는 감각적·지각적 장치로부터 이 감각을 넘어서는 환영이기도 한 믿음의 공동체, 즉 기술주의 혹은 과학주의적 태도에서의 이탈을 전제한다. 20세기 이후 매체는 그 신기함을 통해 일시적으로 관객 혹은 수용자의 몸을 사로잡아 왔지만 이러한 매체 소통의 방식은 일종의 사회적 관습의 양태로 변해 왔다. 이러한 맥락에서 매체는 항상 관객 혹은 사용자에게

'지금, 여기'의 현존성의 경험을 제공하고자 하는 이상을 지니지만, 매개됨 없이 스크린 속의 세계에 몰입하는 과정 속에는 필연적으로 기술적 장치 자체가 은폐된다는 점을 이 글은 주목하고 있다. 따라서 매체를 항상 투명성과 불투명성 사이의 이중적 관계로서 사유할 필요성을 이 글의 저자는 제기하고 있다. 영화의 역사를 투명성과 불투명성의 역설적 관계의 역사로서 다채롭게 기술하면서 이러한 영화의 역사로부터 초연결시대를 사유하고자 하며, 스크린의 시공간을 새롭게 전유하며 탄생하고 있는 초연결시대의 문화적 새로움을 좀 더 거리화된 시선으로 바라보려 한다는 점이 이 글의 특징이다.

## 차민철, 〈포스트시네마 혹은 영화의 재배치〉

19세기 말 탄생해 20세기 동안 시각예술 분야를 주도하며 한 세기를 지나온 영화는 21세기를 맞아 새로운 궤도에 진입했다. 기존 시네마 시스템을 기반으로 하는 영화는 21세기를 맞아 급변하는 미디어 환경에서 뉴테크놀로지와 뉴미디어라는 강력한 자장 안에서 새로운 여정을 찾고 있다. 이른바 '포스트-시네마'라는 개념과 용어는 기술과 문화, 예술과 산업, 담론과 실천 등 각 영역에서 때로는 거시적인, 때로는 미시적인 역학관계를 형성하고 있으며, 영화는 시네마라는 특정 미디어의 경계를 벗어나 미디어 생태계 전반에서 뉴미디어 시네마 혹은 포스트-시네마라는 스펙트럼을 통과하고 있다. 1980년대 후반 도입된 디지털 시네마와 1990년대 이후의 뉴미디어 패러다임은 오늘날 영화의 탈경계, 전환, 확장이라는 '포스트-시네마' 패러다임으로 편입되고 있다. 영화는 21세기를 맞아 급변하는 미디어 환경에서 존속할 수 있을까? 영화는 뉴테크놀로지와 뉴미디어의 강력한 자장 안에서 소멸할 것인가?

영화는 새로운 모습으로 재탄생할 것인가? 우리는 21세기 영화의 종언을 예측하기도 하고 21세기 영화의 새로운 재탄생에 대한 희망을 품기도 한다. 뉴미디어 시대의 디지털 시네마, 나아가 포스트시네마 시대로 불리는 오늘날 영화는 어디에 있는가? 포스트-시네마 관점의 논의들은 영화의 존재론적 탐구를 넘어 21세기 영화의 재배치를 위한 인식론적 전환을 향하고 있다.

## 한의정, 〈기계—예술가의 탄생〉

이 글은 '그림 그리는 기계'의 역사를 통해 예술가의 창의성과 기계의 자율성에 대해 논한다. 산업시대 이후 기계미학이 예술가와 창작자들에게 큰 영향을 미치는 가운데 예술과 기계의 결합은 세 가지 국면으로 나타난다. 첫 번째 국면은 문학작품 속에서 예술작품을 생산하는 기계들이 유토피아를 형성하는 구축물 중 일부로 등장한 시기이다. 두 번째 국면은 다다, 미래주의 등 아방가르드 예술가들이 그들의 창작 행위를 기계적 프로세스나 기계 오브제에 의존하여 진행한 시기이다. 세 번째 국면은 E.A.T. 그룹과 같은 예술가와 공학자의 협업, 주세페 피노-갈리지오Giuseppe Pinot-Gallizio의 〈산업 회화〉(1958)와 같이 기계와 산업 생산품의 구조적 특징을 작품에 직접적으로 드러내는 단계이다. 이러한 단계에서 더 나아가 장 팅글리Jean Tinguely는 〈메타—마틱〉 시리즈에서 기계인 동시에 예술작품이 되는, 예술작품을 생산하는 기계 자체를 선보인다. 여기에서 예술작품은 기계, 생산행위, 사용자, 생산품을 하나로 묶는 과정적 특징으로 규정된다. 장 팅글리의 이러한 생각은 로즈마리 트로켈Rosemarie Trockel, 레베카 호른Rebecca Horn과 같은 작가들에게 계승되며, 우연적 생성을 허락하는 디지털 아트, 미디어 아트의 전신이 되었다. 오늘날 인공지능 예술작품에서 유발되는 윤리적·도덕적 책임 권한이나 저작권 문제에 직면한 우리가 '그림 그리는 기계', 즉 기계-예술가의 출현을 살펴보는 것은 미적·윤리적 주체로서 인간의 책임과 의무, 인간과 비인간 간의 관계 규정의 필요성을 깨닫게 해줄 것이다.

## 김기봉, 〈포스트코로나 시대 감염과 연결에 대한 인문학적 성찰〉

코로나19 팬데믹은 코로나바이러스가 인간과 연결됨으로써 발생한 감염병이다. 우리는 코로나19 때문에 큰 고통을 겪었지만, 그것 덕분에 성찰을 한다. "우리에게 타자는 무엇인가?" 타자는 나에게 불편한 존재인 동시에, 타자와 연결되지 않은 삶은 불가능하고 존재 의미를 상실한다. 톨스토이는 인간학의 기본 범주는 감염이라 했다. 인간은 타자의 감정에 감염될 수 있기 때문에 예술이 탄생하고, 인류 문화사가 생각과 행동의 감염으로 전개된다. 인문학이 탐구하는 가장 중요한 물음은 "나는 어디서 왔고, 무엇이며, 어디로 가느냐?"이다. 이 물음에 대한 답은 나와 세계를 연결시키는 이야기를 어떻게 구성하느냐로 결정된다.

과학이 몸과 같은 물질의 연결 방식을 법칙적으로 밝히는 학문이라면, 인문학은 마음의 문법에 대해 이야기하는 학문이다. 코로나19 팬데믹은 우리 몸에 코로나바이러스가 들어옴으로써 생겨난 현상이다. 그것이 인간에게는 감염병으로 나타났지만, 코로나바이러스의 입장에서는 연결을 통한 자기 유전체의 복제를 위한 것이다. 인간들이 잘못된 만남으로 여기는 그 연결의 일차적 책임은 다른 유기체의 생명권 biosphere을 침범하고 심지어 그들을 식용으로 섭취한 인간에게 있다. 포스트코로나 시대 인문학은 인간과 인간 사이의 차원을 넘어 인간과 비인간 사이 연결에 대한 새로운 관계 문법에 대해 숙고해 보아야 하는 과제를 안고 있다.

◆　◆　◆

여덟 가지 시선을 통해 초연결사회에서 인공지능, 알고리즘, 네트워크
에 함몰되지 않으려면 이분법적 사고와 같은 습관적이고 무비판적인
인식을 지양하고 성찰, 비판, 자아와 반자아의 상호작용, 상상력 등을
통한 사피엔스로서의 자유로운 시선의 필요성을 더 절감하게 되었다.
과학기술, 초연결사회, 인간의 관계에 대한 새로운 탐색에서도 언제나
인간의 개별성, 인간의 무늬에 대한 따뜻한 인문학적 시선을 놓치지 않
기를 바란다.

저자를 대표하여

정성미 씀

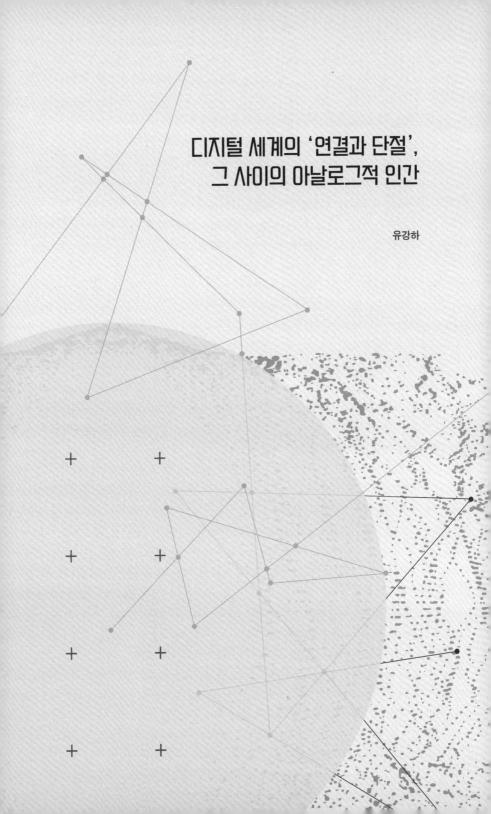

# 디지털 세계의 '연결과 단절', 그 사이의 아날로그적 인간

유강하

이 글은 "Humanities questions about 'connectivity' in the hyper-connected era", *Journal of Humanities Therapy*(11-1), 2020. 06를 번역, 수정 보완하여 재수록한 것이다.

## | 미래 사회와 인간

'4차 산업혁명', '초연결사회', 'AI'는 현재와 미래를 대표하는 용어가 되었다. 4차 산업혁명 기술은 3차 산업혁명 시대에 구축된 디지털 역량과 디지털 네트워크를 필요로 하고, 그것을 기반으로 한다는 점에서 연결되어 있다. 초연결에 기반한 4차 산업혁명 기술은 현재의 디지털 시스템을 파괴하고 완전하게 새로운 가치의 원천을 만들어 내, 앞으로 이전에는 상상할 수 없었던 새로운 가치의 생태계를 만들 것으로 예측되고 있다.[1]

앞으로 도래할 미래를 설명하는 용어와 성격에 대한 논의가 분분한 가운데 사물인터넷IoT: Internet of Things, 만물인터넷IoE: Internet of Everything을 지나 모든 것이 연결된다는 의미의 초연결에 대한 논의도 활발하게 이루어지고 있다.

'초연결(성)hyper connectivity'은 개인 컴퓨터를 통한 네트워크의 확장, 이로부터 변화될 미래 사회를 전망하면서 발전된 개념이다. 웰맨 배리 Wellman Barry는 기기가 인간의 삶에 빠르게 진입하는 상황을 확인하면서, 컴퓨터 네트워킹은 곧 사회적 네트워킹이라고 설명하였다. 배리는 네트워킹을 통해 전통적인 공동체인 도어 투 도어 커뮤니티door-to-door communities는 플레이스 투 플레이스 커뮤니티place-to-place communities로 변화할 것으로 내다보면서 개인의 통신 네트워킹은 결국 물리적 공간을 극복한 세계화된 연결Globalized connectivity을 가능하게 할 것으로 보았다. 이 개념은 사람, 사물, 공간이 인터넷으로 연결되는 '초연결'의 개

---

[1]  클라우스 슈밥Klaus Schwab, 《클라우스 슈밥의 제4차 산업혁명》, 김민주 · 이엽 옮김, 새로운현재, 2018, 40~41쪽.

넘으로 이어지게 된다. 앞으로 사물인터넷과 만물인터넷의 발전은 초연결사회로의 빠른 진입을 추동하게 될 것이다.[2]

'초연결혁명'이라는 용어도 사용된다. 초연결혁명은 "하이퍼텍스트가 보통 문서와 달리 클릭을 통해 원하는 정보를 연결시켜 주는 인터넷상의 문서 체계인 것처럼, 초연결은 사람·기계·사물·데이터·콘텐츠 등 모든 객체가 언제, 어디서나 원하는 형태로 상호 연결되는 증강 하이퍼텍스트로서의 미래 웹생태계가 가져다줄 사회 및 경제체제의 혁신적 변혁"[3]을 의미한다. 개인이 인터넷을 통해 모든 사물, 세계와 연결되고 소통하는 현재의 흐름은 더욱 가속화될 것으로 보인다.

초연결시대로의 진입, 모든 것을 연결하는 과학기술의 진보는 인류의 질적 제고를 가져올 수 있을까? 기술이 진보하는 속도는 빨라지고, 이에 대한 장밋빛 전망은 가득하지만, 기술의 진보 이면에 있는 문제, 특히 인간의 삶에 대해서는 진지하게 논의되지 못하고 있다. 과학기술이 이끄는 미래 사회에서 인간은 어떤 모습으로 살아가고, 기술은 어떤 방향성을 가져야 할 것인지에 대한 인문학적 질문과 성찰이 요청된다.

미래 사회는 기술혁명에 힘입어 엄청난 진보를 이루게 되겠지만, '아날로그적 존재'로서 인간의 존재 양상은 크게 변하지 않을 것으로 보인다. 초연결사회에서 아날로그적인 육체를 가진 인간의 존재 양상은 어떠할지에 대한 논의가 필요해 보인다. 포스트휴먼post-human이 주도할 미래 사회에 대한 논의가 활발히 진행되는 이 시점에, 인간의 생명과

---

2   Wellman Barry, "Physical Place and Cyber Place: The Rise of Networked Individualism", *International Journal of Urban and Regional Research* 25(2), 2001, pp. 227-52.

3   하원규·최민석·홍영교, 〈만물지능통신 기반 – 초연결 시대의 2030년 시나리오와 함의 도출〉,《전자통신동향분석》28-1, 2013, 136쪽.

육체성에 대한 논의는 낡은 것처럼 들릴 수도 있겠지만, 오늘날 육체를 공격하는 눈에 보이지 않는 바이러스 코비드19COVID-19 팬데믹 상황으로 전 세계 사람들이 고통받는 현실을 생각하면, 육체적 존재로서의 인간을 상정한 논의는 여전히 유의미하다고 할 수 있다.

이 글에서는 그중에서도 두 가지 문제에 집중하고자 한다. 첫째, '연결성'에 대한 성찰이다. 우선 필자는 현재 전망되는 초연결사회에 대한 비판적 관점을 제기하고자 한다. 일찍이 유발 하라리Yuval Harari는 모든 것이 연결되는 미래 사회가 도래할 것이라고 내다보면서, 그때가 되면 인간은 호모 사피엔스로서의 지위를 잃고, 데이터를 생산하고 소비하는 존재로 전락할 것이라고 주장하였다. 유발 하라리는 '데이터교 Dataism'라는 용어를 통해 데이터가 가장 중요한 지위를 차지하고, 소수의 사람들이 데이터를 장악함으로써 결국 신神의 자리를 대체할 것이라고 설명한다. 추론 가능한 주장임에도 불구하고 인간의 본질과 개별성을 염두에 두지 않은 점에서 비판의 여지가 있다.

둘째, 연결에서 비롯된 '단절'의 문제이다. 역설적이게도 연결은 단절이라는 결과를 불러올 수 있다. 지식과 정보의 독점 등으로 균형을 상실한 연결은 '소통되지 않음'으로 이어지고, 이는 사회 갈등을 유발하는 요소가 될 수 있다. 초연결시대에 발생할 수 있는 단절과 갈등은 전통적인 방식으로 해결하기 어려우며, 막대한 사회적 비용을 요구한다는 점에서 문제적이다. 초연결시대, 초연결사회에서의 갈등 문제는 어떠한 방식으로 발현되고, 초연결은 기존의 갈등 구조에 어떤 변화를 가져올 수 있을지에 대한 성찰이 필요하다.

이 글에서는 초연결사회에서 '연결'에 내포된 문제점, '연결'에서 비롯될 '단절'의 문제를 인문학적 관점에서 살펴보려고 한다. 기술은 인간의 진보된 삶을 전제로 부단히 발전해 왔다. 기술과 시스템의 진보는 인간 삶의 질적인 혁명을 이루었지만, 기술의 진보에서 비롯될 수 있는 문제는 여전히 존재한다. 이미 양날의 검이 된 오늘날 과학기술의 진보를 바라보는 사람들의 시선도 크게 엇갈린다. 기술이 인간을 해방할 것이라는 유토피아적 전망도 있지만, 결국 인간은 기계에 종속되고 멸망할 것이라는 디스토피아적인 전망도 공존한다.

이 글은 수십 년, 혹은 수백 년 이후에 있을 인간의 삶에 대해 논의하는 것이 아니라, 이미 4차 산업혁명 시대를 맞이하고 초연결시대에 진입한 '지금, 여기'를 살고 있는 인간의 삶을 논의의 대상으로 삼는다. 미래에 대한 전망이 엇갈리고 나날이 진화하는 기술을 눈으로 확인하고 있지만, '지금, 여기'의 인간은 인종·성별·국적을 막론하고 눈에 보이지 않는 바이러스로 고통을 받는 육체적 존재이다. 필자는 시시각각 변화하고 진화하는 과학의 시대에 여전히 아날로그적 존재로 살아갈 인간 삶과 의미에 대해 논하고자 한다.


## | 데이터와 인간 |

미래에 인류는 사람-사물-공간 시스템이 하나의 그물망으로 엮이는 초연결 생태계의 일부가 될 것이라고 전망된다. 하라리는 앞으로 모든 것이 연결될 것이고, 인간은 많은 정보를 생산하고 소비함으로써 데이터를 만들어 내는 존재에 머무르게 될 것이라고 말한다. 유발 하라리는 데이터가 신神이 되고, 정보의 자유를 최고의 선으로 간주하는 데이터교는 이미 도래해 있고, 앞으로 데이터교가 더욱 확산될 것이라고 강조하였다. 이어, 사람들은 스스로 데이터 흐름의 일부가 되기를 바랄 것인데, 설령 그것이 자신의 사생활, 자율, 개인성을 포기하는 것을 의미한다 해도 개의치 않을 거라는 과감한 주장을 펼쳤다.

사람들은 스스로 데이터 흐름의 일부가 되기를 바란다. 설령 그것이 자신의 사생활, 자율, 개인성을 포기하는 것을 의미한다 해도 상관없다. … 개인은 점점 누구도 진정으로 이해하지 못하는 거대 시스템 안의 작은 칩이 되어 가고 있다. … 자유시장 자본주의자들이 시장의 보이지 않는 손을 믿듯이, 데이터교도들은 데이터 흐름의 보이지 않는 손을 믿는다. 전 지구적 데이터 처리 시스템이 전지전능해지는 만큼, 시스템과 연결되는 모든 것이 의미의 원천이 된다. 사람들이 데이터의 흐름 속에 합류하고 싶어하는 이유는 데이터 흐름의 일부일 때 자신보다 훨씬 더 큰 어떤 것의 일부가 되기 때문이다.[4]

하라리의 주장은 충분히 설득력이 있고 그의 이론으로 설명 가능한 사회도 있지만, 아날로그적 존재인 인간의 특성, 각기 다른 사회의 개별성이나 특수성을 고려하지 못하고 있다는 점에서 비판의 여지가 있다. 우리나라의 경우, 하라리의 주장과는 반대로 나날이 개인정보와 프라이버시에 대한 권리가 강화되는 추세에 있기 때문이다. 사생활, 자율, 개인성의 포기는 한 국가나 사회가 추구하는 가치에 따라 하라리의 주장과는 다른 방식으로 발현되거나 변화할 수 있다. 그가 전망하는 미래에 도달하게 되면, 지구에서 살아가는 개인은 연결의 한 점으로 존재

---

4  유발 하라리Yuval Noah Harari, 《호모 데우스》, 김명주 옮김, 김영사, 2017, 527~529쪽.

하며 데이터 생산자 이상의 의미를 가지기 어렵게 되고, 전통적인 가치의 '인간성', '개별적 존재로서의 인간'이라는 의미를 잃게 될 것이다.

4차 산업혁명 시대의 특징은 사물과 사물이 자율적으로 연결되는 것이다. 그런데 인간의 지시 없이도 창조적으로 연결되는 사물인터넷은 인간에게 무한한 자유를 가져다주고, 인간의 삶을 질적으로 제고하게 만들까? 이 질문에 대한 대답은 다소 회의적이다. 초연결을 통해 만들어진 공간에서 인간은 스마트 객체에게 주도적 지위를 내주게 된다. "스마트 객체들은 사물인터넷을 통해 스스로 연결될 수 있기 때문에, 인간은 이를 조정하고 관리하는 역할을 하는 것이 아니라, 이 초연결이 만들어 내는 효과에 만족하는 수동적 존재, 무능한 존재로 전락"[5]할 가능성이 매우 높다.

유발 하라리는 머지않은 미래에 지구에서 지배적인 위치를 차지하고 있던 호모 사피엔스가 몰락하고, 신인류를 맞이하게 될 것이라고 전망하였다. 그는 데이터를 장악한 소수가 데이터 제공자에 불과한 많은 사람들을 통제하는 능력자가 되고, 결국 이들이 신의 자리를 대체할 것이라고 내다보았다. 그가 말하는 '호모 데우스Homo Deus'의 정의이다.

많은 미래학자들은 사람들이 데이터를 생산하고 소비하면서 더 큰 데이터의 일부가 되기를 바란다고 주장하지만, 이러한 흐름을 단정하기는 다소 어려워 보인다. 스스로 데이터의 일부가 되는 것을 거부하거나 촘촘하게 연결된 데이터와 알고리즘을 벗어난 선택을 하는 사람들도 있기 때문이다. 이것은 인간의 고유한 특성과 연결되는데, 인간은 이성적이거나 합리적인 사고만을 하는 게 아니라 때로 감정적이고 비

---

5   김휘택, 〈초연결 시대의 인간 경험과 지식에 대한 일고찰〉, 905~906쪽.

이성적인 판단에 따라 선택을 하기도 한다.

영화 〈마이너리티 리포트Minority Report〉(스티븐 스필버그Steven Spielberg, 2002)는 미래 사회를 그린 SF영화이다. 범죄예정자들을 미리 특정할 수 있는 기술 덕분에 범죄 없는 세상이 만들어진다는 줄거리로 구성되어 있다.[6] 주인공 존 앤더튼은 범죄로 아들을 잃은 후, 범죄 없는 세상을 만들겠다는 신념으로 범죄예방국Department of Pre-Crime에 헌신하는 인물이다. 영화 속에서 그는 범죄예정자로 지목되지만 자신에게 예고된 미래인 '살인'을 선택하지 않는다.

영화 〈브리짓 존스의 베이비Bridget Jones's Baby〉(샤론 맥과이어Sharon Maguire, 2016)의 여주인공 브리짓은 알고리즘이 선택해 준 남성 잭이 아니라, 자신의 마음과 감정에 따라 알고리즘과 반대되는 선택을 한다. 그들은 시스템이 알려 주는 정보와 가능성이 아니라 '이끌림', '사랑'이라는 지극히 인간적인 감정에 따라 선택한다.

> 잭: 우린 잘 맞을 거에요. 적합성이 97퍼센트거든요.
> 브리짓: 계산상은 그렇죠. 그런데 사랑은 계산만으로 되는 게 아니죠. 때로 너무 달라서 사랑에 빠지기도 하거든요. 때로는 너무 익숙해서 사랑에 빠지기도 하고요. _영화 〈브리짓 존스의 베이비〉

---

6 〈마이너리티 리포트〉에 묘사된 세상은 2054년이다. 이 영화는 범죄예방국을 폐지하는 것으로 끝이 나지만, 현실은 이와 다르다. 이 영화에서 상상한 '프리크라임 시스템 Pre-Crime System'은 이미 실현되고 있다. 이 제도는 싱가폴, 미국 등에서 사용되고 있다. 범죄 예측 시스템은 '프레드폴' 이전에도 존재해 왔다. 범죄 예측 시스템을 도입한 캘리포니아주 산타크루스시는 이 시스템을 이용해 강도 사건 가운데 25퍼센트를 정확하게 예측하였다고 발표하였고, 《타임》지는 이 시스템을 2011년을 빛낼 50대 발명 가운데 하나로 선정하였다. 에릭 시겔Eric Sigel, 《빅데이터의 다음 단계는 예측분석이다》, 고한석 옮김, 이지스퍼블리싱, 2016, 107~108쪽.

인간은 삶을 편리하게 만들어 주는 디지털 시스템 속에서 살고 있지만, 인간의 삶 자체는 아날로그적이다. 모든 인간이 성향성과 경향성을 갖고 있다 하더라도, 인간은 본질적으로 감정을 가진 동물이며 때로 이성이 아닌 감정에 따라 즉흥적인 선택을 하는 측면도 있다. 현재의 논의들을 살펴보면 대체로 기기와 시스템에 초점이 맞추어져 있고, 기기와 시스템을 이용하게 될 인간에 대한 논의와 성찰은 진지하게 이루어지지 않고 있다. 현실에 근거하여 미래를 전망할 때, 과학기술이 가져다줄 미래의 모습뿐만 아니라 더불어 인간적인 측면, 특성도 중요하게 다루어져야 한다.

## | SF 속 불온한 미래 |

과학의 진보는 인간 삶을 혁명적으로 변화시켰다. 그러나 발전의 이면에는 인간성의 상실과 포기, 인간다움에 대한 논의를 무가치한 것을 만들 수 있다는 공포가 내재되어 있다. 많은 소설과 영화에서 서늘한 장밋빛 미래를 예고하고 있다. 유발 하라리가 미래 사회의 특징으로 언급한 사생활, 자율, 개인성, 익명성의 포기는 조지 오웰George Orwell의 소설《1984》에 묘사된 디스토피아의 대표적인 특징이다.《1984》는 빅브라더에 의해 감시받고 통제받는 세상을 이렇게 묘사한다.

혼자 있을 때라도 그는 혼자 있다는 것을 확신할 수 없다. 잠을 자든 깨어 있든, 일하든 쉬고 있든, 목욕탕에 있든 침대에 있든 그는 아무런 예고도 없이, 그리고 감시받고 있다는 사실도 모른 채 감시를 받고 있다. 그가 하는 행동은 무엇이든 관심의 대상이 된다. 친구나 친척 관계, 아내와 자식에 대한 태도, 혼자 있을 때의 얼굴 표정, 잠잘 때의 잠꼬대, 몸짓의 특징 등 무엇이든 세밀하게 관찰된다. 또 어떤 실제적인 비행뿐만 아니라 지극히 사소한 괴벽, 습관의 변화, 내적 갈등의 징조라고 할 수 있는 신경질적인 태도까지 낱낱이 탐지된다. 그에게는 어떤 경우든 선택의 자유가 없다.[7]

이러한 디스토피아적 세상에 대해 조지 오웰은 체념만 하지는 않는다. 작가는 주인공 윈스턴의 입을 통해 통제받지 않을 자유와 권리, 의지에 대해 강조한다. 작가는 아무리 거대한 텔레스크린이 있다 하더라도 인간의 마음과 생각까지 통제할 수 없다고 생각하며 생기를 얻어 가는 윈스턴의 표정을 묘사한다.

"그래, 당신 말이 맞아. 사람의 속마음까지 지배할 수는 없지. 만약 인간으로서 살아가는 게 가치 있는 일이라고 확신할 수 있다면, 비록 대단한 성과를 얻지는 못하더라도 그들을 패배시키는 셈은 되는 거야."
윈스턴의 얼굴에는 생기가 감돌았다. 그는 잠들지 않고 언제나 귀를 곤두세우고 있는 텔레스크린을 생각했다. 그들은 밤낮으로 사람들을 감시하지만 정신을 똑바로 차리고 있는 한 그들을 얼마든지 따돌릴 수 있을 것이다. … 그들이 사람들의 말과 행동과 생각을 하나하나 적나라하게 파헤친다 하더라도, 인간의 속마음까지 공략할 수는 없을 것이다. 왜냐하면 인간의 속마음은 자신이나 다른 사람이 어떻게 할 수 없

---

7　조지 오웰, 《1984》, 정희성 옮김, 민음사, 2005, 293쪽.

는 신비로움 그 자체이기 때문이다.[8]

레이 브레드버리Ray Bradbury의 소설《화씨 451Fahrenheit 451》의 주인
공들은 빅브라더와 기계의 통제가 없는 자유롭고 인간다운 세상을 꿈
꾼다. 그들에게 자유는 죽음과 맞바꿀 수 있을 정도의 가치가 있는 것
인데, 그 세상은 책을 통해 연결되고 전달된다. 책이 금지된 미래 세계
에서, 필사적으로 책을 보호하려는 파버는 책을 통해 만날 수 있는 인
간 세상에 대해 이렇게 말한다.

"당신은 이와 같은 책들이 왜 중요한지 알고 있소? 왜냐하면 이런 책
들은 좋은 '질'을 갖고 있기 때문이지. 그렇다면 질이라는 건 과연 무슨
뜻인가? 내게는 짜임새를 의미하오. 책은 아주 세밀하게 짜여진 것이
오. 아주 작은 숨구멍들이 셀 수 없이 많이 붙어 있소. … 현미경을 통
해서 당신은 수많은 사람들의 삶을 발견할 것이오. 끊임없이 넘쳐 나
는 이야기와 깨달음을 발견할 것이오. 그 현미경을 통해서 한 제곱센
티미터마다 얼마나 많은 숨구멍들이 보이는지, 책장 하나하나마다 진
실한 삶의 이야기들을 얼마나 많이 얻을 수 있는지, 이것이 내가 내리
는 '질'의 정의요. …

이제 알겠소? 왜 책들이 증오와 공포의 대상이 되어 버렸는지? 책들
은 있는 그대로의 삶의 모습을, 숨구멍을 통해서 생생하게 보여지는 삶
의 이야기들을 전해 준다오. 그런데 골치 아픈 걸 싫어하는 사람들은
그저 달덩이처럼 둥글고 반반하기만 한 밀랍 얼굴을 바라는 거야. 숨

....................................................
8  조지 오웰, 《1984》, 236~237쪽.

구멍도 없고, 잔털도 없고, 표정도 없지. 꽃들이 빗물과 토양의 자양분을 흡수해서 살지 않고 다른 꽃에 기생해서만 살려고 하는 세상, 그게 바로 지금 우리가 사는 세상의 참모습이오. 우리는 꽃에 물을 주며 그것이 저절로 자라는 줄 알지만, 현실의 진짜 모습은 그게 아니지."[9]

인간 세상은 다양성과 모순, 합리와 불합리가 공존하는 세상이다. 과학의 통제와 균형으로 매끈하게 다듬어진 세상과는 다른 곳이다. 미래학자들이 전망하는 미래는 보편성과 일반성에서 벗어난 것들이 사라진 세계이다. 이러한 균형 잡힌 세계는 소설에서 말하는 '달덩이처럼 둥글고 반반하기만 한 밀랍 얼굴'일 것이다. 과학적 유토피아는 모든 인간이 질적으로 평등하고 행복한 유토피아와 거리가 멀다.

여기에서 생각할 수 있는 것은, 과학기술의 발전이 디스토피아적인 미래를 향하고 있는 데도 불구하고, 우리에게는 그 미래로 질주하는 흐름에 제동을 걸 수 있는 제동장치가 없다는 것이다. 하라리가 전망한 데이터교의 유행이든, 가상현실의 엄청난 발전이든 인간의 정체성과 삶의 의미에 대해서는 무관심한 것처럼 보인다. 하지만 그 속에서 살아갈 존재는 여전히 연약한 육체를 갖고 살아가는 인간이다. 디스토피아적인 미래가 예고된 현재, 제동장치 없이 엄청난 속도로 발전하는 '기술의 진보'라는 흐름 속에서 '인간 존재의 의미'에 대한 질문은 다시 던져지기에 충분하다.

기계와 기계가 연결되는 세상을 뛰어넘어, 인간과 기계가 연결된 세상도 상상할 수 있다. 포스트휴먼은 '4차 산업혁명', '초연결시대', 'AI'와

---

9 레이 브래드버리Ray Bradbury, 《화씨 451》, 박상준 옮김, 2014, 136~137쪽.

함께 논의되어 온 주제이다. 클라우스 슈밥Klaus Schwab은 '인간이 된다는 것'이 미래 사회에서 무엇을 의미하는지 물어야 한다고 주장한다. 그는 이미 인간의 몸과 밀착된 기기, 웨어러블 컴퓨터wearable computer에서 가상현실 헤드셋까지 오늘날의 많은 기기들이 앞으로 우리 뇌를 비롯해 몸에 삽입될 것이라고 예측하였다. 과학과 의학의 결합은 인간 수명 연장에서 한 걸음 더 나아가 신체 능력 강화로 이어질 것이고, 신경기술의 발전은 우리의 인지 능력을 향상시킬 것이라고 말했다. 또한 인간은 우리의 유전자와 우리 자녀의 유전자를 더 적극적으로 조작할 수 있게 될 것이라면서, 인간이 된다는 것의 의미를 진지하게 묻는다.[10]

인간을 '유기체적 존재'로 보는 전통적인 정의는 심각하게 도전받고 있다. 인간과 포스트휴먼을 구분하는 요소로 자각, 인식의 문제가 제기되곤 했는데, 미래학자들은 포스트휴먼이 스스로를 자각하는 일이 멀지 않았다고 전망한다. 영화 〈트랜샌던스Transcendence〉(윌리 피스터 Wally Pfister, 2014)를 참고할 수 있다.

이 영화의 주인공인 윌 캐스터는 기술지상주의를 대표하는 인물이다. 기술혐오주의자들의 공격을 받아 시한부 인생을 선고받은 그는 죽기 직전 자신의 뇌를 컴퓨터에 업로드함으로써 인공지능(초지능)으로 존재하게 된다. 이 영화는 스스로를 자각하는 인공지능과 초연결이 결합되었을 때 발생할 수 있는 일을 묘사한다. 더 이상 육체적 존재가 아니지만 윌은 '실재'하는 존재가 된다. 그는 스스로 주체가 되고 인간 존재자를 넘어서는 절대적 타자가 된다. 무형 자산, 호흡하지 않는 새로운 존재자인 무기생명체가 된 그는 인공지능 시대를 대표하는 새로운

---

10  클라우스 슈밥, 《클라우스 슈밥의 제4차 산업혁명》, 44쪽.

개념이 된다.[11] 천재 과학자였던 윌은 모든 시스템에 접근하고 연결하여 세상을 자유자재로 조종하는 초월적 존재, 즉 '트랜센던스'가 된 것이다. 모든 시스템을 장악할 수 있었던 윌은 나노테크놀로지를 활용하여 죽음마저 넘어선 초월자가 되지만, 결국 인간의 마음을 가졌던 그는 아내 에블린과의 약속을 지키기 위해 스스로 죽음을 선택한다.

만약 영화 속 윌이 스스로 죽음을 선택하지 않았다면, 영화는 파멸의 미래로 이어졌을 것이다. 공상과학영화인 〈트랜센던스〉는 결국 어떤 인간도 인공지능 또는 초지능을 대항할 수 없다는 디스토피아적인 미래를 보여 준다. 영화에 묘사된 미래는 다소 극단적이지만 완전히 불가능한 미래는 아니다. 예측할 수 없지만, 우리의 예상보다 빠른 속도로 진화하는 미래 사회에서 인간의 존재는 과연 어떤 것이어야 하고, 우리는 과학기술과 어떤 관계를 맺어야 하는지, 이 작품은 새로운 질문을 던지고 있다.


## | 에코 챔버echo chamber에 갇힌 닫힌 연결 |

### 연결의 편향성과 집중

인터넷의 개발과 발달은 이전과 비교할 수 없을 만큼 지식의 평등한 배분을 가능하게 했다. 전통 시대에 접근이 어려웠던 많은 자료들이 인터넷을 통해 공유되고 있으며, 전통 사회에서 특정 계층에게만 열려 있었던 자료들이 공개됨에 따라, 많은 사람들이 자유롭게 다양한 자료에 접

---

11  홍은숙, 〈인공지능시대의 신식민주의〉, 《인문연구》 89, 2019, 258쪽.

근할 수 있게 되었다. 구글북스와 같은 대규모 자료 공유는 이러한 현상을 더욱 가속화할 것으로 보인다. 지식의 대중화, 지식의 보편화는 대중들의 지적 수준을 고양할 것으로 기대되지만, 이것이 민주적 소통으로 이어지는 것은 아니다.

소셜 미디어Social media의 시대를 살아가는 개인은 페이스북facebook, 유튜브Youtube, 블로그Blog 등을 통해 자신의 목소리를 내고 익명의 사람들과 소통한다. 소셜미디어는 사람들 사이의 연결을 깊고 넓게 만든다. 사람들은 자발적인 연결을 통해 정보를 얻고 데이터를 생산한다. 많은 팔로워follower와 구독자를 가진 파워블로거, 인플루언서influencers, 유튜버는 전통적인 미디어나 광고 시장에 타격을 가할 만큼의 영향력을 보유하고 있다. 최근 가장 영향력 있는 매체인 유튜브는 유저가 급격하게 증가하고 있으며, 인기 있는 유튜브 채널의 경우 수십만에서 수백만의 구독자를 보유하고 있다. 인터넷 유저들은 매우 자유롭게 연결될 수 있지만, '넓은 연결'이 아니라 '깊은 연결'로만 이어지게 될 가능성도 적지 않다. 이때 깊은 연결은 단절의 심화를 가져오게 된다.

유튜브, 페이스북 등 인터넷 서비스는 이미 오래전부터 빅데이터 기술을 통해 유저의 성향을 파악하여 맞춤 광고, 맞춤 동영상을 제공하고 있다. 빅데이터 정보 수집을 통해 만들어진 정교한 알고리즘에 따라 유저의 취향에 맞춘 책과 음악, 동영상이 추천된다. 유저는 알고리즘에 따라 제공된 맞춤 동영상과 맞춤광고에 접속하게 되고, 이는 다시 접속량의 증대로 이어진다. 즉, 유저의 취향에 근접한 것들의 반복적인 노출과 선택은, 특정 콘텐츠로의 연결을 공고하게 만드는 결과를 낳을 수 있다. 이렇게 되면 접속량은 증가할 수 있지만, 그것은 다양성이 결핍된 채 유사 콘텐츠에 대한 양적 증가로만 이어지게 될 가능성이 있다.

이것이 개인적 차원의 취향에 머무르는 것이라면 문제가 되지 않는다. 그러나 사회적 갈등을 유발하는 어젠다라면 이러한 방식의 초연결은 오히려 사회적 갈등을 심화하는 부정적 결과로 이어지기 쉽다. 가령, 의견이 엇갈리는 정치적 문제나 사회적 이슈가 있을 때, 유저들은 객관적인 정보를 선택하기보다 자신이 원하는 정보에 접속하기 쉽다. 유사한 지향점과 취향을 가진 유저들의 연결, 그렇게 이루어진 집단 속의 개인은 그 집단의 성향을 '보편적인 것' 또는 '옳은 것'으로 인식하게 된다. 알고리즘은 유사한 콘텐츠로 유저들을 안내하기 때문에 에코 챔버 효과는 더욱 심화된다. 에코 챔버echo chamber 안에서의 연결은 문제의 해결이 아니라 갈등을 증폭하는 결과로 이어지게 된다.

인터넷은 이용자에게 쉽게 사회 정보를 전달하고 사회문제, 변화, 문제 해결 과정을 유저에게 제공한다. 그런데 유저들의 자유로운 선택은 사회의 갈등을 공고히 하는 결과로 이어진다. 서로 다른 지향점을 가진 유저들의 성향에 따른 '선택'과 '집중적 연결'은 건강한 담론 형성이 아니라 오히려 갈등을 깊게 만든다. 가령, 우리나라 정치 관련 유튜브 채널의 경우 성향의 대립이 뚜렷하다.[12] 유저의 성향과 자발적인 선택, 알고리즘의 추천에 따른 집중적 연결 현상은 앞으로 더욱 강화될 것이다. 결과적으로 초연결을 통한 연결의 양적 증가에도 불구하고, 사회적 갈등 문제는 역설적으로 악화될 가능성이 높다. 초연결사회에서 선택적 연결, 연결의 양적 증대는 사회적 갈등을 깊게 하고, 기술과 시스템이 갖추어진 초연결사회에서 이러한 경향은 더욱 노골적이고 빠른 속도

12  김형지 · 김영임 · 허은, 〈사회 신뢰와 갈등 인식이 뉴스 이용에 미치는 영향: 지상파, 종합편성, 온라인채널을 중심으로〉,《한국콘텐츠학회》(19-4), 2019, 152쪽.

로 이루어지게 될 것이다.

## 콘텐츠의 상업성과 연결의 편향성

초연결은 자유로운 연결과 소통을 가능하게 하지만, 이때의 소통은 매우 제한적인 소통에 갇힐 위험이 있다. 이미 지적된 것처럼 유튜브를 통한 연결은 다양한 의견의 소통을 통해 공론장을 활성화한다는 긍정적인 면도 있지만, 정치적 양극화와 확증편향을 강화하고 사회갈등을 심화시킨다는 비판론도 있기 때문이다.[13]

하이퍼텍스트는 더 멀리, 더 많은 연결을 가능하게 한다. 앞으로 약 20년 후 지금보다 약 100만 배의 능력을 가진 칩과 메모리 용량을 탑재한 두뇌형 컴퓨터가 만들어지면, 스마트폰 한 대에 약 3.5억 년 분량의 신문 콘텐츠를 저장할 수 있을 것이라는 전망도 있다.[14] 그런데 문제는 이렇게 어마어마한 분량의 콘텐츠가 제공된다 하더라도, 콘텐츠를 사용할 유저들은 아날로그적 존재라는 점이다. 방대한 자료가 축적되어 있지만 유저들이 접할 수 있는 정보의 양에는 한계가 있다. 이때 빅데이터와 인공지능은 누적된 자료와 정보 속에서 유저의 지향점과 목적에 맞는 자료들을 선별하여 제공하게 될 것이다. 유저들의 접속(연결)은 편향성과 집중성을 갖게 된다.

연결의 편향성과 집중성에 내포된 문제는 개인 미디어의 문제와 결합했을 때 더욱 문제적이 된다. 공공 미디어가 아닌 개인 미디어의 경

---

13  마정미, 〈유튜브 저널리즘과 공론장에 관한 연구〉,《한국소통학회》19-1, 2020, 220쪽.

14  하원규 · 최민석 · 홍영교, 〈만물지능통신 기반 – 초연결 시대의 2030년 시나리오와 함의 도출〉,《전자통신동향분석》28-1, 2013, 122쪽.

우 공공성이 아닌 상업성이 존재 목적으로 설정되기 때문이다. '구독하기'와 '좋아요'를 통해 유저들을 확보하는 콘텐츠 제작자들은 유저들의 성향에 부합하려는 특징을 갖게 된다. 유저들의 접속량에 따라 광고 수익이 발생하기 때문에, 개인 미디어 제작자는 유저들의 경향에 민감할 수밖에 없다. 콘텐츠 제작자들은 더 많은 유저를 확보하기 위해 유저들의 성향을 반영한 콘텐츠를 고안하게 되고, 이는 특정한 성향이나 지향점을 노골적으로 드러내는 콘텐츠의 제작으로 이어진다. 지금도 여전히 인터넷 플랫폼의 성공 여부는 비즈니스의 성패로 평가되고 블로그, 유튜브 등 소셜 미디어 역시 상업성에 따라 콘텐츠의 성패가 결정된다. 이들이 갈등을 내포한 미디어로 발전할 경우 갈등 해소가 아닌 갈등 심화의 방향으로 나아갈 가능성이 높다.

다변화하는 매체, 매체를 통해 연결되고자 하는 사람들의 욕망이 빠르게 변화하는 것에 비해, 정책의 수립과 변화는 더디다. 현재와 같은 매체 환경에서 디지털 윤리와 공공성에 대한 논의는 매우 중요하지만 심각하게 다루어지지 않고 있다. 누구나 콘텐츠의 생산자와 소비자가 될 수 있는 플랫폼을 가지고 있는 상황에서 미디어의 공공성, 공공의 선을 추구하는 것은 우선시되기 어렵다.

갈등 구조가 고착화되고 강화되는 현재의 시스템에서 갈등 해소를 위한 방법으로, 인터넷 사용자와 콘텐츠 제작자의 개인적 양심에 호소하고, 교육을 통한 환경 개선 등의 원론적 대책이 끊임없이 제시된다. 그러나 이러한 미디어 환경에서 개인의 양심에 호소하여 현재의 갈등 상황을 개선하는 것은 쉽지 않아 보인다. 앞으로 다양한 분야의 전문가와 대중지성의 협력, 실질적 차원의 법적·행정적 대책과 실행, 공공 영역에서 광범위한 차원의 연대와 협력이 필요하다.

# │ 디지털 세상과 아날로그적 인간의 공존을 위하여 │

누구나 미래를 상상할 수 있다. 인류의 미래를 논의하는 것이 미래학자들만의 일은 아니다. 인류의 미래를 논한 유발 하라리는 앞으로 인류에게는 데이터를 숭배하는 데이터교가 나타날 것이고, 인간이 데이터로 취급될 시대가 올 것이라고 말한다. 호모 사피엔스가 지배적 지위를 잃고 데이터를 숭배하는 데이터교가 나타나 유행할 것이라는 전망 속에는 정작 인간에 대한 이해가 결핍되어 있다. 지식과 정보는 욕망이 없지만, 그것을 이용하는 사람은 근원적으로 욕망의 존재이다. 인간은 알고리즘처럼 합리적인 예측이나 전망에 따라 결정하거나 움직이지 않는 경우도 많다. 따라서 인간에 대한 근원적 이해, 각기 다른 사회구조에 대한 이해, 가치 추구의 다양성이 담보된 논의로 진행되어야 좀 더 실질적인 논의가 가능할 것이다.

구석기시대와 4차 산업혁명 시대 사이에는 커다란 간극이 있지만, 인간의 존재 방식에는 큰 변화가 없다. 최첨단 과학의 시대를 살고 있지만 인간의 육체는 여전히 아날로그적이다. 데이비드 색스David Sax는 사회가 디지털화될수록 고의로 아날로그적 생활 방식을 택하는 사람들의 선택에 주목하였다. 그는 디지털이 '진짜real'가 아니라는 느낌을 가져다준다고 지적하고, 디지털 세상을 통해 연결되어 있지만 결국 원하는 것은 아날로그적 연결이라고 설명한다. 뿐만 아니라 그는 사람들이 테이블게임을 하기 위해 만나는 현상에 주목하면서, 이 현상은 '게임' 그 자체가 아니라 아날로그적 연결이 그 핵심이라고 지적한다.

테이블게임은 디지털 세상과는 동떨어진 고유한 사회적 공간을 만들어 낸다. 이는 화려한 정보가 쏟아지고 인간관계를 가장한 마케팅이 넘쳐나는 소셜네트워크과는 정반대다. 트위터상의 대화는 심하게 편집된 짧고 재치 있는 말의 연쇄 반응에 불과하고, 페이스북의 친구 관계는 진짜 관계라기보다는 온라인상의 크리스마스 카드 교환에 가까우며, 인스타그램 피드는 일상의 가장 빛나는 순간만을 담고 있다. … 아이패드가 등장하고 모바일게임이 번성하면서 비디오게임에는 그나마 남아 있던 진정한 사회적 사회작용마저 사라져 버렸다. … 사회적 상호작용에 대한 아주 인간적인 욕구야말로 테이블게임의 반격에 담긴 핵심이다.[15]

데이비드 색스 주장의 핵심은 '아날로그적 존재로서의 인간'이다. 데이비스 색스는 디지털사회, 초연결사회가 실현될 가능성에도 불구하고, 인간은 여전히 아날로그적 존재로 살아갈 수밖에 없다고 강조한다. 때로 인간 스스로 의도적으로 아날로그적 방식을 선택할 수 있다고도 말한다. 인간의 선택은 그가 언급한 레코드판, 종이, 필름에 국한되지 않는다. 아날로그 문물을 접하지 못했던 젊은 세대에서 나타나는 아날로그적 삶으로의 귀환은 인간의 존재 방식을 되돌아보게 한다.

과학의 발전, 기술의 진화는 4차 산업혁명, 초연결시대로의 진입을 가능하게 했다. 초연결사회에서는 모든 사람이 평등하게 소통할 수 있을 것처럼 보이지만, 정보나 지식의 불균형은 오히려 단절, 불통, 갈등, 불평등을 유발하게 된다. 초연결시대에 지식의 양적 평등은 이루어질

---

15  데이비드 색스David Sax, 《아날로그의 반격》, 박상현 · 이승연 옮김, 어크로스, 2016, 159~161쪽.

수 있겠지만, 이것이 질적 평등으로 이어지지 않는다면 불평등은 심화될 것이다. 특히 특정한 지식이나 정보에 대한 독점, 조작은 불평등을 악화할 수 있는 위험 요소가 될 수 있다.

초연결시대, 초연결사회는 과학기술과 시스템과 관련된 것이지만, 이것이 인간의 삶과 밀접하게 관련되어 있다는 점을 간과해서는 곤란하다. 과학기술에 대한 논의가 진행될수록 인간과 인간 삶에 대한 논의가 동시에 진행되어야 하는 이유이다. 지금까지의 논의를 살펴보았을 때, 미래 사회가 어떻게 바뀔 것인지에 대한 논의는 기계와 기술, 시스템의 관점에서 접근한 측면이 크고, 그 세계를 살아갈 인간에 대한 이해는 미흡한 것이 사실이다.

인간은 육체를 가진 존재로서, 고도화된 알고리즘이나 시스템이 아닌 의지와 감정, 자발적 선택에 따라 살아가는 존재이다. 사물이 창의적이고 자율적으로 소통하는 초연결시대에 살고 있지만, 인간은 여전히 아날로그적 존재로 살아가고 있다. 인간의 존재 방식과 빠르게 진화하는 미래 사회 사이의 간극은 점점 넓어지고 있다. 현재와 가까운 미래에 인간은 어떠한 존재로 살아가야 하고, 기계와 인간은 어떤 관계를 설정해야 할까? 그리고 부단히 변화하는 초연결시대에 인간의 존재 의미, 인간 삶의 의미를 어떻게 찾을 수 있을까? 알고리즘이 아니라 상상력이 필요한 순간이다.

# 참고문헌

김휘택, 〈초연결 시대의 인간 경험과 지식에 대한 일고찰〉, 《문화와융합》 40-8, 2018.

김형지 · 김영임 · 허은, 〈사회 신뢰와 갈등 인식이 뉴스 이용에 미치는 영향: 지상파, 종합편성, 온라인채널을 중심으로〉, 《한국콘텐츠학회》(19-4), 2019.

마정미, 〈유튜브 저널리즘과 공론장에 관한 연구〉, 《한국소통학회》 19-1, 2020.

브래드버리, 레이, 《화씨 451》, 박상준 옮김, 2014.

색스, 데이비드, 《아날로그의 반격》, 박상현 · 이승연 옮김, 어크로스, 2017.

슈밥, 클라우스, 《클라우스 슈밥의 제4차 산업혁명: 더 넥스트》, 김민주 · 이엽 옮김, 새로운현재, 2018.

시겔, 에릭, 《빅데이터의 다음 단계는 예측분석이다》, 고한석 옮김, 이지스퍼블리싱, 2016

유강하, 〈빅데이터와 사물인터넷 시대의 비판적 해석과 인문학적 상상력: 영화 〈마이너리티 리포트〉를 중심으로〉, 《시민인문학》(30), 경기대학교 인문학연구소, 2016.

유강하, 〈빅데이터와 빅퀘스천-빅데이터 활용에 대한 인문학적 비판과 질문〉, 《인문연구》 82, 2018.

조지 오웰, 《1984》, 정희성 옮김, 민음사, 2005.

테그마크, 맥스, 《Life 3.0》, 동아시아, 2017.

하라리, 유발, 《호모 데우스》, 김영사, 김명주 옮김, 2017.

하원규 · 최민석 · 홍영교, 〈만물지능통신 기반 – 초연결 시대의 2030년 시나리오와 함의 도출〉, 《전자통신동향분석》 28-1, 2013.

하원규 · 최민석, 〈만물지능통신 기반 – 초연결 인프라의 발전 반향과 재편 구도〉, 《전자통신동향분석》 27-5, 2012.

홍은숙, 〈인공지능시대의 신식민주의〉, 《인문연구》 89, 2019.

Wellman Barry, "Physical Place and Cyber Place: The Rise of Networked Individualism", *International Journal of Urban and Regional Research* 25(2). 2001.

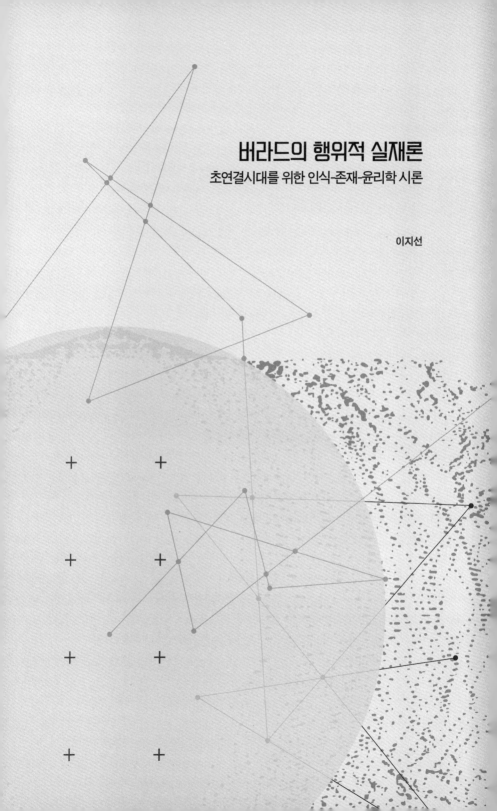

# 버라드의 행위적 실재론

## 초연결시대를 위한 인식-존재-윤리학 시론

이지선

이 글은 〈물질과 의미의 물의(物議) 빚기: 캐런 버라드의 행위적 실재론에 관한 예비적 고찰〉, 《시대와 철학》 제31권 1호 (2021)를 수정 및 보완한 것이다.

"초연결hyperconnectivity"이라는 말은 이제 더 이상 낯설지 않다. 초연결이란 인공지능, 사물인터넷과 만물인터넷, 그리고 빅데이터 등 정보기술이 발달하고 그에 바탕을 둔 디지털 문화가 보편화된 사태를 지칭한다. 왜 연결인가? 왜 '초과'와 '과잉'의 의미를 갖는 '초超'라는 접두사는 어떤 의미인가? 인간들 사이의 연결, 그리고 인간들이 모인 사회와 국가 사이의 연결은 인류 문명과 역사를 같이 해 왔다. 이러한 상호 연결과 의존이 19세기 이후 산업화와 도시화가 이루어지면서 본격화되고 또 20세기 이후 세계화와 정보화로 가속화되었다면, 21세기의 정보−통신 기술ICT: Information-Communication Technology, 나노−생명−정보 기술NBIT: Nato-Bio-Information Technology은 이를 한층 강화하고 또 불가피하며 불가역적인 것으로 만들었다. 이제 연결은 단지 개별 인간 사이 혹은 집단 사이의 것에 국한되지 않는다. 인간과 동물, 행성, 기계와 같은 비인간 사이, 그리고 비인간과 비인간 사이의 것이기도 하다.

포스트휴머니즘posthumanism과 신유물론New Materialism은 이렇듯 연결이 강화되고 보편화하되어 말 그대로 "초과" 상태에 이르게 된 시대를 대표하는 철학 중 하나라 할 수 있다.[1] 특기할 만한 것은 이 조류에서

---

1  포스트휴머니즘에 관한 연구서나 대중서는 2010년대 이후로 가히 폭발적으로 증가했고 그 추세가 여전히 꺾이지 않고 있는 터라 간단하게 소개하는 일조차 쉽지 않다. 비교적 최근의 전반적이고 개괄적인 논의만 꼽자면 다음과 같다: 신상규 외,《포스트휴먼이 온다》, 아카넷, 2020; 홍성욱,《포스트휴먼 오딧세이》, 휴머니스트, 2019; F. Ferrando, *Philosophical Posthumanism*, London: Bloomsbury, 2019. 신유물론에 대한 전반적인 소개로는 다음을 참조하라: Christopher N. Gamble et al., "What Is New Materialism?" *Angelaki* 24, 6, 2019; 김환석, 〈사회과학의 '물질적 전환'을 위하여〉,《모빌리티 시대 기술과 인간의 공진화》, 모빌리티인문학 총서, 앨피, 2020; 김환석 외, 이감문해력연구소 편,《21세기 사상의 최전선: 전 지구적 공존을 위한 사유의 대전환》, 이성과감성, 2020.

도나 해러웨이Donna Haraway, 로지 브라이도티Rosi Braidotti, 캐런 버라드 Karen Barad 등 여성주의 과학(기술)학을 직접 실천하거나 아니면 주요 참조점, 나아가 이론적 기반으로 삼은 이론가들이 두각을 나타내고 있 다는 점이다.[2] 이들은 과학의 사회적·문화적 측면을 인정하면서도 과 학이 다른 실천에 대해 갖는 변별적인 특성을 성찰함으로써 과학철학 및 과학기술학에 새로운 논의의 장을 열고 있다. 여성(주의)과 과학(기 술)의 긴장관계를 넘어 여성주의 관점에서 과학을 전유하고 또 그 역도 가능함을 보여 주고 있는 점 또한 흥미롭다.

버라드는 이러한 흐름을 대표하는 여성주의 과학철학자다. 이론물 리학자 출신(입자물리학 전공)으로 물리철학, 정확하게는 양자역학의 철학에서 출발하여 영미 분석적 과학철학과 대륙, 특히 프랑스의 현대 철학, 그중에서도 난해하기로 소문난 데리다Jacques Derrida의 철학을 접 목시키는 등 괄목할 만한 학문적 편력과 성과를 보여 주고 있다.[3] 그런 데 브라이도티나 해러웨이와 비교하면 버라드의 인지도는 낮은 편이 다. 이는 버라드가 포스트휴머니즘과 신유물론에서 가장 많이 인용되 는 저자 중 한 명이라는 사실과 대조된다. 실제로 과학, 철학, 윤리학, 미학 등 다양한 분야를 횡단하는 버라드의 논문들은 주로 여성학이나 문예이론의 학술지나 선집을 통해 출판되었고, 그 외의 분야에서는 그

---

2  인간의 신체와 그 물질성, 나아가 비인간 존재의 물질성에 주목하는 여성주의의 유물론 적 전회에 대해서는 다음을 참조하라: 황희숙, 〈물질의 귀환과 페미니즘〉, 《철학사상문 화》, 27호, 2018; 조주현, 《정체성 정치에서 아고니즘 정치로》, 계명대학교출판부, 2018.

3  다음에서 버라드의 저술 목록을 확인할 수 있다: https://campusdirectory.ucsc.edu/cd_ detail?uid=kbarad

다지 주목을 받지 못했다.[4] 특히 과학철학이나 철학 전반에서 버라드에 대한 본격적인 논의는 아직 시작 전이거나 아니면 이제 막 시작하는 중이다.[5]

이 글의 우선적인 목적은 버라드의 2007년 주저 《우주와 중간에서 만나기: 양자물리학, 그리고 물질과 의미의 얽힘》을 중심으로 그녀가 제시하는 "행위적 실재론agential realism"의 핵심적인 측면을 검토하는 것이다.[6] 먼저 일차적으로는 방법론적인 측면을 갖지만 존재론까지 아우르는 버라드 고유의 개념인 "회절diffraction"과 "물의 빛기mattering"를 논한다. 다음으로 행위적 실재론과 그 핵심 개념을 소개하고, 그 이론적 배경으로 과학철학에서의 실재론-구성주의 논쟁, 버틀러Judith Butler의 수행성 개념, 그리고 보어Niels Bohr의 양자역학 철학에서 현상과 장치의 개념을 살펴본다. 이를 통해 행위적 실재론이 한편으로 여성주의 과학철학 혹은 과학철학 일반, 다른 한편으로 초연결시대에 갖는 함축을 살피는 것이 이 글의 궁극적인 목적이다.

---

4  버라드의 논문이 처음으로 실린 것은 과학철학이 아닌 다음의 과학학 선집에서였다 : "Agential Realism: Feminist Intervention in Understanding Scientific Practice," M. Biagioli (ed.), *The Science Studies Reader*, Routeledge, 1999, pp. 1-11.

5  한글로 출판된 버라드 연구로는 임소연, 〈여성들의 기술과학 실행에 대한 '기술-과학적 방식의 생각하기': 캐런 바라드의 행위적 실재론을 중심으로〉, 《과학기술학연구》 11, 2, 2011; 조주현, 《정체성 정치에서 아고니즘 정치로》, 계명대학교출판부, 2018(4장); 임소연, 〈과학기술과 여성 연구하기: 신유물론 페미니즘과 과학기술학의 안-사이에서 "몸과 함께"〉, 《과학기술학연구》 19, 3, 2019; 〈캐런 바라드: 페미니스트 과학자는 과학을 어떻게 보는가?〉, 《21세기 사상의 최전선》, 이성과감성, 2020 등이 있다.

6  K. Barad, *Meeting the Universe Halfway: Quantum Physics and the Entanglement of Matter and Meaning*, Duke University Press, 2007.

## | 행위적 실재론:
## 여성주의 과학학과 포스트휴머니즘의 접점 |

전술했듯이 버라드의 이론적·실천적 관심은 여성주의 과학학Feminist Science Studies과 맞닿아 있다. 여성주의 과학학의 일차적인 관심은 과학기술과 젠더의 문제에 있다. 이 문제는 기본적으로 과학기술 내 여성의 수가 적다는 사실에 대한 의문에서 출발한다.[7] 사회 전반적으로 이른바 젠더 감수성과 성평등 의식이 고취되고 또 전 분야에 걸쳐 여성의 사회 진출이 확대된 오늘날, 과학 내 여성이 차지하는 비율이 여전히 낮기는 해도 증가 추세인 것만은 분명하다. 과학 내 젠더 불평등은 과학에 외재적인 문제였을 뿐, 과학 그 자체의 객관성과 중립성은 여전히 유효하며 또 계속해서 추구할 만한 가치라 생각할 수 있다. 과학이 객관적이고 가치중립적인 활동이고, 따라서 젠더에 대해서도 중립적이어야 하며, 실제로도 그러하다는 믿음은 여전히 공고하다. 그런데 여기에서 객관성과 가치중립성을 어떻게 이해해야 하는가? 젠더, 인종, 계급, 성적 지향 등의 요소들이 전적으로 배제된 상태를 말하는가?

과학이 어디까지나 인간에 의한 활동임은 부인할 수 없다. 인간의 활동인 이상 성별, 인종, 계급, 성적 지향 등에서 완전히 자유로울 수 없음도 물론이다. 과학의 가치중립화나 탈가치화는 가능하지도 않고 정당하지도 않다. 여성주의 과학학은 이 불가능하고 부당한 목표를 추구하

---

7  이블린 폭스 켈러, 〈과학과 성연구〉, 오조영란 옮김: 홍성욱·오조영란 편,《남성의 과학을 넘어서: 페미니즘 시각에서 본 과학기술의료》, 창작과비평사, 1999; 이은경, 〈과학기술과 여성〉, 한양대학교 과학철학교육위원회 편,《과학기술의 철학적 이해》1권, 한양대학교출판부, 제6판, 2017.

기보다 이 목표를 가능하고 또 정당한 것으로 간주하도록 하는 기제를 밝히는 데 주목해 왔다. 그리고 생물학(특히 영장류학)과 의학(특히 부인과학)과 같이 소위 "부드러운 과학soft science"에 대한 비판에서 상당한 성과를 거두고 또 해당 과학의 발전에도 기여해 왔다. 그런데 물리학과 같은 소위 "딱딱한 과학hard science"은 비판의 성역으로 남아 있었다.[8] 생물학 등에서 성별화된 은유와 언어가 노골적으로 혹은 은밀하게 작동한다는 사실을 인정한다 하더라도 "좋다, 그렇다면 물리학은?"이란 의문은 남는다는 것이다.

버라드는 이에 대한 하나의 답변을 제시한다. 그녀는 자신의 과학철학 프로그램을 인식론, 존재론, 윤리학을 포괄하는 인식-존재-윤리학onto-epistemo-ethical 기획이라 부르고 다음과 같이 요약한다.

다시 말해 나의 기획은 단순히 과학에 대한 반성이 아니라 (a)과학적 실천과 자연(이것이 보어의 해석에서 두 가지 핵심 요소를 이룬다)에 관한 통찰을 받아들인 뒤, (b)회절을 통해 다시 과학으로 되돌리며, (c)그럼으로써 현재 연구되고 있는 과학 분야(예를 들어 양자물리학 기초론)에 기여하는 것이다. 특히 (a')회절적 방법론에 입각한 개념적 전환은 (b')과학이나 아니면 (b'')다른 물질적-담론적 실천의 본성에 대한 우리의 이해를 재구성하고 나아가 (c')양자물리학의 새로운 해석을 위한 기초를 구성하기에 충분하다.[9]

---

8  이블린 폭스 켈러, 《과학과 젠더: 성별과 과학에 대한 제반성》, 민경숙·이현주 옮김, 동문선, 1996. 하딩, 해러웨이, 버라드로 이어지는 여성주의 인식론의 계보에 대해서는 조주현, 《정체성 정치에서 아고니즘 정치로》, 2~4장 참조.

9  Barad, *Meeting the Universe Halfway*, p. 33. 번호는 인용자. 이후 이 저서를 인용할 때

실로 방대하고 야심찬 기획이 아닐 수 없다. 저 모든 것을 담은 2007년 저서도 5백 쪽에 달하는 등 방대할 뿐 아니라 내용도 난해하다. "양자물리학 기초론"이라는, 물리철학에서도 여전히 손꼽히는 난제가 전면적으로 논의되는 탓도 있지만 "내부–작용intra-action",[10] "회절diffraction", "물의 빚기mattering"[11] 등 낯선 개념들이 끊임없이 등장하기 때문이기도 하다. 하나 분명한 것은 버라드가 자신의 입장을 "행위적 실재론"이라는 이름 하에 명시적으로 그리고 지속적으로 밝히고 있다는 점이다. 앞서 말한 인식–존재–윤리학 기획의 핵심도 바로 행위적 실재론이요, 저 모든 현란한 개념들도 여기에 포섭되거나 수렴되거나 적어도 연관되는 것으로 이해할 수 있다.

이 글의 관심사는 초연결사회를 사유할 문제틀에 있다. 따라서 (c)와 (c′)을 제외한 (a)와 (a′), 그리고 (b), (b′), (b″)로 한정할 필요가 있다. (a)와 (a′)은 방법론적 측면을, (b)~(b″)는 이 방법론에 입각한 "개념적 전환", 즉 행위적 실재론과 이를 "과학이나 아니면 물질적–담론적 실천에 적용한 결과"라 할 수 있다. 아래에서는 이 지점들을 차례로 살펴볼 것이다.

---

에는 괄호 안에 쪽수만 표기한다.

10  버라드가 상호작용을 뜻하는 'interaction'과 구분하기 위해 창안한 개념으로 "얽힌 행위성의 상호적 구성"(33)으로 정의된다. 상호작용이 선험적으로 혹은 상호독립적으로 주어진 두 존재자나 행위자 사이의 작용이라면, 내부–작용은 그러한 존재자들에 앞서 행위성들 사이에 수립되는 관계로서 행위성에서 존재자들이 개별화되는 조건이 된다.

11  'matter'와 'mattering'의 번역어로 ①물物/물 되기(임소연), ②실물/실물 되기, ③물질/실물화 또는 실질화(materializing과 구분하여), ④중시 혹은 중시하기 등을 생각해 볼 수 있다. 특히 문제가 되는 것은 새로운 용법으로 쓰인 'mattering'이다. 흥미로운 것은 동사 'matter'의 용법이 우리말의 "물의를 빚다"와 "물의를 일으키다"와 유사하다는 사실이다. 이 글에서 명사로서의 'matter'는 종전대로 물질 · 실질 · 실물 등으로, 동사로서의 'matter'는 문제시되다/문제시하다/물의를 빚다 등으로, 'mattering'은 "물의 빚기"라 쓴다. 아래 참조.

# | 회절과 물의 빛기: 방법론 혹은 그 이상　　　　　　　|

"회절적 방법론"이란 해러웨이의 회절 개념에 착안하여 만들어진 버라드 고유한 방법론을 가리킨다. 회절은 원래 파동이 다른 파동과 만나 겹쳐지거나 장애물을 만나 휘어지거나 퍼져 나가는 파동 고유의 현상을 의미하는 물리학 용어로 반사 혹은 반영reflection과 대조된다(2장 전체. 특히 89~90쪽에 등장하는 대차대조표 참조). 반사는 뉴턴Isaac Newton이 입자설에 입각해서 정립한 광학의 근간이 되는 현상으로, 기본적으로는 대상과 대상이 거울에 비친 상의 관계로 표상할 수 있다. 버라드는 회절이 반사와 대조되는 여러 가지 측면 중에서 특히 주체와 대상이 회절이라는 현상 혹은 사건 이전에 고정되지 않는다는 점에 주목한다(30: 89-90). 반사에서 주체가 대상과 일정한 거리를 둔 한 고정점에서 대상을 말 그대로 반사하는 거울 이미지를 생산한다면, 회절에서는 서로 다른 파장을 가진 파동이 보강이나 소멸을 일으키면서 공명하거나 상쇄됨에 따라 서로 다른 무늬가 만들어진다. 회절의 방법은 버라드에게서 다양한 방식으로 구현된다. "물의 빛기"도 그 예다.

　버라드의 철학이 물질을 존재론적 기초로 본다는 점에서는 유물론의 전통을 따르지만 바로 이 물질을 전적으로 새로운 방식으로 개념화한다는 점에서 신유물론으로 분류될 수 있다면, 물의 빛기는 이러한 측면을 잘 보여 준다. 한편으로 방법론적인 측면을 포함한다. 이는《우주와 중간에서 만나기》를 여는 첫 구절에서도 드러난다. 이 구절은 인식-존재-윤리학의 핵심 주제를 압축적으로 보여 주는 동시에 그 자체로 하나의 방법론적 선언이기도 하다.

물질과 의미는 분리된 요소가 아니다. 풀릴 수 없을 만치 뒤엉켜 있다. 그 어느 사건도, 아무리 에너지가 높은 물질이라 해도, 이 둘을 찢을 수는 없다. 어원('아토모스')상 "분할불가능" 또는 "절단불가능"을 의미하는 원자조차도 깨질 수 있다. 그렇지만 물질과 의미는 화학 처리로도 원심 분리로도 핵폭탄으로도 분리될 수 없다. 물질의 본성을 논할 때는 물론, 물질을 구성하는 최소의 부분이 가장 깊숙이 뿌리박힌 생각과 거대한 도시들을 폭파할 수 있다는 사실이 드러날 때 역시, 물의 빚기는 물질의 문제인 동시에 의미의 문제가 된다(3).

앞서 밝혔듯《우주와 중간에서 만나기》의 부제는 "양자물리학, 그리고 물질과 의미의 얽힘"으로, 여기에서 양자물리학, 얽힘, 의미, 물질은 이 책에서 다루는 대상인 동시에 방법이기도 하다. 양자역학의 얽힘 entanglement에 대해서는 아래에서 논하겠지만, 버라드가 말하는 "물질과 의미의 얽힘"은 양자 현상에 국한되지 않고 인식론, 존재론, 윤리학의 영역 전반에 걸쳐서 나타나는 보다 근본적인 사태나 상태를 가리킨다. 이를 가장 잘 보여 주는 개념이 바로 "물의 빚기'다.

'matter'가 버라드의 중심 개념이라면, 그것은 명사와 동사 두 가지 의미에서다. 우선 명사로서는 "의미meaning"에 대응하는 것으로 말 그대로 물질이다. 명사 'matter'의 어원은 라틴어 'mater'와 그로부터 파생된 'materia'이다. 마테르mater는 어머니, 마테리아materia는 실물 또는 실질, 말하자면 크기와 형태를 가지며 접촉할 수 있는 '어떤 것'을 뜻한다. 질료, 실체, 소재, 물질 등으로 다양하게 번역될 수 있다. 버라드에게 'matter'는 무엇보다도 '물질'이다. 이 점에서 버라드는 존재의 근간을 물질로 보는 통상적이고 포괄적인 의미에서의 유물론의 계보를 따르지만, 거기에만 머물지는 않는다는 점에서 고전적 유물론보다 신유물론에 속한다고 할 수 있다. 버라드의 '유물론'을 '새롭게' 만드는 것은 무엇보다도 'matter'의 동사로서의 측면이다.

동사 'matter'는 자동사다. 목적어를 필요로 하지 않는다. 어떤 것이 'matter'한다는 것은 그것이 하나의 '실물' 혹은 '실질'로서, 즉 실질적으로 여겨진다는 뜻으로, 보통은 "문제가 되다, 중시되다"로 번역된다. 최근 BLMBlack Lives Matter 운동으로 새삼 회자되고 있지만, 그 이전까지는 일상어에서 거의 비인칭의 부정문("It doesn't matter")이나 의문형("Does it matter?")으로만 쓰였다. 그런데 BLM의 사례는 쓰임새가 변화하고 있음을 보여 준다. 흑인의 생명을 주어로 쓰일 때 'matter'는 비인칭(it) 혹은 보편(all lives)에 가려져 있었던 존재를 전면에 부각함으로써 전복적인 의미를 획득하게 되는 것이다.[12]

흥미롭게도 'matter'의 쓰임새는 우리말 '물의物議'와 비슷한 점이 많다. 물의物議의 사전적 의미는 "어떤 사람 또는 단체의 처사에 대하여 많은 사람이 이러쿵저러쿵 논평하는 상태"다.[13] "물의" 자체는 글자 그대

---

12 BLM에 맞서 일부 백인들이 "모든 생명은 소중하다(All lives matter)"는 구호를 외친다는 말에 주디스 버틀러는 말한다. "그들은 문제를 몰이해하고 있습니다. 메시지 자체는 맞는 말이에요. 모든 생명은 소중해요. 그런데 문제는 모든 생명이 소중함을 인정받은 것은 아니라는 점입니다. 그래서 소중하지 않게 여겨졌던 생명, 마땅히 누려야 할 소중함을 위해 투쟁하는 생명에게 이름을 불러 주는 일이 중요한 겁니다." J. Butler, "What's Wrong With 'All Lives Matter'?" *New York Times*, 2015년 1월 12일 인터뷰 기사: https://opinionator.blogs.nytimes.com/2015/01/12/whats-wrong-with-all-lives-matter/

13 "'物議' 글자 자체에는 나쁘다는 의미가 없는데, 물의를 일으킨 것은 괜히 여러 사람에게 쓸데없는 데 신경 쓰게 했다는 의미에서 부정적으로 쓰이는 것입니다. … 物은 대개 물질, 물건으로 알지만 '물의'에서처럼 세상 만물 즉 온갖, 많은 등의 뜻도 가진 글자입니다. … 議는 올바른(義) 결과가 나오도록 여럿이 말한다(言)는 뜻을 가진 글자이지요. 평의, 즉 의견을 나누면서 평가, 의논한다는 뜻입니다." 서완식, 〈사람들이

버라드의 행위적 실재론 53

로 '사물의 의미'라는 뜻으로 부정적인 함의가 전혀 없다. 그런데 "빚다" 혹은 "일으키다" 등의 동사와 결합하면 부정적인 의미를 띠게 되고, 주로 이 부정적인 의미, 그것도 "여러 사람에게 쓸데없는 데 신경 쓰게 했다"는 의미로 쓰이는 것이다. 그렇지만 우리는 안다. 노예제, 인종차별, 노동 억압, 여성의 참정권, 낙태 등 "쓸데없"이 "신경 쓰게 했다"는 이유로 물의를 일으킨 얼마나 많은 일들이 사실은 "쓸데없"지 않으며, 오히려 마땅히 신경 써야 하는 일이었음을.

버라드는 명사이자 동사인 'matter'가 가진 중의적 의미를 그대로 살리면서, 상대적으로 한정되어 있었던 동사적 용법을 확장하고, 그럼으로써 'mattering'이라는 새로운 개념을 창조한다. 문법상 존재하기는 하나 거의 쓰임새가 없던 동사적 표현을 창조적으로 재전유하여 하나의 실사實辭, 나아가 핵심 개념으로 삼은 것이다. 버라드는 말한다.

내가 제안하는 행위적 실재론의 존재론에서는 분리성을 세계의 내재적인 특징으로 삼지 않는다. 그러나 분리성을 인간 의식이 만들어 낸 인공물에 미혹된 단순한 환영으로 폄하하는 것도 아니다. 차이는 당연한 것으로 치부될 수 없다. 그것은 물의를 빚는다. 사실은 차이야말로 물의를 빚는다(it matters – indeed, it is what matters). 세계는 서로 조금씩 같거나 다른 사물들로 가득한 것이 아니다. 관계relation가 관계항relata을 따르는 것이 아니다. 오히려 그 반대다. 물질은 각기 다른 과정의 결과로서 고정되거나 주어지는 것이 아니다. 물질은 생산되고 생산적이다

이러쿵저러쿵하는 '물의(物議)'〉, 《국민일보》 2019년 6월 15일자, http://news.kmib.co.kr/article/view.asp?arcid=0924083414&code=11171416

〔생산한다〕. 또 발생되면서 발생적이다〔발생한다〕. 물질은 행위적agentive 이다. 사물의 고정된 본질이나 속성이 아니다. 물의 빚기란 차별을 만들어 내는 것이다(Mattering is differentiating). 어떤 차이가 물의를 빚는가 하는 것은 다른 차이들의 반복적인 생산에서 물의를 빚는다(136-137).

여기에서 'mattering'이 자동사 'matter'의 진행형이라는 점에 주목할 필요가 있다. 저작이나 각 저술의 장과 절의 제목들에서도 드러나듯 버라드는 "meeting", "(re)configuring", "getting real" 등 현재분사형을 즐겨 쓴다. 이 개념들의 역동성, 즉 실체화와 사물화에 저항하면서 완료되지 않고 계속해서 진행되는 과정으로서의 특성을 강조하기 위함이다. 또 다른 한편으로 물의 빚기는 물질화materialization와도 구분된다. 물질화가 어떤 개별적 실체, 그리고 각자 실체로서 주체와 객체가 선재함을 전제하고, 그 실체의 속성이 변화한 결과에 관한 것이라면, 물의 빚기는 그러한 선제적 조건 없이 이루어지는 행위성의 담론적–물질적 실천이자 내부–작용이다. "물의"에 포함된 '물(질)'로서의 측면과 '의(미)'로서의 측면을 전면에 부각하는 것이 바로 버라드의 '물의 빚기' 전략이다.


## | 표상주의 비판과 수행적·물질적 전회 |

이제 물의 빚기를 통해 어떻게 실재론이 재구성되는지 살펴보자. 사회 구성주의 아니면 실재론, 객관주의 아니면 상대주의, 인식론 아니면 존재론 등의 극단적 구도를 따르지 않고, 구성주의에서 중시하는 의미와 맥락을 충분히 고려하면서도 상대주의에 빠지지 않으며, 또 존재론과 인식론 어느 한 쪽에 치우치지 않는 실재론을 추구한다.

행위적 실재론은 말과 사물 사이의 대응 관계라는 개념을 부정한다. 대신에 어떻게 담론적 실천이 물질적 현상과 연관되는지에 대한 인과적 설명을 제공한다. 그것은 (과학적인 혹은 또 다른) 표상의 본성이 아니라 (기술과학적 실천을 포함한) 담론적 실천의 본성에 초점을 맞추고, 전통적인 형식의 실재론과 사회구성주의 사이의 전적으로 부적절한 논쟁은 차후로 넘긴다. 이 이론틀에서 중요한 것은 실천의 물질적 본성이 무엇이고 실천이 어떻게 물의를 빚는지(matter)를 밝히는 일이다(44-45).

이로부터 해킹Ian Hacking, 푸코Michel Foucault, 버틀러 등의 표상주의 representationalism 비판을 비판적으로 계승하고 있음을 알 수 있다. 그런데 버라드가 보기에 이들은 담론적인 측면만을 지나치게 강조함으로써 그것이 갖는 물질적인 측면을 간과하고 있다. 해러웨이도 같은 맥락에서 특히 현대 기술과학technoscience에서 물질이 인간과 비인간을 아우르고 한층 복합적이며 또 독립적이고 능동적이며 나아가 수행적인 역할을 담당함을 지적한 바 있다. 그 연장선상에서 버라드는 자연(본성)-문화(의미), 물질과 의미, 나아가 남성과 여성, 인간과 비인간 등의 이분법적 구도를 넘어서는, 혹은 아우르는 존재-인식-윤리학을 제안한다. 이것이 행위적 실재론의 핵심 논제다.

## 실재론-구성주의 논쟁의 표상주의 전제, 그리고 그 대안으로서의 수행적 전회

행위적 실재론은 실재론의 계보에 속한다. 실재론은 철학의 가장 고전적이고 정통적인 인식론적 입장이요, 과학의 본성과 관련해서 오늘날 과학철학에서도 여전히 가장 중요한 주제 중 하나로 남아 있기도 하다. 과학은 실재, 과학자를 포함한 사회와 독립된 대상과 그에 대한 객관적 지식을 추구하는가? 아니면 다른 사회적 실천과 마찬가지로 사회 공동체 및 그 구성원들의 편향과 이해관계로부터 독립적이지 않으며 따라서 주관성을 내포하는가? 이 구도에서 여성주의 과학(철)학은 주로 구성주의 진영에 속하는 것으로 생각되어 왔다. 버라드는 실재론을 전적으로 포기하고 사회구성주의를 수용하기보다는 수정된 형태의 실재론을 옹호할 필요가 있다는 입장을 분명히 한다.

버라드는 "지식 주장에 문화적 요인만이 있는 것이 아니라 자연적/물질적 요인도 있음을 기억했으면 하는 것"(40)이 동료 물리학자들의 과학학에 대한 바람이요 자신도 이에 공감한다고 말한다. 버라드와 동료들이 보기에 구성주의는 물리학이 추구하는 진리, 기술하는 실재, 그리고 그것이 주는 어떤 "감동"을 간과하는 경향이 있다는 것이다. 그러나 더 큰 문제는 상대주의의 위험이다. 상대주의의 극복은 다른 철학과 마찬가지로 과학철학의 사명이요, 이 점에서는 여성주의 과학(철)학도 예외는 아니다. "해러웨이의 상황적 지식(1988), 하딩Sandra Harding의 강한 객관성(1991), 켈러Evelyn Fox Keller의 역동적 객관성(1988), 롱지노Helen Longino의 맥락적 경험주의(1990) 등 여성주의 과학학은 인식론적 상대주의를 객관주의의 거울상像으로 보고, 상대주의나 객관주의 모두 지식 주장의 체현을 부정하는 시도로 간주한다. 그럼으로써 반상대주의인 동시에 반실재론의 입장을 취한다"(44). 그런데 실재론이 상대주의만큼이나 극복하거나 최소한 기피해야 할 대상인가? 이를테면 구성주의자들은 인식론의 존재론에 대한 독립성, 나아가 우선성(또는 우월성)을 주장하고 이를 반실재론의 주요한 전제로 삼는데, 이 전제 또한 재고할 필요가 있다(41).

그러나 버라드가 보기에 가장 근본적인 전제는 표상주의다(46-50). 표상주의에 따르면 인식은 인식의 주체, 인식의 대상, 그리고 양자를 매개하는 지식, 이렇게 세 가지 요소로 구성된다. 표상주의는 사실상 모든 인식의 근간을 이루는 형이상학적 전제로, 과학 지식의 본성에 관한 두 입장인 실재론과 구성주의도 이 전제를 그대로 따른다. 과학이 인간과 분리된 채 저 어딘가에 있는 세계를 있는 그대로 표상한다고 보는 입장이 실재론이라면, 구성주의는 그 세계가 실은 인간의 사회와 문화의 산물이라 본다. 그러나 과학을 인간으로 하여금 세계를 접하도록 하고 그런 의미에서 인간과 세계를 잇는 매개체라고 본다는 점에서는 실재론과 다르지 않다. 달리 말해 실재론이나 구성주의나 과학을 하나의 표상으로 보고 표상되는 대상이 결정되어 있다고 보는 표상주의 전제를 공통적으로 가지되, 다만 그 대상을 자연으로 보는가 아니면 사회나 문화로 보는가에 따라 달라진다는 것이다. 그러나 어느 쪽도 우리의 인식과 경험을 제대로 설명하지 못한다는 것이 버라드의 일관된 생각이다.

해킹은 표상주의의 기원을 고대 원자론으로 보았다. 사물은 실제, 본모습은 우리 눈에 보이는, 우리에게 현상으로 드러나는 것과 다르다. 이로부터 "실재"와 "현상" 또는 "가상"의 구분이 유효해지고 심지어 모든 철학의 본령이 되었다. 이에 동조하며 버라드는 말한다. "이 탁자는 목재로 만들어진 고체 덩어리인가 아니면 진공에서 움직이는 불연속적인 존재물entity들의 집합체인가? 원자론은 어떤 표상이 실재인가 하는 문제를 제기한다. 철학에서 실재론의 문제는 원자론적 세계관의 산물이다"(48). 그런가 하면 라우즈는 표상주의가 데카르트René Descartes의 유산이라고 보았다. 코기토Cogito에 의해 자아-주체가 성립되고 모든 인식이 이를 토대로 재편되는 모델이라는 것이다. 기원을 데모크리토스Democritos로 보든 데카르트로 보든 간에 분명한 것은 표상주의가 하나의 역사적이고 우연적인 산물이라는 점이다. 따라서 변화 가능하다는 점이다. 실재와 표상 사이의 단순한 이원론적 구도를 대신하는 것은 복잡하게 얽힌 채 분절되지 않은 의미들의 "배치"와 특정한 물질 "현상"들이다. 이들은 서로 복잡한 관계를 형성하고 있어 어느 것이 "실재"이고 어느 것이 "표상"이라 규정하기 어려운 상태에 있다.

과학학에서 표상주의 패러다임은 과학 지식의 생산에서 결과물이 아니라 과정으로서의 생산과 그것이 갖는 실천적 측면이 부각되면서 전환의 국면을 맞았다. 이를 수행적performative 전회라 부른다(28 및 46 이하. 특히 49). 해킹은 이미 "표상하기representing"에서 "개입하기intervening"로의 전환을 말한 바 있다. 과학은 이론과 실험/경험으로 이루어지는 표상이 아니다. 더욱이 이론이 핵심이고 실험마저도 이론적재적인 것으로서만 포함되는 표상은 더더욱 아니다. 해킹은 이론과 비교해서 오히려 실험이 인과력이나 조작 가능성 등의 면에서 볼 때 실재에 더 가깝다고 말한다. 분명한 것은 실험이 단순히 이론의존적이라고만은 볼 수 없는 복합적인 실천이라는 점이다. 이론과 마찬가지로 문화와 자연 어느 한 쪽으로 귀속되지 않는다. 양자 모두 공히 해러웨이의 용어로는 "자연문화적인naturalcultural"인, 버라드의 용어로는 "물질적-담론적material-discursive" 실천이다.

〔행위적 실재론은〕말과 사물을 고정하고 양자 사이의 관계의 본성을 다루는 표상주의의 문제 설정을 거부한다. 대신에 '경계, 속성, 의미

가 행해지는 방식에 차이를 만들어 내는 세계의 특정한 물질적 (재)배치'(나의 포스트휴머니즘 용어법에 따르면 담론적 실천)와 '특정한 물질 현상'(차이를 만들고 물의를 빚는 패턴) 사이의 관계성을 주장한다(139).

버라드에게 이론과 실험은 해킹에게서와 마찬가지로 "의미의 생산에서 구성적인 역할을 수행하는 역동적인 실천"인 동시에, "[바로 그 행위로 인해] 생산되는 현상의 일부이자 현상 안으로부터의 내부-작용"(56)이다. 이것이 바로 버라드가 말하는 실재다. 그리고 이 실재는 행위적이다. 이론가 등 행위자로서의 주체가 우선 있고 그 주체의 작용으로서 행위가 있는 것이 아니다(61-62). 이론과 실험은 이론가와 실험가뿐 아니라 이론, 실험장치, 실험실 등과 더불어 복합적으로 이루어지는 과정이다. 이론가와 실험가는 이론과 실험이라는 실천에 의해 구성되는 존재being라기보다 생성, 즉 무엇으로 '되기becoming'의 과정, 달리 말해 활동activity, 나아가 행위성agency이다.

## 수행성에서 행위성으로: 물질적 (재)전회

데카르트의 코기토로 상징되는 근대적 주체, 즉 자기 의식을 가지며 인식 및 도덕 규칙을 담지하고 행위를 주관하는 토대이자 기체基體로서의 주체 개념은 지난 세기까지 이미 생각할 수 있는 거의 모든 비판과 수정을 거쳤다고 해도 과언이 아니다. 주체가 문법적 습관의 결과라 했던 니체에서부터, 선험적으로 주어지는 주체란 없고 오직 권력의 연결망 안에서 끊임 없는 주체화 과정만이 있을 뿐이라고 본 푸코가 있었고, 주체가 서구 백인 남성 지식인의 표상으로서 기능해 왔으며 그 뒤에는 동양, 여성, 비백인 등 타자가 비본질적 존재로 규정되고 은폐되어 왔음을 밝혀낸 탈식민주의, 여성주의 등의 이른바 차이 연구가 있었다. 그러나 아무리 죽음 또는 해체가 선포되어도 주체 개념은 좀처럼 폐기되지 않는다. 모든 행위act에 대해 행위의 주체, 행위자agent/actant가 선재한다고 생각하는 편이 여전히 자연스럽게 느껴진다.

행위성은 '행위능력'이라 번역되기도 한다. 말 그대로 행위나 행동할 수 있는 능력이다. 이성중심주의나 인간중심주의 등의 근대적 전제와 거리를 두고자 한 이론과 담론에서 주체를 대체하는 개념으로 널리 쓰이는데, 실제로 행위성 개념에서는 행위 이전에 주어지는 행위자도, 행위를 통해 구성되는 행위자도 아닌, 행위와 행위자를 사이의 상호 관계와 연결이 강조된다.

버라드의 행위적 실재론도 같은 예라 볼 수 있다. 이에 따르면 주체와 대상과 같은 관계항이 선재하고 둘 사이의 관계가 성립하는 것이 아니라, 관계로서의 행위성이 선재하고 관계항은 사후에 주어진다. 실재하는 것은 행위성이다. 개별자로 분화되기 이전 상태에서 내부-작용하는 행위성, 이것이 실재다. 다른 말로 하면 실재는 행위적agential이다.

행위성 개념에서 또 하나의 주요한 참조점으로 삼고 있는 것은 버틀러의 수행성performativity 개념이다(59-66. 그리고 5장 전체).[14] 버틀러는 이른바 제1물결과 제2물결 여성주의의 "젠더 정치"에 전제되어 온 섹스와 젠더의 이분법과 그 기저에 놓인 이성애중심주의나 문화와 자연의 이분법 등을 비판한 바 있다.[15] 자연적으로 주어지는 섹스와 사회적으로 구

---

14 이하 논의는 조주현, 《정체성 정치에서 아고니즘 정치로》, 101~109쪽 참조. 버라드는 버틀러와 버틀러가 참조하는 푸코를 비교 및 대조하면서 논하고 전개하고 있으나 여기에서는 간결성을 위해 버틀러에 한정해서 논한다.

15 여성주의 정치의 역사에 대한 간략하고 명료한 정리로는 조주현, 《정체성 정치에서

성되는 젠더를 분리하고, 이를 바탕으로 젠더로서의 '여성'으로 범주화될 수 있는 집단의 정치세력화와 중요한 정치적 진전을 이끌어 낸 것은 분명 젠더 정치의 중요한 성과였다. 그런데 '여성'을 선험적으로 주어지며 고정된 하나의 '본질'이라 볼 수 있는가? 유색인종, 제3세계 여성, 레즈비언, 트렌스젠더 여성 모두 동일한 범주에 속하는가? 이 물음이 정체성 정치와 그에 기반한 제3물결 여성주의의 시작이었다. 버틀러는 젠더와 정체성을 수행성으로 재개념화하는 한편, 이를 몸의 물질성과 연관시킨다는 점에서 구성주의와 차이를 갖는다. 몸, 나아가 물질 일반은 주장처럼 단순히 사회적이고 문화적인 구성물로 치부될 것이 아니다. 그것은 "물질화materialization 과정"이다. 이 과정이 시간에 따라 안정화되면서 "우리가 물질이라 부르는 경계, 고정성, 표면의 효과"가 생산된다.[16] 그리고 이 과정은 정체성에 대해 구성적 또는 수행적이다. 이를테면 젠더 수행성은 성화된 몸이 하나 혹은 여럿의 섹스로 물질화되는 과정과 분리될 수 없다.

그런데 버라드가 보기에 버틀러는 여전히 언어와 문화를 포함하는 담론적 실천을 자연적 또는 물질적인 것 우위에 두고 있다(150-151). 수행성은 아무래도 몸보다 언어나 문화에, 섹스보다는 젠더에 의해 표방되는 것처럼 보인다. 버틀러는 물질의 독자성을 환기하면서도 담론과의 관계를 정확하고 구체적인 방식으로 제시하지 못했고, 그 결과 물질을 여전히 언어와 문화에 종속되거나 그로부터 도출된 것으로 봄으로

<hr />

아고니즘 정치로》, 170~172쪽 참조.

[16]  J. Butler, *Bodies That Matter*, Routeledge, 1993, 9; Barad, *Meeting the Universe Halfway*, p. 64 및 p. 150에서 재인용.

써 "물질의 역동성을 인정하는 데에 실패"(64)했을 뿐 아니라, 물질과 담론 사이의 이분법에서 완전히 벗어나지도 못했다. 근본적인 원인은 인간중심주의라는 암묵적 전제에 있다. 버라드는 포스트휴먼 행위성 개념을 통해 인간과 비인간을 포함하는 '모든' 종류의 신체-물체의 물체화를 고려하고, 담론적 실천과 물질적 현상의 관계를 보다 엄밀하게 정립하고자 한다(32. 66). 그럼으로써 버틀러의 수행성 개념을 넘어선, "수행성 개념의 포스트휴먼 확장"으로서의 행위성을 모색한다. 흥미로운 것은 버라드가 이에 대한 가장 중요한 영감의 원천을 보어의 양자역학 철학에서 찾는다는 점이다.


## | 보어 양자역학 철학의 전유와 포스트휴먼 전회 |

### 비결정성과 전체성으로서의 현상과 장치

양자역학이 사상사 전반에 미친 영향과 그 의미에 대해서는 새삼 강조할 필요가 없을 것이다. 양자역학의 해석에 대해서는 이미 너무나도 많은 논의가 있었고, 아직까지도 과학철학, 과학사뿐 아니라 물리학에서 여전히 그리고 활발하게 논의가 진행되고 있다. 그러나 이 해석에서 여전히 중심적인 위치를 차지하는 것은 하이젠베르크Werner Karl Heisenberg의 불확정성 원리principle of uncertainty와 통상 보어에게 부여되는 상보성 원리principle of complementarity에 입각한 코펜하겐 해석이다.[17] 버라드는

---

17 양자역학의 해석을 둘러싼 논쟁과 대안적 해석에 관해서는 《물리학과 첨단기술》 2012년 4월호 특집 "양자역학의 대안해석 60년"에 수록된 논문들, 특히 다음을 참조

이러한 표준적인 해석에 만족하는 대신, 보어의 인식론적 입장 일반에 대한 검토를 바탕으로 양자역학에 대한 새로운 해석을 제시하는 한편, 양자역학의 새로운 인식-존재-윤리적 함축을 이끌어 내고자 한다. 바로 여기에서 버라드 기획의 핵심이자 독창성을 찾을 수 있다.

버라드가 어떻게 행위적 실재론에 입각해서 'EPR 패러독스'와 그 뒤로 이어진 아이슈타인-보어의 논쟁, 슈뢰딩거의 고양이 등 양자역학 철학의 쟁점에 접근하는지는 다음 기회에 논하고, 여기에서는 버라드가 보어의 인식론을 어떻게 전유하여 행위적 실재론의 토대로 삼는지의 문제에 초점을 맞추기로 한다.

양자역학과 그에 관한 철학의 가장 근본적인 문제는 이른바 "측정의 문제"다(23. 106). 빛이나 전자 같은 양자역학 단위의 대상은 일상적으로 접하는 대상과 같은 방식으로 관찰되지 않는다. 빛이나 전자의 위치와 운동량을 동시에 정확히 아는 것이 불가능하다. 이것이 잘 알려진 대로 불확정성원리의 핵심적인 내용이다. 그러나 버라드에 따르면 보어는 하이젠베르그와 표준해석과는 달리 비결정성indeterminacy을 양자역학의 근본 원리로서 제시한다(261 이하). 측정 대상은 측정에 사용되는 기구에서부터 측정 행위를 담당하는 행위자에 이르기까지 측정이라는 일련의 행위에 의해 결정된다. 측정 대상, 측정 주체(장치), 행위는 서로 독립적이지 않다. 이것이 양자역학의 얽힘이다. 비결정성 원리는 이 얽힘을 원리로서 정립한 것이라 할 수 있다. 불확정성 원리가 측정 행위와 대상 간의 구분 가능성 및 독립성을 전제한 인간 인식의 한계에 관

할 수 있다: 이정민, 〈양자역학의 해석을 둘러싼 보어와 슈뢰딩거 논쟁〉, 《물리학과 첨단기술》, 2012년 4월.

한 인식론적 원리라면, 보어가 말하는 비결정성은 존재론적 원리로, 측정 행위와 대상 사이의 분리가 불가능하고, 따라서 대상의 속성이 측정 행위 전까지 비결정의 상태임을 전제로 한다. 측정 대상과 측정 주체와 측정 행위 사이의 얽힘의 결과로 나타나는 관찰 주체, 기구, 대상이 이루는 구별불가능한 전체성wholeness이 양자역학적 기술의 핵심이라는 것이다. 다음은 버라드가 인용한 보어의 말이다.

> 고전물리학에서 관찰 대상과 '장치' 사이의 상호작용이 간과되거나 보정되어야 하는 것이었다면, 양자물리학에서는 이 상호작용이 '분리될 수 없는 현상의 일부'를 이룬다. 이에 따라 양자 현상을 모호하지 않게 설명하기 위해서는 원칙적으로 실험 구성과 '관련된 모든 특성'을 기술해야 한다.[18]

이로부터 존재의 기본 단위로서의 현상 개념이 등장한다(125 이하).[19] 이때 현상의 개념은 고전적이고 통상적인 의미와는 다르다. 우리에게 가장 익숙한 현상의 개념은 칸트Immanuel Kant 철학이나 현상학에서의 현상 개념이다. 여기에서는 대개 현상에 대해 독립적이거나 나아가 현상의 원인 혹은 기저의 역할을 하는 '실재', 칸트의 용어로는 물 자체의 존재가 전제된다. 그러나 보어에게 현상은 실재와 구분되지 않고 오히려 실재를 구성한다. 그것은 실험이나 관찰의 구성과 "관련된 모든 특

---

18  N. Bohr, *The Philosophical Writings of Niels Bohr*, Vol. 3, Essays 1958-1962, Ox Bow Press, 1963: Barad, *Meeting the Universe Halfway*, p. 196에서 버라드의 강조.

19  현상 개념에 대한 분석으로는 조주현, 《정체성 정치에서 아고니즘의 정치로》, 109~112쪽 참조.

성", 즉 양자 현상의 기술에 필요한 모든 물리적이고 개념적인 장치까지 포함한다. 장치는 보어에게서도 중요한 개념인데 버라드는 여기에 푸코의 장치dispositif (영어로 통상 apparatus라 번역된다) 개념을 접목한다.

물리적 장치는 개념적인 주체와 객체의 구분을 표시한다. 물리적이고 개념적인 장치는 비이분법적인 전체를 형성한다. 다시 말해 기술적 개념은 특정한 물리적 장치를 지시하는 의미를 획득하고, 다시 이 장치는 객체와 관찰의 행위성 사이에 구성된 절단의 위치를 표시한다. 예를 들어 적어도 일부는 고정된 장치가 있어야 비로소 "위치"의 개념이 무엇을 의미하는지 이해할 수 있다. 그런데 그러한 장치는 측정에서 〔위치 외의〕 다른 개념, 예를 들면 운동량과 같은 개념이 의미를 갖지 않도록 배제한다. 왜냐하면 이러한 다른 변수들의 정의를 위해서는 고정되지 않은 부분을 가진 장치가 요구되기 때문이다. 물리적이고 개념적인 제한과 배제는 공共-구성적co-constitutive이다(196).

장치는 특정한 실험도구에 머무는 것이 아니라 역동적인 물질적-담론적 실천을 지칭하는 것으로, 이를 통해 비로소 개념과 사물, 주체와 객체 등이 분화된다. 현상은 이러한 장치를 통해 생산되는, "내부-작용하는 행위성의 존재론적 분리불가능성"으로 정의되며, 이것이 세계를 이룬다. 측정장치의 목적은 대상에 내재된 속성을 드러내는 데에 있는 것이 아니라 대상과 측정 사이에 "절단cut"을 시행하고 그럼으로써 속성의 규정을 가능케 하는 조건을 부여하는 데에 있다. 앞서 언급한 "위치"와 "운동량", 그리고 양자역학적 단위 고유의 속성인 "스핀" 등은 고전적 의미에서 "장치"에 의해 "측정"되는 개별 입자의 속성이 아니다. 속성은 절단에 의해, 그리고 절단의 결과로서 규정되는 것으로, 이론적 개념으로 배경이 되는 이론과 관련된 물리적 조건에 의해 의미를 획득한다.

개념 역시 장치와 마찬가지로 현상을 인위적으로 특정한 상황에 놓은 절단의 결과이며, 그 자체로 현상의 일부를 이룬다(334). 이때 개념은 관찰 주체와 대상 사이의 이분법적 구분을 전제로 했던 데카르트적 절단에서 벗어나 물질적 장치와 기호적 장치의 분리불가능성과 이들이 "공-구성적"인 역할을 하는 비이분법적 전체, 즉 실재를 형성한다. 이역시 버라드가 보기에 보어의 중요한 통찰 중 하나다. 그런데 개념이 그 자체로 실재를 구성한다면 이는 기존 관념론의 테제를 반복하는 일이 될 것이다. 버라드는 여기에서 더 나아가 개념이 단순히 인간적이고 관념적 차원에 머무는 것이 아니라 그 자체로 행위적 내부-작용인 물질적-담론적 실천임을 보인다(334-335). 그리고 여기에서 보어에게 남아 있었던 인간중심주의를 걷어 내고 탈-인간중심주의, 나아가 탈인간주의, 즉 포스트휴머니즘으로 나아간다.

## 포스트휴먼 행위성

포스트휴머니즘은 트랜스휴머니즘, 안티휴머니즘, 비판적 휴머니즘 등으로 나뉘기는 하지만 공통점은 자유롭고 독립적인 주체로서의 인간상을 근간으로 하는 근대의 인본주의 또는 인간중심주의와 인간-비인간, 자연-문화 등의 기존 이분법에 대한 문제 제기에 있다고 할 수 있다. 여기까지는 20세기 말을 풍미한 포스트모더니즘과 탈식민주의 등의 담론과 상통하는데, 포스트휴머니즘의 특징은 서두에서 언급한 첨단 기술의 성과를 적극적으로 수용하고 전유하며 이를 토대로 이분법적 구도에서 분리되어 있었던 범주들의 혼종을 사유한다는 데에 있다.

버라드에게 포스트휴먼 혹은 포스트휴머니즘은 "일상적인 사회적 실천, 과학적 실천, 인간을 포함하지 않는 실천 등을 포함하는 자연문화적 실천에서 비인간이 중요한 역할을 함을 근본적으로 인정"(32)하는, 좀 더 근본적으로 혹은 일반적으로는 "인간"과 "비인간"처럼 고정되고 본질적이라 여겨지던 범주들을 비판적으로 검토하려는 입장을 일컫는다. 버라드는 특히 인간중심주의 비판에서 행위적 실재론은 포스트휴머니즘 사이의 공통 지점을 발견한다.

행위적 실재론은 인간적 개념, 인간적 지식 또는 실험장치를 양자역학의 근본적 요소로 보지 않는다. 인간에게 이론에서의 특권화된 지위를 부여하는 대신, '인간'이 차별화된 현상으로서, 다시 말해 여러 물리게 중에서도 특별하게 배치된 차별적 생성으로서 내부-작용적으로 출현하게 된 경위를 설명할 것을 요청한다. 내부-작용은 인간의 개입이 낳은 결과물이 아니다. '인간' 자신이 특정한 내부-작용을 통해 출현한다(352).

포스트휴먼 행위성으로 구성된 "행위적 실재"가 그리는 세계는 수동적으로 인식을 기다리는 대상이 아니다. 반복컨대 세계를 이루는 것은 현상이지 사물이나 실체가 아니다. 내부-작용하는 행위성, 행위성의 내부-작용을 통해 경계와 속성들이 규정되고 이로부터 사물과 주체 등등이 규정된다. 인식자는 인식 대상인 세계의 구성에 참여한다. 과학적 실천에 의거해 자연을 사유하기 위해서는 자연과 자연에 대한 이해를 통해야 하고, 또 사회이론을 사유하기 위해서는 자연과 과학적 실천에 대한 이해를 통해야 한다(30). 보어가 양자역학의 측정 문제에서 자연의 본성과 과학과 다른 실천의 본성을 천착한 끝에 이른 이 결론은 행위적 실재론에도 그대로 적용된다. 물리적인 것the physical과 담론적인 것the discursive, 물질과 의미의 얽힘으로서의 실천. 버라드의 용어를 빌린다면 의미와 물질이라는 실체를 전제하는 명사보다는 행위성을 전제하는 동사를 써서 "의미하기meaning"와 "물의 빚기mattering"라 할 수 있겠다.

* * *

지금까지 버라드의 행위적 실재론을 방법론, 표상주의 비판 그리고 보어의 양자역학 철학을 중심으로 개괄하고, 어떻게 물질과 의미에 대한 "물의 빚기"가 담론적 실천과 물질적 세계 사이의 관계를 재정립하는지 살펴보았다. 행위적 실재론은 표상주의와 말–사물, 자연–문화 등의 이분법에서 벗어나는 한편, 버틀러의 수행성과 보어의 현상 및 장치 개념을 종합한 버라드에게 실재는 버틀러에게서처럼 단지 수행성을 띠는 인간의 신체가 아니라 보어에게서처럼 담론적이고 물질적인 장치를 비롯, 인간과 비인간을 포괄하는 물체 일반을 포괄함으로써 포스트휴머니즘과 조우한다. 양자역학의 해석이라는 물리철학 고유의 문제에서 출발해서 여성주의와 포스트휴머니즘을 경유한 후 이를 통해 양자역학에 고유한 하나의 해석을 제시한다는 점에서 버라드의 접근은 여성주의 과학학과 과학철학 진영, 나아가 인간, 자연, 그리고 과학기술의 관계에 대한 사유 전반에 있어서도 충분히 음미하고 성찰할 만한 가치가 있음은 분명하다.

이러한 접근에 대한 예비적 고찰로서 본 연구의 한계는 명백하다. 그러나 행위적 실재론이 서두에서 제기한대로 현재의 혹은 미래의 초연결사회를 성찰할 이론적·실천적 도구로서 기능하고, 또 코로나19라는 전례 없는 위기를 둘러싼 여러 현상에 대해서도 분석과 성찰의 틀을 제공하리라 기대해 볼 수 있다. 실제로 이 유례 없는 전염병 대유행은 코로나바이러스, 박쥐 등 비인간적인 것의 행위성을 각성하는 계기가 되지 않았는가? 우리는 모두 코로나바이러스와 여러 행위성의 내부-작용에서 유도된 현상을 목도하고 있다. 아니, 실재의 일부인 행위성이 바로 우리다. 이와 더불어 인류 역사상 최대의 위기였으며 여전히 전 지구적 위험을 배태하고 있는 핵과 기후 위기의 문제를 성찰한 버라드의 최근 연구 또한 현재의 위기에 대한 매우 흥미롭고 중요한 시사점과 참조점이 될 것이다.[20]

---

20  대표적으로 "After the End of the World: Entangled Nuclear Colonialism, Matters of Force, and the Material Force of Justice," *Theory & Event* 22, 3, July 2019.

# 참고문헌

김환석, 〈사회과학의 '물질적 전환'을 위하여〉, 《모빌리티 시대 기술과 인간의 공진화》, 모빌리티인문학 총서, 앨피, 2020.

김환석 외, 이감문해력연구소 편, 《21세기 사상의 최전선: 전 지구적 공존을 위한 사유의 대전환》, 이성과감성, 2020.

신상규 · 이상욱 · 이영의 · 김애령 · 구본권 · 김재희 · 하대청 · 송은주, 《포스트휴먼이 온다》, 아카넷, 2020.

이정민, 〈양자역학의 해석을 둘러싼 보어와 슈뢰딩거 논쟁〉, 《물리학과 첨단환술》, 2012년 4월.

임소연, 〈여성들의 기술과학 실행에 대한 '기술-과학적 방식의 생각하기': 캐런 바라드의 행위적 실재론을 중심으로〉, 《과학기술학연구》 11, 2, 2011.

_____, 〈과학기술과 여성 연구하기 : 신유물론 페미니즘과 과학기술학의 안-사이에서 "몸과 함께"〉, 《과학기술학연구》 19, 3, 2019.

_____, 〈캐런 바라드: 페미니스트 과학자는 과학을 어떻게 보는가?〉, 김환석 외, 《21세기 사상의 최전선》, 이성과감성, 2020.

조주현, 《정체성 정치에서 아고니즘 정치로》, 계명대학교출판부, 2018.

홍성욱, 《포스트휴먼 오딧세이》, 휴머니스트, 2019.

황희숙, 〈물질의 귀환과 페미니즘〉, 《철학사상문화》 27호, 2018.


Ferrando, Francesca, *Philosophical Posthumanism*, London: Bloomsbury, 2019.

Keller, Evelyn F., 민경숙 · 이현주 옮김, 《과학과 젠더 : 성별과 과학에 대한 제반성》, 동문선, 1996.

_____, 오조영란 옮김, 〈과학과 성연구〉, 홍성욱 · 오조영란 편, 《남성의 과학을 넘어서: 페미니즘 시각에서 본 과학기술의료》, 창작과비평사, 1999.

Gamble, Christopher N., J. S. Hanan and T. Nail, "What Is New Materialism?" *Angelaki*, 24, 6, 2019.

Barad, Karen, "Agential Realism: Feminist Interventions in Understanding

Scientific Practices," Biagioli, M. (ed), Routledge Press, 1998

_____, *Meeting the Universe Halfway: Quantum Physics and the Entanglement of Matter and Meaning*, Duke University Press, 2007

_____, "After the End of the World: Entangled Nuclear Colonialisms, Matters of Force, and the Material Force of Justice," *Theory & Event* 22, 3, July 2019

# 초연결사회와 가치중립화 현상

퍼스의 관점을 중심으로

이청호

이 글은 〈퍼스의 관점에서 본 의미 있는 인식 결정의 윤리적 함의〉, 《초등도덕교육》 제71집, 한국초등도덕교육학회, 2021를 수정하여 재수록한 것으로, 2021년 강원대학교 인문과학연구소가 주최한 학술대회 '초연결시대, 이질성과 다양성에 대한 인문학적 사유'에서 발표되었다.

## | 초연결사회에 대한 실용주의적 접근 |

'초연결사회'는 네트워크 통신 및 제반 기술의 급격한 발달로 인해 인류가 새로이 경험하게 된 삶의 장이다. 이러한 사회에서는 인간의 모든 삶의 영역이 네트워크를 통해 직간접적으로 연결되고 공유되는 것이 가능해진다. 기존에는 한정된 몇몇 종류의 기기를 통해서만 네트워크에 접속하게 되었다면, 초연결사회에서는 무수히 많은 사물들을 통해 중첩적으로 연결되는 것이 가능해진다. 네트워크를 통한 삶, 네트워크를 기반으로 하는 삶에서는 네트워크가 모든 것을 가능하게 하고 네트워크가 모든 것의 배후에서 작동하게 된다. 이러한 삶은 이전의 '연결되지' 않은 삶과 비교해 볼 때 어떠한 차이가 있을까?

초연결사회에서 삶의 모든 양상을 살펴보는 것은 꽤나 방대한 작업일 것이다. 모든 곳에 관심을 쏟을 수는 없겠으나, 더불어 살아가는 우리에게 항상 기본적으로 관심을 기울이게 하는 것은 인간관계에 있어야기될 수 있는 변화이다. 초연결사회 이전에도 일찍이 인터넷을 기반으로 하여 펼쳐진 네트워크 중심 사회에서 우리는 인간관계에 미치는 변화를 경험하였다. 그러한 변화들 중에 '가치중립화value neutralization' 현상이 있다. 가치중립화 현상은 대면 방식으로 사람들 사이의 만남이 이루어지지 않을 경우 쉽게 발생할 수 있는 현상으로, 어떤 사람의 고유성이나 특수성을 고려하지 않고 정형화stereotype된 측면을 부각시키게 되는 현상이다. 이러한 현상은 기존의 인간관계를 근본적으로 왜곡시킬 소지가 있다. 네트워크가 더 이상 구별된 별도의 공간이 아니라 삶의 일부에서, 아니 삶의 전 영역에서 펼쳐지는 초연결사회에서는 이러한 가치중립화 현상이 전면적으로 펼쳐지게 될 것이다.

가치중립화 현상이라는 초연결사회에서 삶의 양상의 변화는 자연스레 새로운 경험의 토대로 작동하게 된다. 이러한 현상으로 인해 경험의 모든 순간에서 우리가 겪게 될 모습들을 실용주의pragmatism의 시각을 통해 고찰하는 것이 이 글의 목적이다. 조금 더 자세히 말한다면, 실용주의의 창시자인 퍼스C. S. Peirce의 관점에서 가치중립화 현상의 발생 원인 및 그러한 현상에 대처하는 바람직한 자세와 관련된 유의미한 함의를 도출하려 한다.

이러한 탐구는 몇 가지 전제에 근거하여 이루어질 것이다. 우선 퍼스의 실용주의적 태도를 견지할 필요가 있다. 퍼스의 실용주의는 유기체로서 주어진 환경에 적응해서 살아가야 하는 존재로서의 인간관을 전제하고 있다. 이때 탐구inquiry는 경험의 과정에서 필연적으로 발생하는 문제 상황을 해결problem-solving하는 것으로 제시된다. 주지할 점은 퍼스에게 있어 탐구는 자연과학적 함의만을 가지는 것이 아니라 모든 인식과 해석의 과정으로 이해되고, 이는 도덕적 행동 및 예술적 활동을 포괄하는 넓은 의미로 확장될 수 있다는 것이다.[1] 이러한 퍼스의 실용주의적

---

[1] 퍼스는 과학을 다른 영역과 구분된 '순수한' 탐구의 영역으로 보는 좁은 시각에 반대했다. 그는 도덕적 요인들이 근대의 과학적 탐구에 영향을 미치고 있다고 파악하고 있으며, 이는 퍼스가 '좁은' 의미의 과학적 탐구에 대한 도덕적 요소의 개입을 긍정하는 것으로 볼 수 있다. "근대 과학적 방법에 있어 가장 필수적인 요인들은 이러저러한 논리적 규정prescription이 아니라 (비록 이 또한 나름의 가치를 지니고 있지만) 도덕적 요인들이었다. 첫 번째 요인은 진리에 대한 진실된 사랑, 그리고 진리 이외에는 다른 어떤 것도 남을 수 없다는 신념이었다. … 과학적 방법의 다른 도덕적 요인은 자신감self-confidence이다"(CP 7.87). 여기서 CP는 C. S. Peirce, *Collected Papers of Charles Sanders Peirce, Vols. I-VI*, edited by Charles Hartshorne and Paul Weiss, Cambridge: Harvard University Press, 1931-1935과 C. S. Peirce, *Collected Papers of Charles Sanders Peirce, Vols. VII-VIII*, edited by Arthur Burks, Cambridge: Harvard University Press, 1958의 권, 단락번호이다.

관점에 기반한 넓은 탐구 개념을 받아들이면, 과거를 바탕으로 미래를 바라보며 현재를 살아가는 시간적 존재자로서 인간의 모든 인식 과정은 행동의 과정으로 볼 수 있다. 즉, 문제를 해결하는 것이 행동의 목적이라는 실용주의적 관점은, 인간의 모든 인식은 문제를 해결하기 위한 것이고 행동과 불가분의 관계에 있다는 시각으로 자연스레 연계된다.

이와 더불어 철학적 탐구에서 인식론theory of knowledge과 존재론theory of being의 엄격한 구분은 이러한 실용주의적 관점과 다소 거리가 멀다. 인식 너머의 존재는 설령 그러한 것이 있다 하더라도 우리의 삶에 의미를 주기 힘들고, 존재적 양태를 도외시한 인식은 실제와 거리를 둔 가상화에 불과할 수 있다. 실용주의적 관점에서 보면, 인식과 존재의 엄격한 구분은 사고와 행동의 이분법적 괴리와 더불어 우리의 경험을 왜곡되고 편협한 시각으로 바라보기만을 고집하는 결과를 초래한다. 그러므로 퍼스의 인식론적 견해를 존재론과 구별된 것으로 이해하거나, 사고와 행동의 구분에 근거하여 파악하려 한다면 퍼스의 본래 의도와 어긋난 지점에 도달하게 될 것이다. 이러한 넓은 의미의 인식론의 관점을 적용하면 좀 더 폭넓은 시각에서 가치중립화 현상을 조망하는 것이 가능할 것이다.

이와 더불어 퍼스의 모든 사상의 근간이 되는 범주론theory of categories과 결정이론theory of determination은 이러한 여정에 있어 유용한 방법론을 제시한다. 결정이론은 존재와 인식의 근원적이고 결정적인determinate 경향을 탐구하는 철학적 방법론을 지칭하며, 퍼스의 사상에서 범주론은 이러한 결정론의 요체라 할 수 있다.[2] 그러므로 퍼스의 범주론에 나타난

---

2  R. C. Neville, *Ultimates: Philosophical Theology*, Albany: State University of New York

'결정'의 과정들을 살펴보는 것은 본 글의 목적에 부합하는 유의미한 탐구의 과정이라 생각된다. 마지막으로 뒤에 살펴보겠지만, 퍼스에게 있어 인식론적으로 의미 있는 과정을 지칭하는 의미작용signification 및 해석interpretation의 과정은 많은 부분 우리의 습관적인 과정과 관련되어 있다는 점을 간과해서는 안 될 것이다.[3] 이러한 관점에서 퍼스의 범주론을 살펴보고 이를 바탕으로 의미 있는 인식이 어떻게 결정되는지를 검토한 뒤, 가치중립화 현상과 관련된 함의를 도출하고자 한다.

## | 퍼스의 삼원적triadic 범주론

범주론은 퍼스 사상의 핵심에 자리하고 있다. 퍼스는 이를 통해 인간 경험을 포함한 모든 현상의 기본 형식을 설명하려 하였다. 즉, 퍼스의 범주론은 경험이 어떻게 가능한지를 설명하는 퍼스 나름의 인식론적, 존재론적 기본 이론틀로 규정할 수 있다. 퍼스는 일생에 걸쳐 삼원적 triadic 범주들, 즉 제일성Firstness, 제이성Secondness, 제삼성Thirdness을 지속적으로 정교화하는 작업을 진행하였는데, 그 오랜 작업의 최종 결과물이라 할 수 있는 로웰 강의Lowell Lectures(1903)에 나타난 범주론에 대한 설명을 각 범주들을 중심으로 순차적으로 살펴보겠다.

---

Press, 2013, p. 15.

3 이러한 점에서 습관을 의미작용과 관련하여 고려해야 한다는 콜라피에트로V. Colapietro 의 견해에 동의한다. V. Colapietro, "Habit, Competence, and Purpose: How to Make the Grades of Clarity Clearer", *Transactions of the Charles S. Peirce Society*, 45(3), 2009, p. 348.

## 제일성Firstness

로웰 강의에서 퍼스는 첫 번째 범주인 제일성을 다음과 같이 제시하고
있다.

제일성은 주체가 **다른 어떤 것과 상관없이** 적극적으로 있는 그대로
의 존재의 양상mode of being이다. 이것은 **가능성**possibility일 수밖에 없
다. 왜냐하면 서로 작용하지 않는 것들에 대해 존재한다고 하는 것은
아무 의미도 없으며, 스스로 그러하게 있으며 아마도 다른 것들과 관계
있을 것이라는 의미만을 지니기 때문이다. ⋯ 우리는 자연스럽게 외부
의 대상들에게 제일성의 속성을 부여한다. 즉, 우리는 외부의 대상들
이 그들[대상들] 안에 현실화되거나 현실화되지 않을 역량capacities을
가지고 있을 것이라고 가정한다. 비록 우리는 **현실화되기 전에는 그러
한 가능성을 알 수 없을 것이라도** 말이다(CP 1.25). (강조는 필자)

여기서 퍼스는 제일성을 적극적인positive 존재의 양상으로서의 가능
성으로 제시하고 있다. 이러한 가능성으로서 제일성이 의미하는 바는
다음과 같다고 생각된다. 즉, 퍼스의 관점에서 우리의 해석과 의미작용
은 가능성으로서의 제일성에 다가갈 수 없다. 다시 말해, 제일성은 우
리의 인식작용으로 알 수 없다. 그런데 제일성은 단지 우리의 인지작용
으로부터만 독립된 것은 아니다. 언급한 것처럼 제일성은 '다른 어떤 것
과 상관없이' 독립된 것으로 설명된다. 그렇다면 제일성은 더 이상 사실
brute fact 혹은 특질quality로서의 제일성으로 보기 힘들다.[4] 이를 통해 퍼

--------

4  퍼스에게 있어 제일성은 가능성의 연속체continuum이며 여타의 사물화objectification

**〈그림 1〉 제일성**

제일성Firstness

적극적인 가능성
positive possibility

스는 가능성으로서의 제일성을 존재existence 이전의 양상으로 제시하고 있다. 그러므로 "적극적으로 있는 그대로의 존재의 양상mode of being"이라는 표현에 근거하여 제일성을 존재의 한 양태로 생각하는 것은 오해의 소지가 있다. 제일성은 어떠한 사물의 고유한 질적 특질을 나타내는 것이 아니라 사물 이전의 것, 존재하기 이전의 것으로 제시된다. 즉, 제일성은 인식론·존재론적으로 우리의 인식이나 존재와 독립된, 아무런 관련 없는, 순전한 가능성으로 표현되고 있다. 가능성으로서의 제일성은 모든 종류의 관계relation 이전의 것이라는 퍼스의 주장에서 그의 실용주의적 테제를 발견할 수 있는데, "모든 의미 있는 것은 '관계'로부터 비롯된다"는 것이다. 그 어떤 것과도 관계되지 않는 것은 의미를 파악할 수 없으며, 그러므로 아무런 의미가 없다. 그러므로 다른 것과 상관없이 그 자체로 의미 있는, 혹은 그 자체로 존재하는 것은 가능성밖에 없으며 우리의 존재론적, 인식론적 파지把持와 하등의 상관이 없다는 것이 퍼스의 관점이다.

를 결정하는 형상form으로 제시된다. C. Lee, "Creativity, Possibility, and Interpretation: Theory of Determination of Peirce and Neville", PhD Dissertation, Southern Illinois University, 2018, p. 29.

## 제이성Secondness

퍼스에 의하면 제일성은 결정determination의 과정, 즉 제이성으로 '현실화actualization'하는 과정을 필연적으로 거치게 된다. 제일성으로서의 가능성은 제이성으로 현실화되면서, 존재의 양상을 획득하게 되면서 비로소 우리에게 드러난다.[5]

그런데 제일성으로서의 가능성이 존재의 양상을 획득하게 된다는 것은 우리 앞에 온전한 대상으로 나타난다는 의미는 아니다. 제일성이 저항resistance이나 대조contrast 혹은 차이difference로서 제이성의 분화 과정에 휩쓸리게 된다는 의미이다. 이러한 분화의 과정을 퍼스는 두 가지 양상으로 설명한다. 즉, 제이성의 제일성Firstness of Secondness으로서의 특질quality과, 제이성의 제이성Secondness of Secondness으로서의 '저항'이나 '차이'로 제시된다.

퍼스는 제일성이 제이성으로 결정되는 과정을 대상들과 관련하여 설명한다(CP 1.25). 그런데 주의할 점은 퍼스가 의미하는 대상object의 범위가 매우 포괄적이라는 것이다. 퍼스가 대상을 통해 우리 앞에 현실화된 대상뿐 아니라, 대상화될 수 있는 '가능성'을 지닌 것 또한 대상으로 파악하고 있다는 점이 특이하다. 이런 점에서 제이성의 범주는 가능성으로서의 제일성이 처음으로 분화하는 '결정'의 결과물이며, 이는 다음과 같이 설명되고 있다.

그 단단함, 그 경험의 충동, 이것이 제이성이다. … 저항의 느낌. 이

---

5  추정완 · 김병환 · 이청호 · 양해성 · 추병완,《지속가능발전교육을 위한 이론적 기초》, 춘천교육대학교 출판부, 2020, 91쪽.

것들은 의식의 두 형태form가 아니다. 그들은 두 가지 얼굴을 가진 한 의식의 두 측면이다. 저항 없는 노력effort이라든지, 노력 없는 저항을 상정하기는 힘들다. 이러한 양면을 가진 의식이 제이성이다. 모든 의식은, 모든 깨어 있는 것은, 자아ego와 반자아non-ego사이에 반응이 발생함을 의미한다. 이는 비록 노력이라는 것이 부재할 경우에도 그러하다. … 그러므로 애쓰는 반응은 의지volition이다. … 그러나 의식에는 애쓰는 것이 없는 반응이 있다. 우리는 마치 이것이 외부에 속한 것처럼 생각한다. 그것은 후퇴한degenerate 형태의 제이성이다. [6]

퍼스가 위 인용문에서 의미하는 바는 〈그림 2〉처럼 표현될 수 있다. 퍼스에 의하면, 모든 인식이 시작되는 지점은 가능성으로서의 제일성이 두 종류의 제이성으로 분화되는 지점이다. 제일성은 한편으로는 제이성의 제일성Firstness of Secondness으로 분화되어 노력effort하고 의지volition를 내뿜게 된다. 이를 '의지로서의 자아'로 표현하겠다. 그런데 제일성은 다른 한편으로는 제이성의 제이성Secondness of Secondness으로 분화되어 의지로서의 자아에 저항하는 반자아non-ego로 분화되기도 한다. 의지로서의 자아는 노력의 주체로서 우리에게 다가오는 것들을 '향하여' 반응하는 적극적인 자아의 측면이다. 그런데 이러한 적극적인 의지와 '동시에' 작용하는 것은 후퇴한degenerate 형태의 제이성, 즉 소극적인 반응으로서의 저항하는 반자아를 의미한다. [7]

---

6  C. S. Peirce, *Essential Peirce, Vol. II*, Indiana: Indiana University Press, p. 263.

7  추정완 외, 《지속가능발전교육을 위한 이론적 기초》, 91~92쪽. 이 단락의 내용은 기존에 출판된 내용을 정리한 것이다(추정완·김병환·이청호·양해성·추병완, 《지속가능발전교육을 위한 이론적 기초》, 89~95쪽).

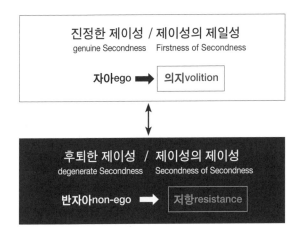

〈그림 2〉제이성

이를 통해 퍼스가 주장하는 바는 다음과 같다. 우리는 일반적으로 의지로서의 자아는 '내부'에 존재하며 후퇴한 형태의 제이성으로서의 자아는 '외부'에 존재하는 것처럼 간주한다. 즉, 자아는 의지의 주체이며 의지는 나의 내부로부터 뿜어져 나오는 힘이라고 생각한다. 그런데 퍼스가 보기에 우리 마음 '내부'에서도 우리는 자아뿐 아니라 반자아의 상반된 '관점' 또한 경험할 수 있다. 다시 말해, 의지로서의 자아가 의지의 주체이듯, 후퇴한 제이성으로서의 자아는 소극적이고 아무런 작용을 하지 않는 자아가 아니라 '저항의 주체'로서의 반자아이다.

그러므로 우리가 흔히 생각하는 것과 달리 자아는 스스로 의지를 표출하는 원인이 되는 존재가 아니다. 의지로서의 자아는 소극적 저항으로서의 의식과 '동시에' 작용한다.[8] 즉, 의지로서의 자아는 반자아에 저

8  추정완 외, 《지속가능발전교육을 위한 이론적 기초》, 92쪽.

항하는 자아이며, 반대로 반자아는 의지로서의 자아에 반대하는 의지를 지닌 자아가 된다. 그러므로 적극적 의지를 가진 자아나 소극적으로 저항하는 반자아는 모두 상호적으로 작용하는 제이성으로서 의식의 두 측면이다.

　결국 퍼스의 관점에서 보면, 소극적인 반응으로서의 '저항'은 '외부'에서 작용하는 것처럼 여기고, 적극적인 의지로서의 자아는 '내부'에서 작용하는 것처럼 여기는 것은 그릇된 시각이다. 두 종류의 자아는 내부와 외부의 한 영역에만 속하는 것이 아니다. 그 둘은 존재론적으로 동일한 수준의 것이며, 다만 다른 양태mode일 따름이다. 그러므로 적극적 의지로서의 자아는 저항으로서의 제이성에 대한 반응으로 인해 가능하다. 그러나 거듭 강조하지만 이러한 외부와 내부의 충돌은 선후 관계가 성립하지 않으며, 동시에 서로를 보증한다. 외부와 내부의 충돌이 없다면 외부와 내부의 구분도 없을 것이며 의지로서의 자아도 작용하지 않는다. 서로 각자 존재하는 것이 아니라 상호 반응함으로써 존재 혹은 인식의 양상 또한 획득하는 것이다. 그렇지만 주지해야 할 점은 두 자아 모두 주체이므로 각기 다른 역할을 맡게 된다. 자아의 두 측면 중 '반자아'는 저항의 주체로서 의지로서의 자아를 보증하는 역할을 주로 담당하는 반면에, 의지를 표출하는 주체인 '자아'는 제이성의 영역에서 결정의 주체로 작용하면서 결정의 방향을 제삼성으로 나아가게 한다.

## 제삼성Thirdness

제일성에서 두 종류의 '주체'로의 이행이 이루어지면서 비로소 인식의 과정이 시작된다. 그런데 이것은 인식의 과정의 시작일 뿐이며 인식이 온전히 이루어진다고 볼 수 없다. 퍼스에게 있어 제일성과 제이성으로 이어지는 '결정'의 과정은 제삼성과 관련할 때에 비로소 인식되고 의미를 지니게 된다. 이와 관련하여 제삼성에 대한 퍼스의 다소 신비스런 언급을 살펴보는 것은 유의미하다.

제이성은 존재 이하의 양상을 갖지 않고 존재하는 것이며, 제이성은 제일성에 의해 결정된다. 제삼성은 그것이 결정하는 제이성에 의해 좌우되는 존재의 양상, 즉 법칙law이나 개념concept의 양상이다. 이 것을 그 자체로 **관념적인** 특질적qualitative 존재와 혼동하지 않아야 한다. 특질quality은 완전히 체화될embodied 수 있는 것이다. 법칙은 그 자체로 습관을 결정하는 것 이외에는 결코 다른 방법으로는 체화될 수 없다. 특질은 어떤 것이 어떻게 존재했는지에 관한 것이다. 법칙은 끝없는 미래가 어떻게 지속할지에 관한 것이다(CP 1.536). (강조는 필자)

퍼스의 언급에서 주목해야 할 점이 세 가지 정도 존재한다. 첫째, 앞서 언급한 것처럼, 퍼스의 범주론에서 범주들 사이에는 '결정'의 관계가 성립한다. 즉, 모든 것이 순조롭게 이루어졌을 때 제일성은 제이성을 결정하고, 제이성은 제삼성을 결정한다. 이러한 제일성-제이성-제삼성이 성공적으로 결정된 경우는 '인식'으로 작용할 수 있다. 다시 말해 성공적이지 않은 무수히 많은 인식의 후보들이 동시에 존재하며, 우리에게 인식되는 것은 이들 중 극히 일부에 지나지 않는다.

둘째, 제삼성은 법칙law이나 개념concept으로 제시되고 있다. 여기서 퍼스가 말하는 개념의 의미에 주목할 필요가 있다. 퍼스에게 있어 개념은 법칙과 동등한 것으로 제시되고 있으며, 아울러 본래 제삼성이 지니는 매개mediation의 역할을 담당하고 있다. 우리에게 나타나는 개념은 법칙으로 작용하여 제이성을 매개하는 힘, 즉 '결정'의 힘을 행사한다. 이러한 제삼성의 매개 작용으로 결정이 이루어질 경우, 비로소 우리는 무엇인가를 인식할 수 있다.

마지막으로 주목해야 할 점은, 퍼스가 법칙이나 개념으로서의 제삼성이 체화될embodied 경우에만 우리에게 알려질 수 있다고 본 것이다. 일반적으로 우리는 대개 '사랑'이나 '평화'의 경우처럼 개념은 법칙과 마찬가지로 그 자체로 추상화된 것으로 생각한다. 이러한 추상적인 것들은 우리가 직접적으로 경험하거나 인지하는 것과는 거리가 먼 것으로 여겨진다. 개념들은 구체적으로 체화될 때에 우리에게 인식된다. 그렇다면 이와 관련하여 해결해야 될 의문이 떠오른다. 제삼성이 체화하는 과정을 퍼스가 어떻게 설명하고 있으며 이러한 과정이 진정으로 의미하고자 하는 바는 무엇인가 하는 의문이다.

앞서 언급한 것에 따르면, 제삼성의 매개하는 힘이 성공적으로 작용한 경우는 체화가 성공적으로 결정된 경우를 말한다. 여기서 성공적으로 결정된 체화는 일차적으로 성공적으로 인식된 경우를 의미한다고 볼 수 있다. 즉, 가능성의 제일성이 의지와 저항의 제이성으로 성공적으로 연결되고, 마지막으로 그러한 연결이 성공적으로 법칙이나 개념으로 매개된다는 것이다.[9] 이때 놓치지 말아야 할 점은 퍼스가 법칙의 매개하는 힘의 영향을 받아 '습관이 결정'된다고 표현한다는 점이다. 체화된다는 것은, 습관이 제일성에서 제삼성에 성공적으로 이르는 과정

---

9  주지하여야 할 것은, 이해를 용이하게 하기 위해 제일성에서 제삼성으로 이어지는 결정을 시간적인 것처럼 설명하였지만, 이러한 결정은 시간적인 선후 관계로 발생하는 것이 아니라는 점이다.

의 '결과물'이라는 것이다. 이렇게 성공적인 범주들 사이의 결정의 결과로 형성된 습관은 제삼성으로 작용하며, 우리에게 닥쳐올 미래에 지속적으로 영향을 미치게 된다.

이때 미래에 지속적으로 영향을 미치는 습관의 대표적인 예는 '습관적으로 형성된 인식'이다. 이러한 습관적 인식은 기존의 성공적인 인식의 의미가 현재의 상황에서 강력한 영향력을 행사하는 경우를 의미한다. 사실 이러한 습관적인 인식은 시간적 존재자에게는 필수적인 과정이다. 왜냐하면 현재의 순간에서 다가올 미래를 예상하며 살아가는 시간적 존재자들에게 다가올 미래의 모든 경우의 수를 예상하는 것은 불가능할 것이며, 그러한 예상의 과정이 길면 길수록 시간적 존재자의 삶은 해결하지 못한 더 많은 난관으로 가득 차게 될 것이기 때문이다. 그렇지만 여전히 성공적인 인식이나 습관이 이루어진 이후에도 그것을 어떻게 체화할 것인가의 문제, 즉 어떠한 구체적인 상황에서 실현할 것인가의 문제가 남아 있다. 이러한 문제는 뒤에서 살펴볼 것처럼, 인간을 포함하여 시간의 굴레에 얽매인 존재자들이 모두 지니고 있는 숙명에서 기인한다.


| 예상prediction과 의미 있는 인식의 과정                                    |

앞에서 제시한 것처럼, 퍼스의 완성된 범주론에서 우리에게 의미 있는 인식은 제일성으로부터 제삼성으로 이어지는 이전의 성공들이 습관으로 형성된 결과물이다. 그런데 여전히 습관의 현실적 적용, 즉 제삼성이 체화되는 과정과 관련된 불확실성이 남아 있다. 이러한 불확실성은

일종의 습관적인 의미 형성 과정인 예상과 관련하여 살펴보면 그 의미를 좀 더 명확히 알 수 있을 것이다.

범주론과 관련하여 퍼스는 '예상'을 제삼성과 관련하여 설명하고 있다. 이런 관점에서 로웰 강의에서 퍼스가 우리의 사고에서 발생하는 것들은 제일성이나 제이성만으로는 파악될 수 없으며, '시간적' 요소를 고려해야 한다고 말한 점은 주지할 만하다.[10]

5분간의 짧은 시간 동안 산책하더라도 우리는 일종의 예상prediction을 한다. 그리고 대부분의 경우 이러한 예상들은 사건event에서 실현된다. 그렇지만 예상이라는 것은 본질적으로 일반적general 속성이며, 결코 완전히 실현될 수 없다. 어떤 예상이 어떤 정해진 방향으로 실현될 것이라고 말하는 것은 미래의 사건들이 일정 부분 법칙에 영향을 받는다고 보는 것이다. 주사위 한 쌍이 연속으로 다섯 번 6이 나온다면, 이는 단순한 일치uniformity일 것이다. 그 주사위는 우연히 천 번 연속으로 6이 나올 수도 있다. 그렇지만 다음 번에도 6이 나올 것이라는 예상은 조금도 확실하지 않다. 그러한 예상이 실현되려는 경향을 가지려면, 미래의 사건들은 일반적 법칙rule과 일치해야 한다. ⋯ 미래의 사건들이 일치하는 법칙은 필연적으로ipso facto 중요한 것, 즉 그러한 사건들

---

10 "제일성과 제이성의 두 요소만으로는 우리의 사고에서 일어나는 모든 것을 분석resolve할 수 없다. 우리는 아마도 실제로 행해진 것의 대부분은 제이성으로 이루어져 있다고 말하려 할 것이다. 그게 아니라면 제이성은 이미 행해진 것들의 가장 주요한 특성이라고 말할 것이다. 우리가 파악할 수 있다면, 바로 지금 주어진 것immediate present은 제일성의 특성만 가질 것이다. 즉각적 의식immediate consciousness은 [순수한 허구지만] 제일성일 것이라고 말하는 것이 아니라, 우리가 즉각적으로 의식하는 특질, 전혀 허구가 아닌 그것이 제일성이다. 그러나 우리는 앞으로 다가올 것들을 끊임없이 예상한다"(CP 1.343). 강조는 필자. 로웰 강의(1903), '제삼성의 실재'.

이 발생하는 것에 있어 중요한 요소이다. 이러한 존재의 양상은 제이 성의 미래의 사실들이 결정적인determinate 일반적 성격을 가질 것이라 는 사실 여부에 달려 있다. 이것이 제삼성이다(CP 1.26).

여기서 퍼스는 예상이라는 시간적 요소를 통해 제삼성을 설명하고 있다. 즉, 퍼스에게 있어 제삼성은 시간의 경험과 밀접하게 연관되어 있으며, 예상은 '일반적general'이라는 제삼성의 요소를 지닌 것으로 제 시되고 있다. 그런데 일반적 속성을 지닌 예상은 특정한 사건에서 체 화, 즉 실현된다. 그렇지만 현실적으로 우리의 모든 예상이 실제로 일 어나는 사건에서 실현되는 것은 아니다. 그렇다면 우리가 예상하는 것 이 왜 모두 실현되지 않을까라는 의문이 자연스럽게 생긴다. 사실 이러 한 의문에 대한 답은 너무나도 뻔하다. 우리가 한 치의 오차도 없이 다 가올 미래를 정확히 예측하는 것은 불가능하기 때문이다. 다시 말해, 시간의 흐름이라는 절대적인 제한에 속박된 모든 존재는 다가올 미래 를 정확히 알지 못하며 다만 '예상'할 뿐이다. 퍼스가 위에서 제시한 예 와 같이 주사위를 던졌을 때 천 번 연속으로 6이 나온다고 하더라도, 그 다음 번에 6이 나온다고 장담할 수는 없다. 아무리 천 번 연속이라 하더 라도 주사위를 던져서 6이 나오는 사건이 다가올 미래에도 똑같이 반 복될 것이라고 보기 힘들다. 그러므로 이 경우 주사위를 던지면 또 6이 나올 것이라는 예상은 적절하지 않다. 즉, "주사위를 던지면 또 6이 나 온다"는 것은 일반적인 법칙으로 작용하지 못하며, 그러므로 다음에 일 어날 사건을 결정하지 못한다.[11]

---

11　본 단락은 다음을 인용하였다. 추정완 외, 《지속가능발전교육을 위한 이론적 기초》,

그렇지만 이처럼 우연적인 사건의 연속으로만 우리의 경험이 이루어지는 것은 아니다. 우리의 예상은 미래의 사건을 예측하는 데 실패할 수도 있지만 어떤 경우에는, 사실은 많은 경우에, 미래의 사건을 잘 예측한다. 이렇게 예측에 맞게 실제 행동이 일어나는 것은 예상이 법칙으로 작용한 것이 된다. 주사위를 던지는 경우 우리가 자연스럽게 예상할 수 있는 법칙은 주사위를 던질 때 모든 숫자가 일정한 확률로 나올 수 있다는 것이다.[12] 그러므로 주사위를 던진다는 '개념'은 일반적인 '법칙'과 연결된다. 미래에 구체적인 사건으로 실현될지의 여부는 알 수 없지만, 주사위를 던진다는 '개념'은 실제로 다음 번에 동일한 확률로 모든 숫자가 나올 수 있다는 사건을 포함하는 법칙으로 작용한다.

여기서 주지할 만한 점은, 퍼스의 실용주의가 시간성의 제약을 벗어날 수 없는 우리의 한계를 상정한다는 점이다. 우리의 습관을 결정하는 가장 일차적인 법칙이자 개념은 '시간'이다. 과거에서 현재, 현재에서 미래로 흐르는 시간의 흐름을 우리는 거스를 수 없다. 그러므로 미래를 정확히 알 수 없다는 것, 우리는 시간의 흐름을 따라야 하며 미래를 미리 가 볼 수 없다는 것은 현재를 살아가는 존재인 우리에게 가장 익숙하고 일반적인 일종의 한계상황이라 할 수 있다.

그런데 퍼스가 말하는 '예상'은 '인식'의 과정처럼 결정의 과정을 포함한다는 점을 주지할 필요가 있다. 우리가 무언가를 예상할 때, 우리는 그 예상을 통해 미래를 어느 정도 결정한다. 물론 확실히 결정되었는지 확인할 수 있는 것은 미래에 실제로 발생하게 될 사건이 일어난 이후일

93~94쪽.

12  추정완 외, 《지속가능발전교육을 위한 이론적 기초》, 94쪽.

것이다. 그렇지만 예상은 한편으로는 어떤 사건이 일어나기 전에 어떤 대상과 그 대상에 대해 미래에 나타나게 될 실제 반응 사이를 어느 정도 결정함으로써, 그 둘 사이를 매개하는 제삼성의 역할을 한다.[13] 다른 한편으로는 예상 그 자체가 다가올 행동과 일치하는 경우 그 예상은 의미를 지니고 있었음을 확인하게 된다. 즉, 예상은 의미를 '결정'하는 규칙으로 작용하며 다가올 것들을 미리 매개하여 그것의 의미를 결정하게 된다. 이러한 일련의 과정에서 적절한 예상이 이루어진 경우, 이러한 예상은 의미 있는 인식으로 자리잡게 되며, 미래의 모든 사건에 영향을 미칠 가능성이 더 커지게 된다.

예상이 의미 있는 인식으로 자리잡기 위해서는 '매개 작용'이 성공적으로 이루어져야 한다. 즉, 퍼스가 보기에 의미는 '성공적인' 삼원적 관계를 나타내는 요소이다(CP 1.345). 퍼스의 기호학의 세 핵심 요소인 대상object, 기호sign, 해석〔항〕interpretation〔interpretant〕은 진정한genuine 삼원적 관계에서 의미의 필수적인 요소이다. 모든 존재하는 관계들을 자세히 분석해 보면 진정한, 즉 성공적인 삼원적 관계는 '사고'나 '의미'를 포함하고 있다는 것을 알 수 있다. 예를 들어 A가 어떤 물건 C를 B에게 줄 경우, 전달된 것은 단순히 물건만은 아니다. 그 물건 C의 소유권 또한 자연스레 이전된다. 이때 그 물건의 소유권은 퍼스에게 있어 제삼성으로 제시되는 의미 있는 법칙으로 볼 수 있다.[14] 그러므로 진정한 제삼성의 작용을 통해 의미 있는 결정이 체화된 것이라고 볼 수 있다. 이와

---

13 추정완 외,《지속가능발전교육을 위한 이론적 기초》, 94쪽.
14 퍼스는 진정한genuine 삼원적 관계뿐 아니라 후퇴한degenerate 삼원적 관계 또한 사고를 포함한다고 보았다(CP 1.345).

관련하여 제삼성에 내재하는 의미작용의 삼원적 관계에 대해 퍼스는 다음과 같이 설명한다.

진정한genuine 제삼성에서 일성the first, 이성the second, 삼성the third은 모두 삼성들, 즉 '사고' 본연의 특성이다. 그들은 각각에 대해 일성, 이성, 삼성으로 작용한다. 일성은 단순한 가능성possibility으로서의 역량capacity으로 생각된다. 즉, 사고할 수 있는 마음, 혹은 순전히 모호한 관념이다. 이성은 제이성의 역할을 맡고 있는 것, 즉 사건으로 생각된다. 경험이나 정보의 일반적인 성격의 역할을 말한다. 삼성은 제이성을 통제하는 역할을 하는 것으로 생각된다. 삼성은 정보를 마음으로 가져다준다. 즉, **관념을 결정하고 체화**한다. 그것은 알려주는 사고, 바로 인식cognition이다. 그런데 우리가 심리적이거나 우연적인 인간적 요소를 제한다면, 진정한 제삼성에서 우리는 기호의 작용을 보게 된다(CP 1.537). (강조는 필자)

여기서 퍼스는 마음을 지닌 존재, 즉 사고하는 존재에게 작용하는 방식과 관련하여 범주들을 설명하고 있다. 마음을 가진 존재에게 발생하는 사고는 제삼성이며, 이때 사고는 제일성·제이성·제삼성의 세 요소들을 모두 갖고 있다. 엄밀히 말해 마음을 지닌 존재인 우리는 위 인용문에서 언급한 제삼성으로서의 세 범주적 요소가 작용하지 않는 경우에는 어떤 것도 알 수 없다. 우리는 제삼성의 작용이 결여된 순수한 제일성은 물론이거니와 순수한 제이성의 작용, 즉, 의지의 반응과 저항의 반응 자체를 알 수 없다. 우리의 사고로서의 인식이 이루어지기 이전에 제일성과 제이성이 작용하는 것은 사실이지만, 제삼성으로서의 사고가 우리의 마음에서 삼원적으로 작용할 경우에만 마음을 지닌 우리는 무언가를 인식할 수 있다. 즉 우리는 제삼성의 제일성Firstness of Thirdness, 제삼성의 제이성Secondness of Thirdness, 제삼성의 제삼성 Thirdness of Thirdness의 세 요소가 성공적으로 작용할 경우에 어떤 의미 있는 인식을 할 수 있다. 이 과정은 〈그림 3〉으로 나타낼 수 있다.

여기서 제삼성의 제일성은 진정한 제삼성genuine Thirdness, 즉 즉각성 immediacy을 지닌 느낌feeling을 말한다. 그러므로 퍼스에게 있어 우리에 게 다가오는 즉각적 느낌immediate feeling은 순수한 제일성이 아니라 제 삼성의 제일성으로 설명된다. 또한 제삼성은 두 종류의 후퇴한 제삼성 을 갖게 되는데 제삼성의 제이성과 제삼성의 제삼성이 그것이다. 여기 서 제삼성의 제삼성은 이후에 일어나는 모든 것에 영향을 미치는 예상

〈그림 3〉 세 범주의 결정 과정과 인식

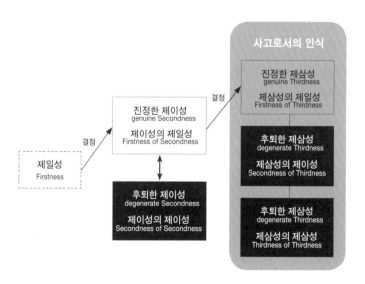

으로 작용하게 된다.

그런데 이러한 일련의 복잡한 범주들의 분류를 통해 퍼스가 설명하고자 하는 바는 궁극적으로 모든 의미 있는 인식의 과정이 어떻게 결정되는지를 설명하기 위한 것이다. 퍼스는 이러한 세 종류의 제삼성이 필연적으로 기호작용semiosis과 관련되어 있다고 보고 있다. 이러한 퍼스의 견해가 지닌 중요한 의미를 놓치지 말아야 한다. 즉, 퍼스의 관점에서 의미 있는 인식의 결정은 의식을 가진 존재에게만 경험되는 것으로 제한하지 않고 있다. 위 인용문에서 퍼스는 진정한 제삼성에서 기호가 작용하고 있다고 말하고 있으며, 이는 의미 있는 해석은 기호의 작용을 통해 가능하다고 주장하는 것이다.[15] 기호가 작용하고 있다는 것은 다시 말해 기호의 해석이 특정한 존재자들에게만 국한된 것이 아니라 모든 존재자들에게 동일하게 해석될 수 있는 가능성을 내포하고 있음을 의미한다. 이때 제삼성의 제이성으로 작용하는 기호는 일차적으로는 대상object으로, 즉 제삼성의 제일성으로 주어지게 되며, 이러한 삼원적 기호의 해석은 개별적인 개개인의 의식의 범위를 넘어 자연의 모든 존재자들에게 법칙으로 작용하게 된다. 즉, 사고나 의식을 가진 존재의 여부와 상관없이 의미를 전달하는 기호들로 작용할 수 있다는 것을 의미한다. 이때 기호들 사이의 결정의 과정은 성공적인 기호작용에 이르게 되고, 이러한 성공적인 기호작용은 법칙, 즉 모든 관련된 의미의 생성을 제한하는 습관으로 기능한다.

여기서 잊지 말아야 것은 앞서 밝힌 본 글의 주요 전제이다. 즉 의미

---

15  퍼스는 기호작용semiosis과 의미작용signification, 즉 의미의 이해 과정을 구분된 것으로 보고 있다.

작용signification 및 해석interpretation은 습관적인 행동을 의미한다. 퍼스에게 있어 습관은 행위의 규칙rule of action이다(CP 5.397). 성공적인 의미작용, 즉 의미 있는 예상은 어떤 사람이 무슨 행동을 하리라고 예상하는 것이다. 우리의 모든 의도는 예상되는 행동을 구속하는 습관적 의미작용을 포함하기 마련이다. 그러므로 사고thinking는 행동과 별개로 일어나는 것이 아니다. 실용주의의 관점에서, 그리고 퍼스의 관점에서 모든 사고는 그 자체로 행동이다. 따라서 법칙이 습관으로 체화된다는 것은 법칙이 우리의 예상에서, 우리의 의도에서, 그리고 우리의 구체적인 행동에서 관찰될 수 있다는 것을 의미한다. 예를 들어, 컵에 담긴 물을 마시는 것은 컵을 해석한 것이다. 따라서 퍼스의 관점에서 모든 행동은 의미 있는 사고, 의미 있는 기호의 해석이 된다. 그런데 주지하듯 이러한 습관의 결정적 힘은 향후의 모든 기호의 해석과 의미작용에 영향을 미치게 되며 이는 의미와 행동의 제한으로 이어질 수 있다.

## | 의미 있는 인식과 가치중립화 현상 |

앞에서 살펴본 것처럼, 의미 있는 인식은 제삼성의 삼원적 관계가 성공적으로 작용하는 경우이며, 이는 의미 있는 행동으로 결정적determinate으로, 즉 습관적으로 이어질 수 있다. 이제 이러한 의미 있는 인식 결정으로서의 습관 개념이 제공하는 윤리적 함의와 가치중립화 현상에 대해 살펴보도록 하겠다.

우선 퍼스가 제시하는 습관, 즉 성공적인 삼원적 관계의 강력함을 언급하고자 한다. 앞서 살펴본 것처럼 퍼스는 마음의 작용과 기호의 작용이 동시에 일어날 수 있음을 주장하였다.[16] 또한 기호의 의미를 결정하는 작용, 즉 기호의 습관적인 체화는 기호를 인식하는 행위자 없이도 가능할 수 있다는 것을 함의한다.[17] 그렇지만 인간의 행동과 관련된 본 글의 관심에 국한하여 의미 있는 인식 결정의 습관적인 체화를 생각해 볼 필요가 있다. 인간의 경우 습관으로 체화되는 법칙은 행위자의 행동에서 구체적으로 나타나게 된다. 우리에게 의미 있게 다가오는 인식은 습관적인 인식, 즉 습관적이고 구체적인 행동으로 나타나게 된다.

퍼스가 보기에 습관의 진정한 힘은 의향willing으로부터 나온다. 앞서 언급한 것처럼 퍼스는 진정한 제이성으로 의지volition를 제시하고 있는데, 이것과 의향willing은 구별된다.[18] 퍼스는 의향을 지닌 자는 목적 purpose을 갖는다고 보았다. 이때 주지할 점은, 퍼스가 목적을 '매개'의 역할을 담당하는 제삼성으로 제시하고 있다는 것이다. 즉, 목적이 어떤 '수단'으로서의 행동이 나타나게 하는 역할을 한다고 본다.[19] 그러므로

---

16  퍼스에게 있어 마음의 작용은 의미작용을 말하며 기호작용과 독립된 별개의 과정으로 파악된다.

17  퍼스는 예상을 하는 주체를 상정하는 경우에만 그 예상이 의미 있다고 보지 않는다. 의미는 예상을 하는 한에서만 작용하는 것이 아니라, 그 자체로 결정하는 힘을 지니고 있다. 무엇인가를 행하려고 의지하고 그 결과 행동하는 뿌리 깊은 그릇된 인식에 길들여진 경우, 그 의지를 실행하는 주체 없이는 의지작용을 이해할 수 없다. 무엇을 예상할 수 있다는 것은 그것을 희망하는 주체가 상정되어야 하기 때문이다. 그러나 퍼스가 보기에 제삼성은 의식적 주체와 상관없이 자연 속에 존재한다. 노스W. Nöth는 이와 관련하여 퍼스의 상징 개념이 전통적으로 내재해 왔던 '문화'와 '자연' 사이의 구별을 사라지게 한다고 보았다. W. Nöth, "The Criterion of Habit in Peirce's Definitions of the Symbol", *Transactions of the Charles S. Peirce Society*, 46(1), 2010, pp. 82~93.

18  동일한 차원에서 퍼스는 의향과 인식perception의 경험을 구분한다(CP 1.532).

19  퍼스의 학문 분류 체계에서 윤리학은 1903년 이후 논리학, 감성학Esthetics과 함께 규범학normative science에 포함된다. 이때 감성학은 행동의 목적end을 결정하는 것으로, 윤리학은 행동의 수단means을 결정하는 것으로 제시된다.

행위자의 의향은 목적을 지니고 있는 제삼성으로 제시된다.[20] 퍼스는 어떤 것을 하기를 바라는 사람, 즉 목적을 가진 사람과 어떤 행동을 하면서 동시에 그 행동을 하는 표상된 자아를 비교한다. 이때 목적을 가진 사람은 매개의 역할을 담당하는 제삼성이지만, 그 행동을 하는 것으로 표상된 자아는 아무것도 바라지 않는 의식으로, 즉 제이성으로 제시된다(CP 1.532). 그런데 퍼스에게 있어 목적은 행위자의 행동에서만 나타나는 것이 아니다. 다음 인용문에 나타난 것처럼 퍼스는 개념도 목적을 담고 있다고 본다.

나는 프래그머티즘의 두 의미, 즉 개념들이 목적적purposive이고, 그 의미는 생각 가능한conceivable 실제적 의미bearing를 지니고 있으며, 이 중 첫 번째가 근본적이라는 것에 동의한다. 그러나 프래그머티즘은 두 번째 의미를 잃어버린다면 그 본질을 희석하게spoiled 될 것이다. '실제적'은 행동conduct에 영향을 미치기 쉬운 것을 의미하며, '행동'은 자기통제된self-controlled 자발적 행동, 즉 적절한 숙고deliberation에 의해 통제됨을 말한다. … 당신이 개념의 의미일 것이라고 말하는 몇몇의 결말은 결코 그러한 의미를 담고 있지 않는 것처럼 보인다. 파이π의 소수 백 번째 숫자가 나에게 의미하는 것은 결국 다른 어떤 숫자가 의미하는 것과 별반 차이가 없다. 왜냐하면 그 숫자는 중요한 실제적 양quantity을 담고 있어야 하기 때문이다. 프래그머티즘의 묘미는 어떤 상징이 다른 상징에 비해 더 많은 의미를 지니고 있을 수 있다는 것이며, 파이의 소수 백

---

20  이런 점에서 앞서 말한 적극적인 반응으로서의 의지는 제이성으로 설명된다.

번째 숫자는 명백히 거의 의미를 지니지 않는다는 것이다.[21]

퍼스의 실용주의에서 목적은 행위자와 독립적으로 개념에서도 작용할 수 있다. 앞서 말한 것처럼 개념은 그 자체로 법칙으로 작용하기 때문에 '행위자와 상관없이' 목적을 지닐 수 있다. 특정한 개념은 그 개념이 어떤 방식으로 이해되어야 한다는 의향, 즉 인식의 습관을 내포하고 있다. 그렇다면 의미작용을 포함한 모든 행동은 제삼성으로서의 목적을 담고 있으며, 이러한 목적은 인식과 행동에 있어 특정한 방향으로 작용하리라 기대되는 습관적인 성격을 지닌다. 의미작용이 행동과 관련된다는 점을 고려할 때, 개개인의 특정 개념에 대한 해석의 경향은 성향disposition, 즉 개별적인 습관을 형성한다고 볼 수 있다.[22]

더 나아가 퍼스는 습관이 고정된 법칙으로만 존재하는 것이 아니라 성장growth하는 것이라 설명한다. 이는 습관이 우연적인 방향으로 변화하는 것이 아니라 특정한 방향으로 변화함을 의미한다. 이러한 습관의 성장 개념은 형이상학적 차원에서 설명될 수 있다. 퍼스는 진화적 우주론evolutionary cosmology에 심취했던 1890년대에 프랭클린 여사에게 보내는 편지에서 습관의 성장에 대해 설명한다.[23] 이 편지에 의하면 퍼스는 절대적인 자발성absolute spontaneity에서 법칙law에 이르는, 과거에서 미래로의 흐름을 주목하였다(CP 8.317). 무한히 아득한 우주 최초의 시기

---

21  "To F.C.S. Schiller, On Pragmatism"(1906; CP 8.322-323).

22  습관의 형성에 대해 매스커A. Massecar는 연상association과 관련하여 설명하기도 한다. A. Massecar, *Ethical Habits*, Lanham: Lexington Books, 2016, pp. 77-83.

23  "To Christine Ladd-Franklin, On Cosmology"(1891; CP 8.317).

는 법칙이라고 여길 수 있는 규칙성이라고는 하나도 없는 절대적인 자발성만이 존재하는 혼돈의 시기였으나, 시간이 흐름에 따라 자발성은 차츰 줄어들고 법칙이 증가하게 되며, 종국에는 자발성이 존재하지 않는 완전한 법칙의 상태가 도래하게 된다고 보았다. 퍼스에게 있어 이러한 자발성에서 법칙으로의 흐름을 가능하게 하는 것이 바로 '습관의 성장'이다.

그런데 우리를 혼란스럽게 하는 것은 습관의 법칙이 정신적psychical 이라는 퍼스의 언급이다(CP 1.348).[24] 습관은 우리의 행동과 관련된 것인 동시에 우리의 의미 해석 과정과 관련된 것이기 때문이다.[25] 그러므로 법칙으로서의 습관은 정신의 자유로운 작용을 제한하는 역할을 한다. 시간의 흐름에 따라 자유롭게 활동하던 느낌들feelings 사이의 관계가 형성되면서 일반화generalization의 과정이 진행되는데, 습관은 시간이 흐르면서 끊임없이 변경되면서 궁극의 완성된 법칙에 다다르게 된다. 그러므로 이러한 노정에 위치한 습관들은, 즉 모든 습관들은 변경 가능하며 더 일반적인 법칙으로 '성장'하게 된다.

지금까지 살펴본 것처럼, 의미 있는 인식의 결정 작용으로서 습관의 힘은 강력하다. 미래의 모든 행동과 사고를 특정한 방향으로 결정할 수 있는 영향력을 지니고 있으며, 그렇기 때문에 법칙으로서의 습관이 획일적인 방향으로만 의미가 정착될 수 있게 하는 위험성이 존재한다. 다시 말해 우리가 성공적인 의미의 결정에 의지하여 습관적으로 형성된

---

24  다른 곳에서 퍼스는 습관은 순전히 정신적인 것만은 아니라고 말한다(CP 5.492).

25  이러한 언급은 퍼스가 객관적 실재론objective realism의 주창자로 이해하는 근거가 될 수 있다.

의미에 안주하는 태도를 벗어나지 못하는 경우를 말한다. 우리 사회에는 기존에 존재하는 많은 '굳어진' 믿음이나 태도들이 존재하는데, 이것이 바로 성공적으로 의미를 결정하게 된 경우들이라 할 수 있다. 이러한 성공적인 인식의 결정 과정에서는 반자아와 자아의 갈등 과정, 다시 말해 다른 의미가 발생할 수 있는 가능성을 담보하는 역동적 과정이 제대로 작용하지 않기 때문에, 사람들이 '무비판적' 태도로 기존의 신념들을 받아들이고 그것에 따라 의미를 결정지어 버리는 경우가 많다.

이러한 기성 신념에 대한 무비판적 태도는 일반화된 관념의 성공적 매개만이 의미 결정의 요소로 작용하는 '가치중립화' 현상으로 이어질 수 있다.[26] 가치중립화는 특정 대상의 고유 가치를 무시하고 일반화된 관념을 대상화하여 파악할 때 발생하는 현상이다. 이러한 현상은 추상적인 일반화된 관념을 대상으로 파악할 수 있는 인간의 인식적 능력으로 인해 가능한데, 문제는 이 과정에서 특정 관념이 지니고 있는 성공적인 의미에만 주목하게 되는 것이다. 이것이 바로 관념화된 인식이 작용된 경우이며, 이러한 관념화된 인식이 성공적인 의미를 제시하고 이를 체화하지 않고, 즉 구체적인 상황에 능동적으로 적용하지 않고 수동적이고 무비판적으로 받아들이게 되는 경우를 말한다. '고정관념'에 의거하여 특정 인물을 습관적 선입견에 사로잡혀 이해하는 것이 이러한 현상의 대표적인 예이다.[27] 그런데 이러한 부류의 인식이 적절한 것은 아니라는 데 문제의 소지가 있다.

---

26  추정완 외, 《지속가능발전교육을 위한 이론적 기초》, 97쪽.

27  추정완 외, 《지속가능발전교육을 위한 이론적 기초》, 97쪽.

# 가치중립화 현상에 대한 바람직한 대처

초연결사회에서는 이러한 가치중립적 관념의 인식이 만연할 수 있다. 우리가 흔히 경험하듯 인터넷과 같은 네트워크 공간에서의 의사소통은 비대면적 상황에서 발생하기 때문에 구체적인 체화의 과정이 결여된 상태로 인식과 행동이 발생하기 쉽다. 모든 것이 네트워크를 통해 이루어지는 인간관계에서 강력한 의미 결정의 요소로 작용하는 것이 일반화된 고정관념이다. 고정관념에 의거하여 특정한 인물에 일반화된 가치를 부여하는 것은 관념에 의해 왜곡된 체화 과정이라 할 수 있다.

그러므로 이러한 문제 상황을 해결하려면 우리에게 일반화되어 다가오는 관념의 결정적 힘에 대항하여, 그러한 관념이 가질 수 있는 무수히 많은 다양한 의미의 가능성을 무시하지 않고 존중하려는 자세를 가져야 한다.[28] 퍼스의 범주론의 관점에서 살펴본다면, 의미 있는 인식은 필연적으로 자아와 반자아의 상호작용, 즉 다양한 해석이 발생할 수 있는 여지를 인정하는 저항의 과정을 함축해야 한다. 다시 말해 성공한 삼원적 관계만이 의미를 결정하는 것이 아니라, 후퇴하는 삼원적 관계 또한 의미를 결정하는 데 기여할 수 있다는 점을 주지해야 한다. 비록 그렇게 형성된 의미가 사회에 존재하는 기존의 신념들과 다르다 하더라도, 개개인이 자신의 관점에서 자아와 반자아의 갈등 과정을 통해 좀 더 생산적인 의미를 형성해야 하는 이유이다. 이와 관련하여 퍼스는 이렇게 자아와 반자아 사이의 갈등과 대립의 과정을 거칠 때, 다른 사람의 관점에서 바라보는 소급의식retroconsciousness을 갖게 된다고 보았다

---

28  추정완 외, 《지속가능발전교육을 위한 이론적 기초》, 97쪽.

(CP 1.586). 이는 타인이나 타자의 입장에서 반성적으로 생각하는 계기를 제공하는 것을 의미한다. 자신과 다른 사람의 생각을 이해하는 가장 바람직한 태도는 그 사람의 입장에서 생각해 보는 것이다. 이때 가장 먼저 이루어져야 하는 것은 기존의 관념적 태도에 저항하여 그 사람의 고유한 상황을 무시하는 가치중립적 태도로 바라보는 것을 중지하는 일일 것이다. 이러한 소급의식적 태도는 궁극적으로 상대방의 입장을 이해하는 관용과 공존의 태도를 형성하는 데에 도움을 줄 것이다.

그러한 태도를 형성하기 위해서는 궁극적으로 기존의 습관적 인식을 변경할 필요가 있다. 퍼스는 습관이 '깊은 사고를 통해 형성된 성향'이기 때문에, 본성상 변경되지 않으려는 속성을 지닌 습관도 자기통제의 사고를 통해 변경할 수 있다고 보았다. 즉, 습관은 숙고deliberation를 통해 변경 가능하다고 보았다(CP 5.418; 5.442). 앞서 언급한 것처럼 법칙으로서의 습관도 거스를 수 없는 시간의 흐름을 따르고,[29] 불변할 것처럼 여겨지는 여타의 자연의 법칙들도 발전되거나 쇠퇴한다. 그러므로 각 개인의 습관은 자기통제적 사고의 작용으로 인해 '쉽게' 변경될 수 있다(CP 1.348). 퍼스가 자기통제를 통한 습관의 변경을 긍정한 것은 인간의 행동에 영향을 미치는 숙고의 영향력을 긍정적으로 생각한다는 징표이다.[30]

---

29  이러한 이유로 퍼스의 습관 개념은 플라톤의 이데아나 헤겔의 관념과 다른 궤적을 그리고 있다. 습관은 종국에 형성될 최후의 해석항으로 나아가는 노선에 위치하며, 관념idea은 이러한 과정에서 작동하는 것으로 여겨진다.

30  그러나 다른 한편 퍼스는 숙고deliberation의 이면에 반성적reflective 사고와 대비되는 본능instinct이 자리 잡고 있다고 보았다. 이러한 인간의 본능은 인간의 행동을 결정하는 데 있어 핵심적인 역할을 한다. 심지어 퍼스는 개념의 등장이 본능적으로 이루어진다고 보았다(CP 5.480). 퍼스에게 있어 개념은 동물로서의 인간이 본능적으로 지니고

앞서 살펴본 것처럼, 퍼스는 유기체로서의 인간이 탐구자로서 주어진 상황을 헤쳐 나갈 때 습관이 의미작용을 포함한 개별 행위자의 행동의 성향을 결정하는 역할을 한다고 보았다.[31] 그러므로 우리가 어떤 것을 예상하고 목적을 이루기 위한 수단으로서 행동을 택하는 과정은 습관적으로 형성되는 부분이 많다. 더 나아가 개념의 의미 결정 과정에서도 특정 개념의 통용되는 의미는 그것을 받아들이는 행위자에게 습관적 해석을 강요하게 된다.[32] 이런 점에서 성공적인 의미 결정은 관념화의 과정을 내포하며, 이는 개별적인 사물의 특수성을 무시하게 된다. 일반화된 개념을 무비판적으로 받아들이는 과정을 통해 상대방을 대한다면 특정한 개인의 고유의 가치를 무시하는 가치중립화 현상으로 이어질 수 있음을 주의해야 할 것이다.

이와 관련하여 퍼스의 범주론은 유의미한 시사점을 제공한다. 퍼스에게 있어 제삼성으로서의 습관은 기본적으로 연속체continuum로서의 역할, 즉 과거와 현재를 이어 주는 가교 역할을 한다. 그러므로 현재를 살아가는 시간적 존재자에게 중요한 것은 역동적인 연속성dynamic continuity, 즉 기존의 고정화된 신념에 매몰되지 않는 건전한 의미의 형

---

있는 '내적 습관'인 것이다. 퍼스에게 있어 본능과 추론은 구분된 것이 아니라 연속적으로 발생하는 것이다. 이와 관련하여 매스커는 본능을 짐작하는guessing 본능과 행동하는acting 본능으로 나누어 생각했다. Massecar, *Ethical Habits*, pp. 99-101.

31  퍼스는 더 나아가 습관이 공동체적 차원에서도 형성되고 발전된다고 본다. 성공적인 습관은 탐구 공동체에 의해 역사의 흐름에 따라 형성되고, 이러한 차원에서 습관은 공동체적 가치를 포함하게 되는데 인간 공동체, 즉 인류의 번영과 같은 가치를 추구하게 된다.

32  제삼성으로서의 인식이 이루어지지 않아도 자아와 반자아의 반응의 유형 가운데 습관이 존재할 수도 있음을 고려할 때 습관의 영향력은 그 파급효과가 크다고 할 수 있다. 즉, 우리가 인식하기도 전에 습관은 제이성의 단계에서 이미 작용하고 있다.

성을 소홀히 하지 않는 것이다. 습관적이고 무비판적인 인식의 결정을 지양하고 자아와 반자아의 상호작용, 즉 다양한 해석이 발생할 수 있는 여지를 인정하는 저항의 과정을 함축해야 할 것이다. 이를 통해 기존의 고착화된 관점으로만 다른 사람을 바라보지 않는 태도를 함양함으로써 소급의식과 관용과 공존의 태도를 형성하는 데 도움을 줄 것으로 생각된다.

퍼스는 개별 행위자 차원에서 '자기통제'를 통해 습관의 '의미 있는' 변화를 이루고, 그 결과 새로운 믿음을 형성하게 된다고 보았다(CP 5.480). 종국에는 깊은 사고를 통해 축적된 믿음을 통해 인격character을 형성하는 데에도 영향을 미치게 된다.[33] 결국 퍼스의 사상은 습관과 믿음의 형성 및 변형을 가능하게 하는 자기통제의 깊은 사고라는, 바람직한 가치관 형성과 인격 형성에 대한 해결책을 제공함으로써, 가치중립화 현상에 대처하는 유의미한 이론적 기반이 될 것으로 기대된다.

---

33  Colapietro, "Habit, Competence, and Purpose: How to Make the Grades of Clarity Clearer", p. 350.

## 참고문헌

추정완 · 김병환 · 이청호 · 양해성 · 추병완, 《지속가능발전교육을 위한 이론적 기초》, 춘천교육대학교 출판부, 2020.

Colapietro, V., "Habit, Competence, and Purpose: How to Make the Grades of Clarity Clearer", *Transactions of the Charles S. Peirce Society*, 45(3), 2009, pp. 348-377.

Lee, C., "Creativity, Possibility, and Interpretation: Theory of Determination of Peirce and Neville", PhD Dissertation, Southern Illinois University, 2018.

Massecar, A., *Ethical Habits*, Lanham: Lexington Books, 2016.

Nöth, W., "The Criterion of Habit in Peirce's Definitions of the Symbol", *Transactions of the Charles S. Peirce Society*, 46(1), 2010, pp. 82-93.

Neville, R. C., Ultimates: Philosophical Theology, Albany: State University of New York Press, 2013.

Peirce, C. S., *Collected Papers of Charles Sanders Peirce, Vols. I-VI*, edited by Charles Hartshorne and Paul Weiss. Cambridge: Harvard University Press, 1931-1935.

_____, *Collected Papers of Charles Sanders Peirce, Vols. VII-VIII*, edited by Arthur Burks, Cambridge: Harvard University Press, 1958.

_____, *Essential Peirce, Vol. II*, edited by Peirce Edition Project, Indiana: Indiana University Press, 1998.

# 신어 속에 투영된 초연결시대
# MZ세대의 정체성과 소통 양상

### 2017, 2018, 2019년 신어를 중심으로

정성미

이 글은 "The identity and communication aspects of Gen MZ in the hyper-connected era projected into newly-coined terms–Focusing on the terms of 2017, 2018, and 2019", *Journal of Humanities Therapy* Vol. 12, No.1, pp. 83–109를 수정, 보완하여 수록한 것이다.

# | 들어가기

이 글의 목적은 초연결사회 관련 신어 자료를 통해서, 초연결시대를 사는 MZ세대의 새로운 정체성과 새로운 소통과 관계의 양상을 살펴보는 데 있다.

초연결, 하이퍼커넥티드란 미국 시장조사업체 가트너Gartner가 기업들의 새 트렌드를 강조하기 위해 2008년 처음 사용한 용어로 모바일 시대를 맞아 사람과 사람, 사람과 사물, 사물과 사물이 연결된 상황을 일컫는다. 좀 더 구체적으로, 초연결사회의 초연결은 인터넷 네트워크에 의한 인간을 중심으로 한 연결이 사람에서 사물, 사물에서 데이터, 프로세스, 시간과 공간, 지식 등 지구상의 모든 요소로 확장되어 가는 일련의 과정을 의미한다. 인터넷이 발전을 거듭하면서 향후 사람들 간의 연결 상태는 기존의 연결을 월등히 뛰어넘는 초연결 상태로 변화해 가고, 물리 세계와 사이버 세계가 연계되거나 융합된 새로운 네트워크 환경이 조성될 것으로 전망된다.[1]

2020년 통계청 자료[2]에 의하면 2020년 우리나라 15세 이상 국민의 스마트기기 사용 시간은 평일 2.0시간, 휴일 2.3시간으로 매년 증가하고 있고,[3] 또한 우리나라 국민 5명 중 1명(23.3퍼센트)은 스마트폰 과의존 위험군에 속하는데 이 수치 역시 매년 증가하고 있다. 스마트기기

---

1  유영성, 〈초연결사회와 우리의 수준〉,《이슈 & 진단》129, 2014. 3~4쪽.

2  통계청,《2020년 한국의 사회지표》, 41쪽.

3  통계청,《2020년 한국의 사회지표》, 연령대가 낮을수록 스마트기기 사용 시간이 많은 경향을 보인다고 한다.

사용 시간과 스마트폰 과의존 위험군의 증가를 보더라도, 과할 정도로 초연결되어 있는 우리들의 모습을 단적으로 확인할 수 있다. 그러나 이렇게 초연결되어 있음에도 불구하고 2020년 국민 중 22.3퍼센트는 외롭다고 느끼며, 16.3퍼센트는 아무도 나를 잘 알지 못한다는 느낌을 갖는다고 한다.[4]

스마트폰, 태블릿PC 등 미디어의 변화는 인간의 의식을 재구조화한다. 즉, 초연결시대는 인간의 의식 구조를 바꾸는 결정적 계기가 된다.[5] 또한 초연결시대에는 사람의 소통 방법에 큰 변화가 일어날 것으로 보인다.[6] 이전보다 온라인상에서 광범하고 빈번한 소통이 활발히 일어나게 되므로 오프라인상의 관계의 중요성이 낮아지며, 빅데이터·인공지능·사물인터넷 등 발전하는 정보통신 과학기술이 인간이 설 자리를 빼앗아 인간은 세상의 중심에서 밀려나므로 정체성이 변화되고 인간 존엄성이 약화된다. 또한 사물과도 광범위하게 연결되어 사람 사이의 연결은 약화되고, 정보로 인한 사회적 계급 격차와 불평등이 조장될 가능성이 높을 것으로 예상된다.[7]

단어의 탄생과 확산은 사회문화적 요소와 밀접한 관련이 있다. 초연결사회의 큰 변화는 새로운 단어를 필요로 하며 그 단어에 정체성, 소통, 관계의 변화 등이 반영된다. 그래서 우리는 신어에 주목할 필요가

---

4 통계청,《2020년 한국의 사회지표》, 64쪽.
5 김휘택,〈초연결 시대의 인간 경험과 지식에 대한 일고찰〉,《문화와 융합》40(8), 2018, 901~928쪽.
6 이수진,〈초연결시대 인문사회학적 가족 연구의 방향 모색 – 국어국문학, 한국어 교육과의 접점을 통하여〉,《한민족문화연구》72, 한민족문화학회, 2020, 138쪽.
7 이수진,〈초연결시대 인문사회학적 가족 연구의 방향 모색〉, 138~139쪽.

있다. 신어는 사회 변화와 새로운 문화 현상의 출현을 가시적으로 드러
내는 결과물[8]이기 때문이다. 특히 문화적으로 두드러지거나 빠르게 변
화하는 영역일수록 더 많은 신어를 포함할 가능성이 높아서 신어 연구
가 사회·문화와 연관 지어 이루어질 필요성이 있다.[9]

이에 이 글에서는 2017년, 2018년, 2019년 국립국어원에서 조사한
신어 자료[10]를 중심으로 초연결시대 사람들, 특히 MZ세대로 대표되는
세대들의 정체성, 관계와 소통, 감정, 문자 소통, 부작용에 대해 살펴보
고자 한다.

이 글에서는 2017년, 2018년, 2019년 신어 자료[11]를 연구 대상으로
한다. 최근 신어 자료는 MZ세대로 대표되는 젊은 세대의 표현과 관점
을 더 많이 보여 준다.[12] 즉, 초연결사회 젊은 세대의 정체성과 소통에
대하여 고찰하기 위해, 초연결사회를 사는 사람들의 새로운 정체성, 새
로운 소통이나 관계와 연관된 신어를 분류하여 그 특징을 살펴보았다.

이를 위해 2017년, 2018년, 2019년 신어 자료에서 초연결사회와 디
지털 문화를 반영하는 신어를 1차 분류하였다. 1차 분류된 신어는 186

---

8　정한데로, 〈신어로 바라본 한국의 대중문화 – 1994년, 2004년, 2014년 신어를 중심으
　로〉, 《아시아문화연구》 53, 2020, 85~86쪽.

9　남길임·송현주·최준, 〈현대 한국어 [+사람] 신어의 사회·문화적 의미 – 2012, 2013년
　신어를 중심으로〉, 《한국사전학》 제25호, 2015, 39~40쪽.

10　가장 최근인 2017년, 2018년, 2019년 신어 자료를 대상으로 하였다. 2020년 신어 자
　료는 국립국어원에서 조사가 이루어지지 않았고, 신어 자료 정리가 선행되어야 하므
　로 연구 대상 자료에서 제외되었다.

11　국립국어원, 《2017년 신어 조사》, 국립국어원, 2017; 국립국어원, 《2018년 신어 조
　사》, 국립국어원, 2018; 국립국어원, 《2019년 신어 조사》, 국립국어원, 2019.

12　이진성, 〈신어에 반영된 사회문화상과 변화의 양상〉, 《사회언어학》 제25권 4호, 사회
　언어학회, 2017, 87~117쪽.

개이다. 이 신어의 뜻풀이를 중심으로 새로운 세대의 정체성, 관계와 소통과 연관된 146개 신어를 2차 분류하였다. 이 신어들을 정체성, 관계와 소통, 감정 소통, 문자 소통, 부작용으로 분류하여 분석하였다.

## 신어 속 정체성과 소통의 양상

### 새로운 세대, 새로운 정체성

각 시대마다 기성세대와 차별화된 젊은 세대를 지칭하는 X세대, M세대, Z세대와 같은 조어들이 등장했다. 기본적으로 연령을 기준으로 세대를 구분할 때 가장 일반적으로 사용되는 것은 베이비붐 세대, X세대, Y세대, Z세대이다.[13] 통계청의 대한민국 세대 구분 자료에 따르면 1950~1964년 세대를 베이비붐 세대, 1965~1979년 세대를 X세대, 1980~1994년 세대를 밀레니얼 세대, 1995년 이후 2004년 세대를 Z세대라고 한다. 미디어 이용에 있어서 베이비붐 세대는 아날로그 중심의 미디어를 사용하고, X세대는 아날로그에서 디지털 미디어로 옮겨 가는 경향을 보이며, 밀레니엄 세대는 디지털 유목민, Z세대는 디지털 네이티브라고 불릴 만큼 디지털 중심의 미디어를 사용하고 있다.

2019년 신어 조사에는 밀레니얼 세대와 Z세대를 아울러 이르는 말로 엠제트 세대가 등장했다.

---

13 김우성 · 허은정, 〈베이비붐세대, X세대, Y세대 소비자들의 소비관련 가치관과 라이프스타일의 비교〉, 《소비문화연구》 제10권 제4호, 2007, 31~32쪽. 이 논문에서 Z세대는 연구 대상이 아니라 언급이 없지만, 기본적으로 연령 기준으로 세대를 구분하는 것은 Z세대에도 적용된다.

| 엠제트 세대 | 밀레니얼 세대와 제트 세대를 아울러 이르는 말. 1980 년대부터 2000년대까지 태어난 사람들과 2000년 이후에 태어난 사람들을 함께 가리킨다. | 2019 |

미국의 매킨지 보고서에 따르면 밀레니얼 세대의 특징은 세계화와 경제적 안정을 배경으로 하며, 인터넷 출현으로 인터넷 중심 문화를 특징으로 한다. Z세대는 소셜네트워크 중심의 문화적 특징이 두드러지고 디지털 네이티브라 할 정도로 디지털 문화에 정착된 특징을 보인다.

새로운 세대를 지칭하는 또 다른 신어가 있다.

| 살코기 세대 | 불필요한 인간관계를 최소화하고 살아가는 세대를 비유적으로 이르는 말. | 2018 |
| 콜 포비아 세대 | 문자 메시지나 메신저 혹은 이메일로 소통하는 것을 선호하며 전화로 음성 통화를 하는 것에 두려움이나 거부감을 느끼는 세대. | 2018 |

'살코기 세대'는 불필요한 인간관계를 최소화하는 것을 특징으로 한다. 네이버 오픈사전 뜻풀이는 좀 더 구체적으로 '살코기 세대'의 특징을 설명하고 있다.[14] 관계에 지친, 혼자 보내는 시간에 대해 긍정적인 생각을 하는 20, 30세대에 해당된다. '콜 포비아 세대'는 최소화된 인간관계와도 연관되는데, 문자 소통을 선호하는 인간관계의 특징을 보이고, 그래서 음성 통화할 기회가 많지 않아 전화하는 것에 대해 두려움과 거

---

[14] 네이버 오픈사전에 따르면 '관계 중독 스트레스를 벗어나기 위해 인생에서 불필요한 인간관계를 빼고 혼자 보내는 시간을 긍정적으로 여기는 20, 30세대를 지칭하는 신어'라고 하였다.

부감을 느끼는 것을 반영한 신어이다. 세대를 나타내는 신어는 관계와 소통적인 특징을 반영하고 있다.

다음은 직접 경험을 즐기는 것과 연관된 세대 신어이다.

| | | |
|---|---|---|
| **실감 세대** | 현실에서 직접 경험하는 것을 즐기는 세대. 브이아르VR 게임과 같은 체험형 게임을 즐기거나, 실제로 상품을 보고 체험할 수 있는 매장을 찾아가는 등 실제적인 경험을 중요시한다. | 2019 |
| **파이 세대** | 개성과 자기계발, 현재 할 수 없는 경험을 중요하게 생각하고 이와 같은 가치관을 가지고 소비하는 젊은 세대 | 2019 |

'실감 세대'는 직접 경험하는 것을 즐기는 세대이고, 파이PIE 세대는 1980~2000년대 출생한 20,30대로 남과 다른 개성Personality을 중시하고 자신의 행복과 자기계발에 투자Invest in myself하며 소유보다 경험 Experience을 위해 실속 있게 소비하는 특징을 지닌 세대를 말한다.[15] 매킨지 보고서에서도 밀레니얼 세대의 특징으로 소비 면에서 경험 추구의 소비 특징을 꼽았다. 〔X-족〕 신어에서도 다양한 취미생활과 다양한 기호 등을 반영한 신어들의 예가 있다.[16] 이 신어들은 주로 캠핑, 자전거, 걷기, 스킨스쿠버, 영화 관람, 페스티벌, 애완동물 키우기 등 다양한 취미생활과 음식·디저트·술 등을 다양하게 즐기는 사람들이나 무리를 나타낸다. 특히 네오비트족(2016년 신어)은 '기존의 질서와 도덕

---

15 《에듀윌 시사상식》 2019년 6월호.

16 정성미, 〈[X-족] 신어에 투영된 2010년대 우리의 삶〉, 《인문언어》 22권 2호, 2020b, 360~362쪽.

을 거부'하고 '경험과 소통'을 중요시하는 사람들을 의미한다.

다음은 인공지능, 기술과 연관된 신어로 〔호모-X〕형 신어이다.

| | | |
|---|---|---|
| **호모 에이아이시스** | 학습, 추리, 적응, 논증 따위의 기능을 갖춘 인공<br>지능 시스템을 자유롭게 다룰 수 있는 인간을 비<br>유적으로 이르는 말. 4차 산업혁명 시대에 인공<br>지능을 도구로 살아가는 새로운 형태의 인류를<br>의미한다. | 2018 |
| **호모 오디오쿠스** | 소리를 듣는 것을 생활화하는 인간을 이르는 말.<br>오디오 장치로 음악이나 책 낭독 따위를 듣는 현<br>대인을 가리킨다. | 2018 |

이 신어들은 인공지능이나 오디오 장치 등을 잘 다루거나 이용을 생활화하는 특징과 연관된 신어로 새로운 형태의 인류와 현대인의 특징을 보여 준다. 〔호모-X〕형 신어는 '-세대'를 구성 요소로 하지 않아서 한 세대에만 국한되는 신어로 보기는 어렵다. 그러나 MZ세대가 디지털 미디어를 잘 다루고 활용하는 특징과 연관성이 있다. 주로 MZ세대에 해당되며, 다른 연령층에서 인공지능, 기술에 잘 적응하며 생활하는 사람들까지 포함해서 일컫는 신어라 볼 수 있다. 인공지능, 과학기술을 활용하여 생활 속에서 문화를 다르게 향유하는 변화를 보여 주는 새로운 형태의 인류와 현대인의 모습을 반영하고 있다.

| | | |
|---|---|---|
| **뉴칼라** | 생산직에 종사하는 육체노동자인 '블루칼라'와 사무직에<br>종사하는 '화이트칼라'로 구분할 수 없는 새로운 직종의 노<br>동자. 노동의 디지털화 · 자동화가 이루어지는 4차 산업<br>혁명 시대의 도래로 노동 장소와 시간 등의 제약이 감소하<br>면서 생겨난 개념이다. | 2017 |

'뉴칼라'는 새로운 직종의 노동자로, '블루칼라'와 '화이트칼라'로 구분할 수 없는 새로운 직종의 노동자를 의미한다. 4차 산업혁명 시대 디지털화, 자동화된 노동환경 변화로 등장했고 장소와 시간의 제약이 감소하면서 생겨난 새로운 형태의 직종을 지칭하는 신어로, 직장인들의 새로운 정체성과 연관된다.

MZ세대로 대표되는 '세대' 신어는 관계는 최소화하고, 소통에 있어서 위축된 면을 보이며, 경험은 다양하게 하고, 인공지능·오디오 기술 등에 잘 적응하는 젊은 세대, 생산직과 사무직을 융합한 새로운 형태의 직종을 차별화해 반영하고 있다.


## | 느슨한 관계와 대화 상실 |

### 대안 관계와 자아 약화

앞서 살펴본 '세대' 신어 중 '살코기 세대', '콜 포비아 세대'는 세대를 구분하는 중요한 기준을 관계와 소통적 특징에 두고 있다. 관계와 소통은 초연결시대를 사는 사람들의 특징을 구별 짓는 중요한 기준이 될 수 있음을 알 수 있다. 다음은 관계와 소통과 관련된 신어를 살피기로 한다.


| | | |
|---|---|---|
| **대안 관계** | 타인과 오랜 시간 깊은 관계를 맺지 않고 필요에 의해 짧고 얕게 맺는 인간관계를 이르는 말. 관계를 위해 에너지를 낭비하고 싶지는 않으나 외로움을 해결하고 싶은 이들이 추구하는 관계로, '랜선이모'나 '반려식물' 등이 이에 해당한다. | 2018 |

| | | |
|---|---|---|
| **가취관** | '가벼운 취향 위주의 관계'를 줄여 이르는 말. 취향을 좇아 느슨하게 교류하는 모임이 늘면서 생겨난 말이다. | 2019 |
| **인맥 커팅** | 인맥을 유지하고 관리하는 데서 오는 회의감으로 인해 관계를 과감히 끊는 일. | 2017 |
| **자아신경증** | 급격한 사회 변화 속에서 현대인의 자아가 약화되고 타인과의 관계가 사라지는 병리현상을 이르는 말. | 2018 |

'대안 관계'는 관계를 오랜 시간 깊게 맺지 않고 짧고 얇게 맺는 인간관계를 선호함을 보여 준다. 그러나 외로움을 해결하기 위해 에너지 낭비를 줄이는 대안이 될 만한 관계를 찾으면서 온라인상에서 인간관계를 맺고 있음을 알 수 있다. 주로 소셜네트워크서비스SNS와 포털사이트 커뮤니티, 1인 미디어 등에서 맺은 관계를 의미한다. '랜선이모'는 유튜브나 SNS에 올라오는 남의 아이를 마치 이모처럼, 가족처럼 대하는 것을 의미한다. '랜선집사',[17] '랜선남친' 등과 같이 〔랜선-x〕형의 신어들이 시리즈로 생성되어 온라인 공간이 오프라인 인간관계의 대안 공간임을 보여 주고 있다. '가취관'은 '가벼운 취향 위주의 관계'를 줄인 말로 느슨하게 교류하는 것이 특징이다. 신어 중 '사귀다'에서 변형된 '삼귀다'도 가볍고 느슨한 사귐을 의미한다. 여러 형태로 조어되었지만 소통과 관계를 보여 주는 신어들은 가볍고 느슨한 관계를 동일하게 지향한다. 관계에서 오는 불편함에서 벗어나 부담 없는 관계에 대한 욕구를 보여 준다. 초연결사회의 강한 연결성과 달리 느슨한 관계를 선호하는 모순된 모습이다. '인맥 커팅'은 관계 맺기에서 오는 스트레스와 회의감

---

17 '랜선 집사'는 인터넷을 통해 다른 사람이 키우는 고양이의 사진이나 동영상 등을 즐겨보는 사람을 말한다

으로 관계를 끊는 행위를 의미한다. 관계에 대해 회의감을 느끼면서 최소한의 인간관계를 맺게 된다.

'자아신경증'은 현대인의 병리현상으로, 현대인의 자아가 약화되고 타인과의 관계가 사라지는 현상을 의미한다. 셰리 터클Sherry Turkle은 현대인의 자아가 약화되는 것을 소셜미디어의 영향으로 보고 있다.[18] 소셜미디어와 함께 성장한 사람들은 나라는 느낌이 없고, 포스팅이나 메시징이나 텍스팅을 할 때 비로소 나라는 느낌을 갖는다고 한다. 이러한 온라인 연결은 혼자이지만 오롯이 혼자가 될 수 없게 한다. 안정적인 자아감 형성은 홀로 생각에 잠길 때, 고독할 때, 외부 자극에서 자유로워 안정적일 때 가능한데, 온라인상에서 성장한 아이들은 반응해야 할 무엇과 늘 함께하기 때문에 무엇인가가에 사로잡히고 분산되어 자아가 약화된다는 것이다. 셰리 터클은 고독이 없다면 안정적인 자아감은 형성되지 않는다며, 오롯이 혼자 있지 못하고 끊임없이 연결되면서 자아성찰에 필요한 고독을 잃은 모습을 지적하고 있다. '자아신경증'은 이를 잘 반영하는 신어이다.[19] 또한 '자아신경증'은 타인과의 관계가 사라지는 것과 자아를 연관시키고 있다. 불편하고 부담스러운 오프라인 관계보다는 온라인의 느슨한 연결로 관계가 상실되고 대화를 잃어버린다. 타인은 자신을 투영해 주는 거울 같은 존재로 타인의 반응은 자아를 형성하는 데 중요한 역할을 한다. '가취관', '인맥 커팅'과 같이 타인과의 관계를 최소화하는 것은 에너지를 낭비하지 않고, 가볍고 느슨하고, 편할 수 있지만 자아를 형성하는 데는 부정적인 영향을 주게 된다. '대안 관계'로

---

18  셰리 터클, 《대화를 잃어버린 사람들》, 황소연 옮김, 민음사, 2018, 91~94쪽.
19  셰리 터클, 《대화를 잃어버린 사람들》, 91~94쪽.

이를 극복하려고 하지만 위축된 타인과의 관계는 결국 '콜 포비아'처럼 전화를 거는 데에도 부담감과 공포감을 갖게 만든다.

신어 속에 나타난 초연결시대 관계와 소통의 특징을 살펴보면 첫째, 최소한의 인간관계를 맺으려는 경향, 둘째 관계가 가볍고 느슨한 특징, 셋째 기존 관계에 대한 회의감, 넷째 타인과의 관계 상실로 인한 자아 약화, 다섯째 새로운 온라인상의 대안 관계 형성, 여섯째 위축된 관계로 전화나 음성을 통한 실제 대화에 대한 거부감과 두려움 등으로 정리할 수 있다. 소통에 낯설어하는 사람들의 모습을 확인할 수 있다. 셰리 터클은 새로운 매체로 인해 우리를 가장 인간답게 만드는 대면 대화를 잃어버린 사람들의 모습을 보여 주며, 사람들이 대화를 우회하는 방법으로 서로에게 끊임없이 접속하지만 동시에 서로를 피해 숨는다고 하였다.[20] 다음은 소통에 있어서 표현의 욕구와 연관되는 신어이다.

| | | |
|---|---|---|
| **넵무새** | 강한 긍정의 의미를 나타내는 대답인 '넵'을 반복하는 사람을 이르는 말. | 2019 |
| **소피커** | 누구에게나 자신의 소신을 당당하게 밝히는 사람. | 2019 |
| **숨소밍** | 자신의 소신을 숨 쉬듯 거침없이 말하는 것을 음악이나 동영상을 끊임없이 재생하는 스트리밍에 빗대어 이르는 말. | 2019 |

'넵무새'는 넵을 반복하는 사람을 일컫는 말로, 넵은 네의 강한 긍정, 바로 실행, 충성 등의 의미를 부가한다. '소피커'와 '숨소밍'은 Z세대의 특징을 잘 보여 주는 의사소통의 특징으로, 자신의 소신을 당당하게 밝히는 것을 의미한다. 숨소밍은 자신의 소신을 숨 쉬듯 거침없이 표현하

---

20  셰리 터클, 《대화를 잃어버린 사람들》, 2018, 12쪽.

는 것을 동영상을 재생하는 스트리밍에 빗대어 이르는 말이다. 여기서 자신을 기계에 비유하고 있는데, 상호작용이 결여되어 있는 일방적인 소통, 기계적인 소통과 유사하다고 볼 수 있다. 다음은 젊은 세대의 솔직한 소통에 대한 생각을 반영한 신어이다.

**싫존주의**    싫어하는 마음을 존중하는 태도. 싫어하는 것에 대해 솔    2018
         직히 말하고, 이를 취향으로 존중받기를 바라는 젊은 세
         대들의 경향을 반영한 말이다.

'싫존주의'는 타인의 싫어하는 마음을 존중하고, 자신이 싫어하는 것을 솔직히 표현하고 존중받기를 바라는 젊은 세대의 생각을 반영하고 있다. '싫존주의'는 실존주의와 이철동음관계를 가진다. 자신의 부정적인 감정에 대한 솔직한 표현 욕구가 반영되어 있는데, 이는 타자에 대한 이해나 공감, 공동체 의식과 상충될 수 있다.


## | 느슨한 가족관계와 나 중심의 문화                           |

초연결시대 소통과 관계의 변화는 새로운 가족관계를 보여 주기도 한다.

**밀레니얼 가족**    구성원 개인의 희생을 당연시하지 않고 각자가 개인    2019
           의 행복을 추구하는 것을 중요시하는 가족.


전통적인 가족관계에서는 가족 구성원 개개인의 욕구보다는 가족의 공동체적 의식이 더 강조되는 경향이 있다. 그러나 초연결시대에는 '밀

레니얼 세대'에서 나아가 '밀레니얼 가족'이라는 새로운 가족 형태를 보여 준다. '밀레니얼 가족'은 가족 구성원 개인의 희생을 당연시하지 않고, 각자의 행복을 추구하는 것을 중요하게 여긴다. '밀레니얼 가족'은 밀레니얼 세대가 결혼하여 이룬 가정으로 간편한 식생활과 전자기기를 활용해서 가사노동을 최소화하는 특징을 보이고, 각자의 행복을 중요하게 생각한다. 밀레니얼 세대의 느슨하고 가벼운 만남을 추구하는 소통적 경향이 가족관계에도 영향을 끼쳐서 새로운 변화를 보이고 있다.

가족 구성원 개인의 행복을 우선시한 밀레니얼 가족처럼 나 중심의 사고가 반영된 신어들을 살펴보자.

| | | |
|---|---|---|
| **나로서기** | 다른 것에 매이거나 의존하지 않고, 자신의 내면적 가치를 찾고 본연의 '나'로 살아가는 일. '나'와 '홀로서기'를 결합하여 만든 말이다. | 2017 |
| **나성비** | '내가 만족하는 성능의 비율'을 줄여 이르는 말. '가격 대비 성능의 비율'을 뜻하는 '가성비'에서 파생된 말로, 다른 사람의 시선을 생각하지 않고, 오직 자기 스스로를 만족시키는 데 집중하여 자기만의 확고한 스타일로 상품을 구매하는 소비 태도를 말한다. | 2018 |
| **나심비** | '내가 심리적으로 만족하는 비율'을 줄여 이르는 말. 어떤 품목이나 상품에 대하여 가격과 상관없이 본인 스스로가 만족하는 정도를 말한다. | 2018 |

'홀로서기'에서 '홀' 대신 '나'를 교체하여 생성된 신어이다. 본연의 '나'로 살아가는 것에 의미를 두고 있다. '나성비'와 '나심비'는 물건을 구매할 때 자기만족을 우선시하는 소비 태도를 일컫는다. '나성비'는 물건을 구매할 때 성능을 자기만족의 기준으로 삼았고, '나심비'는 심리적 만족을 중요 기준으로 삼았다. 자신의 내면적 가치를 찾고 물건을 구매할

때 자기만족을 중요하게 여기는 등 나 중심의 사고를 확인할 수 있다.

다음은 개인과 연관된 '혼자', '홀로'가 신어 형성에 형태, 의미적으로 연관된 신어들이다.

| | | |
|---|---|---|
| **홀로** | 현재의 행복을 중요하게 여기며 혼자서 즐기면서 살아가는 방식. | 2018 |
| **홀로족** | 현재의 행복을 중요하게 여기며 혼자서 즐기면서 살아가는 사람. 또는 그런 무리. | 2018 |
| **혼라이프** | 배우자나 가족이 없이 혼자 사는 생활. | 2019 |
| **세포 마켓** | 혼자 운영하는 인터넷상의 상점이나 점포. 주로 누리 소통망으로 홍보와 거래가 이루어진다. | 2019 |

'횰로'는 '홀로'의 'ㅎ'과 '욜로족'[21]의 '욜로'가 합성된 신어이다. '현재의 행복을 중요하게 여기며 혼자서 즐기면서 살아가는 방식'을 의미한다. '횰로족'은 홀로 욜로족의 삶을 사는 사람이나 무리를 의미한다. 욜로족에서 '홀로', 즉 개인의 의미가 강조된 조어이다. '혼라이프'는 '혼자'의 '혼'과 라이프가 합성된 신어이다. '배우자, 가족 없이 혼자 사는 삶'을 의미한다. '세포 마켓'은 인터넷상의 마켓·상점을 의미하고, 인터넷상에서 홍보와 거래가 진행된다. 혼자 경영하는 것이 특징인데, 이것이 가능한 이유는 온라인으로 진행되기 때문이다. 이 신어를 통해 '혼자', '홀로' 삶을 사는 것, 사업을 운영하는 것을 원하며 또 가능함을 알 수 있

---

[21] 욜로족은 지금 살아 있는 이 시점의 삶에 충실하며 자신의 즐거움과 행복을 추구하는 사람. 또는 그런 무리를 일컫는 말이다. Yolo는 You Only Live Once(인생은 한번 뿐이다)의 약자이다.

다. 이것이 가능한 것은 혼자 있어도 인터넷 등으로 온라인상에서 연결되어 있기 때문이다.

## | 인기, 정보, 영향력, 인정 욕구 |

온라인상에서 게시를 통해 영향력을 발휘하고 인정 욕구를 충족하며, 온라인상에서 존재의 의미를 적극적으로 찾으려 하는 모습을 반영한 신어들이 있다.

| | | |
|---|---|---|
| 런스타 | 달리기를 주제로 하는 글이나 영상 따위의 게시물을 누리 소통망 서비스SNS에 올려 높은 인기를 얻은 사람. | 2019 |
| 런예인 | 달리기를 하는 사람 중에 유명하거나 인기가 있는 사람을 '연예인'에 비유하여 이르는 말. | 2018 |
| 할스타 | 높은 인기를 얻고 있는 할머니나 할아버지. | 2019 |

SNS 등 온라인상에서 글이나 영상 등 게시물을 통해 인기를 얻는 사람, 특히 달리기를 주제로 하는 사람을 '런스타'라 하며 '런스타'를 연예인에 비유해서 '런예인'이라고도 한다. '할스타'는 높은 인기를 지닌 할머니, 할아버지를 일컫는다. 이 신어에서는 '인기'가 의미의 공통점이다. 인기는 남들이 좋아할 것으로 기대에 부응하는 면이 있는데, 이러한 활동이 거짓 자아를 만들어 낼 위험이 있다고 셰리 터클은 경고한다.[22]

다음은 특정 SNS 혹은 특정 주제를 올리는 사람이나 기관을 구분한

---

22  셰리 터클,《대화를 잃어버린 사람들》, 민음사, 2018, 92-93쪽.

신어로, 모두 게시와 연관되어 있다.

| | | |
|---|---|---|
| **술스타그램족** | 누리 소통망 서비스SNS에서 술과 관련된 게시물을 주로 올리는 사람. 또는 그런 무리. | 2017 |
| **청스타그램** | 청와대의 소식을 알리는 누리 소통망 서비스SNS. | 2017 |
| **북스타그래머** | 자신이 좋아하거나 추천하고 싶은 책을 공유하기 위해 누리 소통망 서비스SNS에 업로드하는 사람. | 2018 |

이 신어들은 모두 특정 SNS인 인스타그램과 연관된다. '술스타그램족'은 술과 연관된 게시물을 올리는 사람, '청스타그램'은 청와대에서 청와대 소식을 알리는 특정 SNS를 의미한다. '북스타그래머'는 주로 책 관련 주제를 다루는 사람을 의미한다.[23] 이 신어들은 특정 SNS상에 특정 주제를 올리는 사람이나 기관을 뜻한다는 공통점이 있다. 일종의 적극적인 자기 공개로 소통에 있어서 표현 욕구에 해당된다. 자기 공개는 소통에 있어서 긍정적이기도 하지만, 인터넷상의 자기 공개는 사생활 침해의 우려 등 부작용도 있다.

다음은 온라인상에서 주변부와 중심부의 사람을 나타내는 신어로, 접두사 '핵'을 통해서 '몹시 심함'이라는 극한의 정도성을 반영하고 있다.

| | | |
|---|---|---|
| **핵아싸** | 어떤 사회나 집단의 구성원으로 받아들여지지 않는 정도가 몹시 심한 사람. | 2019 |
| **핵인싸** | 각종 행사나 모임에 매우 적극적으로 참여하면서 다른 사람들과 몹시 잘 어울려 지내는 사람을 이르는 말. | 2019 |

---

23  북스타그래머의 단어의 구성 성분은 book, (인)스타그램, -er이다.

**핵인싸템**  각종 행사나 모임에 매우 적극적으로 참여하면서 다른 사  2019
람들과 몹시 잘 어울려 지내는 사람들이 즐겨 사용하는
물건.

이 신어들은 아싸(아웃사이더), 인싸(인사이더)에 접두사 '핵'이 접미된
파생어이다. '몹시 심하게' 사람들과 잘 어울리거나 못 어울리는 사람이
'핵인싸', '핵아싸'에 해당된다. 그 집단의 적응, 참여, 존재감을 기준으로
등급화한 것을 볼 수 있다. '핵인싸템'은 '핵인싸'와 물건을 의미하는 '템'
이 합성된 조어로, 물건이 그 사람의 존재감 여부를 나타내는 상징물임
을 알 수 있다.

다음은 정보와 연관된 신어들이다. 정보와 관련된 신어에는 데이터
관련 신어, 정보 검색·제공·공개에 대한 신어, 정보통신기기와 정보
활용에 대한 신어들이 있다. 우선 데이터 관련 신어는 데이터 가치의
중요성과 데이터에 대한 불신을 반영하고 있다.

**데이터 저장**  컴퓨터 사용 시 데이터 손실을 방지하기 위해 저장  2018
**우선주의**   을 우선시하는 태도.

**롱 테일 데이터**  전체 데이터에서 차지하는 용량은 작으나, 다수의  2018
데이터보다 더 중요하고 가치 있는 정보를 가지는
데이터.

**피엠아이**   더 많은 정보를 원함을 이르는 말. '플리즈 모어 인포  2019
메이션please more information'의 머리글자를 따온 말
로, 굳이 알 필요가 없거나 지나치게 많은 정보를 뜻
하는 '티엠아이TMI'에 상대하여 이르는 말이다.

**비잔틴 데이터**  신뢰할 수 없는 데이터. 비잔틴시대에 전투에 나간  2017
장군들이 소식을 전하는 전령을 신뢰하지 못했던
사실에 빗대어 이르는 말이다.

'데이터 저장 우선주의'는 데이터 손실을 방지하기 위해 저장을 우선시하는 태도이며, '롱 테일 데이터'는 용량과 반비례한 중요하고 가치 있는 정보 데이터를 의미한다. '피엠아이'는 정보를 더 많이 확보하기를 원하는 '플리즈 모어 인포메이션please more information'의 머리글자이다. 이들은 모두 데이터의 중요한 가치를 반영한 신어인 것에 비해, '비잔틴 데이터'는 신뢰할 수 없는 데이터를 비잔틴시대 신뢰하지 못했던 전령에 비유한 신어이다.[24] 다음은 정보 검색, 공개, 제공에 대한 신어이다.

| | | |
|---|---|---|
| **멜림** | '메일 올림픽'을 줄여 이르는 말. 온라인에서 어떤 상품이나 정보 따위를 얻기 위해 메일 작성을 유도할 때, 그 경쟁이 올림픽에서의 순위 경쟁과 같이 힘들다는 것을 비유적으로 나타낸다. | 2019 |
| **랜선 실세** | 주로 실시간으로 중계되는 청문회에서, 인터넷이나 휴대전화를 이용해 정치인에게 사실이 담긴 내용을 제보하여 실제적인 세력을 행사하는 사람을 비유적으로 이르는 말. | 2017 |
| **얼공** | '얼굴 공개'를 줄여 이르는 말. 인터넷에서 사진이나 영상 따위로 자신의 얼굴을 여러 사람들에게 보여 주는 일을 이른다. | 2019 |
| **핑거 프린스** | 쉽게 찾을 수 있는 정보를 직접 찾지 아니하고 남에게 물어보는 남자. | 2017 |

---

24  김억조, 〈인지언어학에 기초한 2017년 신어의 의미 구성 연구〉, 《문화와 융합》 제42권 4호, 2020, 630~631쪽. '비잔틴 데이터'를 개념적 혼성으로 설명하였다. 개념적 혼성 이론은 인지언어학적 관점에서 합성어의 비유적 의미 구성이 개념적 은유로 설명되지 않을 때 적용되는 이론이다. [전달 안 됨], [전송 안 됨]이 혼성공간으로 투사되어 융합되고, 입력공간1에서 [비잔틴], 입력공간2에서 [데이터]가 개별적으로 혼성공간에 투사되어 의미를 구성하였다.

'멜림'은 정보를 얻기 위한 경쟁을 일컫는 말로, 경쟁이 힘듦을 올림픽에 비유하여 조어된 신어이다. '랜선 실세'는 청문회 등에서 중요한 정보를 인터넷이나 전화로 제보하는 실제적 세력을 지닌 사람을 일컫는 신어이다. '얼공'은 얼굴 공개의 줄임말로, 인터넷에 자신의 얼굴을 공개하는 것을 줄여서 이르는 말이다. '핑거 프린스'는 스스로 정보를 찾는 것이 아니라 남에게 물어보는 남자를 일컫는다. 정보 검색, 공개, 제공과 관련된 신어를 통해 정보를 중심으로 한 다양한 양상을 살필 수 있다. 멜림은 정보에 대한 과열된 경쟁을, 랜선 실세는 정보를 통한 세력 행사를, 얼굴 공개는 사생활 침해 위험을, 핑거 프린스는 정보에 대한 소극적인 태도와 연관 지어 생각할 수 있다.

다음은 정보통신기기, 정보 활용 서비스와 관련된 신어들이다.

| | | |
|---|---|---|
| 키지트 | 어린이들을 위한 스마트폰이나 스마트워치 따위의 정보통신기기. | 2018 |
| 자구벽 기반 자기 메모리 | 자기장을 이용해 자구벽을 이동시켜 정보를 저장하는 장치. 기존 하드 디스크는 원판의 회전으로 정보를 저장해 속도가 느리고 에너지 소모가 컸지만, 이 장비는 하드 디스크에 비해 이동 속도가 약 세 배가량 높고 전력 소모량도 낮아 실용성이 크다. | 2018 |
| 스마트컬슈머 | 인터넷 티브이나 모바일 방송과 같은 정보통신기술을 이용하여 공연이나 전시 등의 문화생활을 일반적인 가격보다 낮은 가격으로 향유하는 소비자. | 2017 |
| 스타일테크 | 기존의 패션, 미용 분야 따위에 정보통신기술을 결합하여 새로운 가치를 창출하는 일 또는 서비스. | 2019 |

'키지트'는 어린이용 정보통신기기를, '자구벽 기반 자기 메모리'는 정보 저장장치를 일컫는다. '스마트컬슈머'는 정보통신기술을 이용하여

소비자가 문화생활을 향유하는 것을, '스타일테크'는 새로운 가치를 창출하는 서비스를 의미한다.

## | 감정 소통 |

감정과 연관된 신어들을 살펴보자.

| | | |
|---|---|---|
| **패션 자해** | 다른 사람들의 관심을 끌거나 남들에게 과시하기 위해 자기 몸을 스스로 다치게 함. 주로 청소년들이 자해하거나 재해한 상처를 사진으로 찍어 다른 사람들에게 보여 주는 행동을 비꼬아 이르는 말이다. | 2019 |
| **리자님** | 인터넷 커뮤니티 내에서 '관리자'를 친근하게 부르는 말. | 2018 |

'패션 자해'는 청소년들이 자해한 상처를 사진으로 찍어 SNS에 게시하는 행위를 비꼬아 이르는 말이고, '리자님'은 인터넷 커뮤니티 관리자를 친근하게 부르는 말이다. 인터넷 공간에서 자신을 과시하거나 커뮤니티 공간에서 인간관계의 친밀감을 보여 주는 신어이다.

| | | |
|---|---|---|
| **네다청** | '네, 다음 청소년'을 줄여 이르는 말. 주로 청소년들의 견해를 무시할 때 사용한다. | 2018 |
| **공능제** | '공감 능력 제로'를 줄여 이르는 말. 공감 능력이 부족한 사람을 일컫는 말이다. | 2019 |
| **과시템** | 남에게 자랑하여 보이기 위한 물건. | 2018 |

이 신어들은 인터넷 공간에서의 감정이라고 한정 지을 수는 없지만,

현대인의 감정을 표현한 신어들로서 주로 인터넷상에서 조어된 것이다. '네다청'은 청소년들에 대한 무시를 나타내는 신어이고, '공능제'는 공감 능력 제로라는 말의 줄임형 신어로 현대인들의 떨어지는 공감능력을 반영하고 있다. '과시템'은 물건을 통해서 자랑, 과시하는 모습을 보여 준다. 대체로 부정적인 감정들이 신어에 반영되어 있음을 알 수 있다.

특히 공감 능력 제로는 셰리 터클이 지적한 바와 같이 청소년들이 텍스팅에 너무 몰두해서 대화하는 법을 잃어버렸음을 드러낸다. 셰리 터클은 눈을 맞추고 귀를 기울여 타인에게 공감하는 것을 익히지 못한다고 하였는데,[25] 이는 '공능제'가 의미하는 바와 연관된다. 공능제는 초연결시대를 사는 현대인들의 결여된 공감 능력을 보여 주고 있다.


## | 콜 포비아 세대의 문자 소통 |

콜 포비아 세대는 음성 통화를 두려워하거나 거부하는 세대로, 문자로 소통하는 것을 더 선호하는 특징을 지닌다. 이를 반영하듯이 문자와 연관된 신어들이 많다. 주로 문자 변형과 연관된 신어들이다.

| | | |
|---|---|---|
| 갓띵작 | 명작 중에서도 뛰어난 명작. '신'을 의미하는 '갓god'과 '명작'과 비슷한 글자 모양을 가진 '띵작'을 결합하여 만든 말이다. | 2017 |
| 띵작 | 인터넷 게시판 따위에서 '명작'이라는 뜻으로 쓰는 말. '명작'과 글자 모양을 비슷하게 변형한 것이다. | 2017 |

---

25  셰리 터클, 《대화를 잃어버린 사람들》, 민음사, 2018, 16~17쪽.

| | | |
|---|---|---|
| **띵반** | 인터넷 게시판 따위에서 '명반名盤'이라는 뜻으로 쓰는 말. '명반'과 글자 모양을 비슷하게 변형한 것이다. | 2018 |
| **댕댕미** | 외모나 분위기 따위에서 강아지 같은 귀여움을 풍기는 사람의 매력. '멍멍이'를 뜻하는 '댕댕이'와 아름다움을 뜻하는 '미美'를 결합하여 만든 말이다. | 2018 |
| **댕냥이** | 반려견과 변려묘를 아울러 이르는 말. | 2019 |
| **꽝인** | 인터넷 게시판 따위에서 '광인狂人'이라는 뜻으로 쓰이는 말. '광인'과 글자 모양을 비슷하게 변형한 것이다. | 2019 |
| **꽝탈** | 인터넷 게시판 따위에서 '빛의 속도와 같이 빠른 속도로 탈락함'을 의미하는 '광탈光脫'의 뜻으로 쓰는 말. '광탈'과 글자 모양을 비슷하게 변형한 말이다. | 2018 |
| **머박** | 인터넷 게시판 따위에서 '대박'이라는 뜻 | 2018 |
| **네주얼** | 인터넷 게시판 따위에서 '비주얼'이라는 뜻으로 쓰는 말. '비주얼'과 비슷하게 글자 모양을 변형한 것이다. | 2018 |

이 신어들은 여러 개 문자 변형을 통해 조어된 것이다. '갓띵작', '띵작', '띵반'은 글자 '명'과 유사한 모양인 '띵'자를 교체해서 조어한 것으로 언어유희적 요소로 볼 수 있다. 활발한 문자 소통과 언어유희적 요소가 문자의 모양 변형이라는 형태로 진행된 것으로 보인다. '댕댕미', '댕냥이'는 '멍멍'과 유사한 모양인 '댕댕'으로 교체해서 조어한 신어이다. '멍멍미'를 '댕댕미'로, '멍냥이'에서 '멍'을 '댕'으로 교체한 조어로, 비슷한 모양의 글자로 변형시킨 조어이다.[26] '꽝인', '꽝탈'은 '광' 대신 '꽝'으로 변형된 조어이다. 한자는 다르지만, 동음이므로 동일하게 '꽝'으로 변형된 것이다. 일종의 인터넷 밈meme 현상으로 볼 수 있다. '머박'은 '대' 대신 '머'로, '네주얼'은 '비주얼'의 '비' 대신 모양이 유사한 '네'로 변형한 예

----

26 대표적인 예로 '꽐도 네넴띤(팔도 비빔면)' 등이 있다.

이다. 영어, 한국어 상관없이 동음이면 동일하게 글자 모양을 변형하여 조어하고 있다.

| | | |
|---|---|---|
| 울희 액이 | '우리 애기'를 변형한 말로, 주로 귀엽거나 사랑스러운 사람을 부르거나 이르는 말. | 2018 |
| 혹우 | '호구'를 변형한 말로, 어수룩하여 이용하기 좋은 사람을 비유적으로 이르는 말이다. | 2018 |
| 룸곡룸곡 | 인터넷 게시판 따위에서 '눈물눈물'이라는 뜻으로 쓰는 말. '눈물'이라는 글자의 뒤집은 형태인 '룸곡'을 반복하여 쓴 것에서 비롯하였다. | 2018 |

이 신어들은 표기법의 변형 방법으로 조어된 것이다. '우리 애기'를 '울희 액이'로, '호구'를 '혹우'로 변형하였다. '룸곡룸곡'은 글자를 뒤집은 형태로 변형해서 조어한 신어이다. 언어유희적인 요소로, 이 또한 밈 현상으로 볼 수 있다.

| | | |
|---|---|---|
| 다꾸러 | '주로 젊은 층에서 취미로 다이어리를 꾸미는 사람을 이르는 말. | 2019 |
| 이모티콘체 | 주로 온라인상에서 글을 쓰거나 문자 메시지를 보낼 때, 글자나 기호 등으로 이모티콘을 만들어 의미를 전달하는 방식. 주로 얼굴 표정과 비슷한 형태로 감정이나 느낌을 표현한다. | 2018 |

이 신어들은 일기쓰기를 취미로 하는 젊은 층을 일컫는 신어로, 주로 SNS를 활용해서 일기쓰기를 하는 경우가 많다. SNS상에서 일기쓰기가 진행되는 것은 사생활 침해의 부작용이 있을 수 있다. 이모티콘체는 온라인상에서 문자로 소통할 때 감정과 느낌을 표현하는 글자나 기호를 의미한다. 이모티콘체를 통해서도 문자가 지닌 감정과 느낌 전달의

한계를 살필 수 있다.

콜 포비아 세대들의 활발한 문자 소통은 글자 변형과 같은 방식의 신어 조어로 이어졌다. 이는 언어유희적이며, 일종의 인터넷 밈 현상으로 볼 수 있다. 또한 SNS상의 문자 소통은 사생활 침해의 우려를 안고 있으며, 문자 소통이 지닌 소통적인 한계 등의 부작용이 예상된다.


## | 부작용                                                    |

초연결사회에서 발생할 수 있는 부작용, 특히 인터넷상에서 일어날 수 있는 부작용에는 거짓 정보와 온라인 범죄를 들 수 있다.

| | | |
|---|---|---|
| **리또속** | 가상화폐 거래에서, '리플에 또 속았음' 또는 '리플이 또 속였음'을 줄여 이르는 말. '리플'은 가상화폐의 한 종류로, 주로 이에 투자하여 실패한 경우를 이르는 말이다. | 2018 |
| **퀀또속** | 가상화폐 거래에서, '퀀텀에 또 속았음' 또는 '퀀텀이 또 속였음'을 줄여 이르는 말. '퀀텀'은 가상화폐의 한 종류로, 주로 이에 투자하여 실패한 경우를 이르는 말이다. | 2018 |

'리또속'은 가상화폐 관련된 신어로, 가상화폐 거래에서 가상화폐의 일종인 리플에 속아서 투자했다는 의미이다. '퀀또속'은 가상화폐의 종류인 퀀텀에 또 속았다는 말의 줄임형 신어이다.

| | | |
|---|---|---|
| **몸 캠 낚시** | 알몸이 찍힌 동영상으로 상대방을 협박하여 큰돈을 뜯어내는 범죄를 비유적으로 이르는 말. | 2019 |

| **몸또** | 알몸이 찍힌 동영상으로 상대방을 협박하여 큰돈을 뜯 | 2019 |
| | 어내는 범죄를 비유적으로 이르는 말. | |
| **캣피싱** | 주로 온라인상에서, 자신의 신분을 거짓으로 꾸며 상대 | 2019 |
| | 를 속이고 이득을 얻으려는 사기 수법. | |

이 신어들은 온라인상에서 동영상 관련 범죄와 사기 수법에 해당된다. '몸 캠 낚시', '몸또'는 알몸 동영상으로 상대방을 협박하는 범죄를 의미하고, '캣피싱'은 자기 신분을 속여서 이득을 얻는 사기를 뜻한다.

스마트폰이나 인터넷 사용으로 인한 부작용에서 벗어나고, 정체성이나 소통의 문제점들을 보완하기 위한 자정작용과 관련된 신어도 있다.

| **소셜 블랙아웃** | 스마트폰이나 인터넷의 사용을 자제하거나 소셜미 | 2018 |
| | 디어를 이용하지 않는 일. | |

'소셜 블랙아웃'은 부작용에서 벗어나기 위해, 정체성의 혼란과 소통의 부정적 영향에서 벗어나기 위해 스마트폰, 인터넷을 이용하지 않는 것을 의미한다.


# | 나가기

지금까지 2017년, 2018년, 2019년 신어 중에서 초연결사회를 반영하는 온라인·인터넷·스마트폰과 연관된 신어들을 분류하여 초연결사회의 현대인들, 특히 젊은 세대들의 새로운 정체성과 소통의 문제, 감정 소통, 문자 소통을 살펴보고 부작용에 대해서도 알아보았다.

MZ세대로 대표되는 '세대' 신어는 관계는 최소화하고, 소통에 있어서 위축된 면을 보이며, 경험은 다양하게 하고, 인공지능·오디오 기술 등에 잘 적응하는 젊은 세대, 생산직과 사무직을 융합한 새로운 형태의 직종을 차별화해 반영하고 있다.

신어 속에 나타난 초연결시대 관계와 소통의 특징을 정리해 보면 첫째, 최소한의 인간관계를 맺으려는 경향, 둘째 관계가 가볍고 느슨한 특징, 셋째 기존 관계에 대한 회의감, 넷째 타인과의 관계 상실로 인한 자아 약화, 다섯째 온라인상에서 새로운 대안 관계 형성, 여섯째 위축된 관계로 전화나 음성으로 이루어지는 실제 대화에 대한 거부감과 두려움 등으로 소통에 낯설어하는 사람들의 모습을 보여 주고 있다. 강하게, 당당하게, 거침없이와 같이 일방적이고 솔직한 표현의 욕구를 반영한 신어도 있다. 가족관계에서 누구의 희생을 당연하게 여기지 않고 가족 구성원의 행복을 추구하는 새로운 형태의 가족관계, 그리고 1인가구와 연관된 혼자', '홀로' 삶을 사는 것, 홀로 사업을 운영하는 것을 반영한 신어가 있었다. 초연결이 기존의 가족관계나 혼자 즐기는 삶, 사업 운영 등에 영향을 준다고 볼 수 있다.

커뮤니티 공간에서 인간관계의 친밀감을 보여 주는 신어와 자랑, 과시, 결여된 공감 능력을 반영한 신어들도 있었다. 이러한 감정 관련 신어들은 인터넷과 같은 온라인 공간에서의 관계망을 통해 얻고자 하는 친밀감이나 인정, 공감에 대한 욕구를 반영하고 있다.

콜 포비아 세대의 활발한 문자 소통은 글자 변형과 같은 방식의 신어 조어로 이어졌다. 이는 언어유희적이고, 일종의 인터넷 밈 현상으로 볼 수 있다. 또한 SNS상에서 이루어지는 문자 소통의 사생활 침해 우려, 문자 소통이 지닌 소통적 한계 등 부작용이 예상된다.

## 참고문헌

**자료**

국립국어원, 《2017년 신어 조사》, 국립국어원, 2017.

국립국어원, 《2018년 신어 조사》, 국립국어원, 2018.

국립국어원, 《2019년 신어 조사》, 국립국어원, 2019.

**논저**

김억조, 〈인지언어학에 기초한 2017년 신어의 의미 구성 연구〉, 《문화와 융합》, 제42
    권 4호, 2020, 615~637쪽.

김우성 · 허은정, 〈베이비붐세대, X세대, Y세대 소비자들의 소비관련 가치관과 라이
    프스타일의 비교〉, 《소비문화연구》 제10권 제4호, 2007, 31~32쪽.

김휘택, 〈초연결 시대의 인간 경험과 지식에 대한 일고찰〉, 《문화와 융합》 58집, 2018,
    901~928쪽.

남길임 · 송현주 · 최준, 〈현대 한국어 [+사람] 신어의 사회 · 문화적 의미—2012, 2013
    년 신어를 중심으로〉, 《한국사전학》 제25호, 2015, 39~67쪽.

박선옥, 〈[+사람] 신어의 생성 추이와 단어의 형태적 특징 연구: 2015년, 2016년, 2017
    년 신어를 중심으로〉, 《동악어문학》 77, 2019, 291-318쪽.

어울림경영연구소, 《밀레니얼 세대의 결혼과 가족》, 시그마프레스, 2020.

유영성, 〈초연결사회와 우리의 수준〉, 《이슈&진단》 129, 2014, 1~26쪽.

이수진, 〈초연결시대 인문사회학적 가족 연구의 방향 모색—국어국문학, 한국어 교육
    과의 접점을 통하여〉, 《한민족문화연구》 72. 2020, 133~176쪽.

이진성, 〈신어에 반영된 사회문화상과 변화의 양상〉, 《사회언어학》 제25권 4호, 사회
    언어학회, 2017, 87~117쪽.

임욱정, 〈한국어 'X족(族)' 유형에 대하여: 2013-2014년 신어 자료를 중심으로〉, 《관악
    어문연구》 41, 서울대 국어국문학과, 2016, 311~330쪽.

정성미, 〈[X-족], [X-남], [X-녀] 신어의 형태 · 의미적 연구〉, 《어문론집》 84, 2020a,
    147~188쪽.

정성미, 〈[X-족] 신어에 투영된 2010년대 우리의 삶〉, 《인문언어》 22권 2호, 2020b,

339~374쪽.

정한데로, 〈신어로 바라본 한국의 대중문화—1994년, 2004년, 2014년 신어를 중심으로〉, 《아시아문화연구》 53, 2020, 85~120쪽.

조윤설 · 조택연, 〈시대변화에 따른 세대별 공간 가치추구 변화 연구〉, 《한국공간디자인학회 논문집》 통권 57호, 2019, 39~58쪽.

주경희, 〈언어 유희적 기능의 개념 정립의 필요성—효율적인 교육과정 실행을 위하여〉, 《텍스트언어학》 23, 2007, 129~153쪽.

터클, 셰리, 《대화를 잃어버린 사람들》, 황소연 옮김, 민음사, 2018.

통계청, 《2020년 한국의 사회지표》.

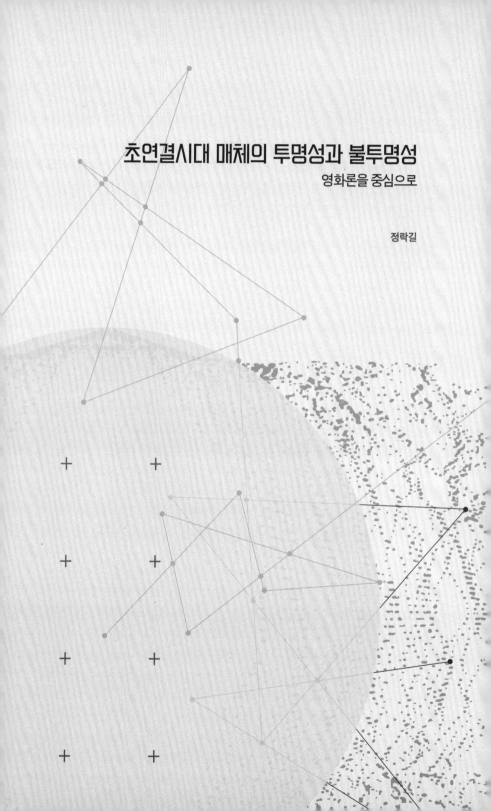

# 초연결시대 매체의 투명성과 불투명성

영화론을 중심으로

정락길

이 글은 〈디지털 시대의 영화 매체에 대한 질문〉(《프랑스 문화연구》, 2007년 11월)을 수정, 보완하여 수록한 것이다.

# 초연결시대 속 영화 매체의 변화를 생각하기

모든 이미지는 잡종적 형식이고, 어떤 의미에서 순수한 이미지는 존재하지 않는다. 앙드레 바쟁André Bazin은 문학이나 회화, 연극작품 등의 영화적 각색의 문제를 검토하면서 영화를 불순성impureté의 매체로 정의한 바 있다.[1] 실제로, 영화는 기술과 산업 없이는 탄생할 수 없었으며 동시에 다양한 이종의 매체들을 결합시키면서 자신의 정체성을 정립해 왔다. 따라서 현대의 디지털 미디어 시대, 혹은 초연결시대의 특징으로 이야기하는 잡종성hybridation 개념은 20세기 이래의 매체 존재 양식이라고 할 수 있다. 영화는 예술 담론의 모더니스트 기획의 한 양태인 매체 순수성 원리를 위반한 산업 매체이다. 즉, 영화 자체는 20세기 예술 개념 자체의 근본적 지형을 흔들고 있는 모더니티의 걱정거리(예술적 순수성의 입장에서)이자, 동시에 모더니티의 대표적인 매체(산업자본주의적인 의미에서)라는 점에서 이중적이자 균열적이다.

모더니스트 미술이론의 대표적 비평가 클레멘트 그린버그Clement Greenberg는 팝아트의 등장을 회화예술의 매체 순수성이 오염된 현상으로 보면서 예술적 진정성이 해체된 사회문화적 퇴행과 데카당스의 징후로 파악한 바 있다. 하지만 영화는 연극, 문학, 오페라, 회화 그리고 사진을 잡종의 방식으로 교배하면서 진화해 왔고, 이러한 불순성이라는 영화의 역사는 아방가르드 모더니스트들의 입장과 끊임없이 대립되어 왔다. 유성영화 탄생 이후 영화는 한때 '연극 영화', 혹은 '통조림된 연극'이라는 조롱 섞인 평가를 받았으며, 영화는 아방가르드 예술론에 자신

---

[1] André Bazin, *Qu'est-ce que le cinéma*, Paris: cerf, 1997.

의 태생적 열등성을 드러내고 있는 듯했다. 하지만 이러한 아방가르드 기획에 반해, 오히려 그 불순성으로부터 영화의 영화성을 찾고자 했던 점에서 앙드레 바쟁의 영화론은 중요한 점을 지적하고 있다. 아방가르드 이론가들에 둘러싸인 바쟁은 그의 존재론적 영화론으로 영화를 불순성이라는 개념을 통해 시대적 편견에 저항하게끔 이끌었다.

20세기를 휩쓴 기술에 의한 세계의 변화는 더욱 가속화되고 있다. 영화는 이제 컴퓨터를 기반으로 하는 디지털 이미지의 새로운 형식의 탄생과 그 이미지들의 잡종적 교배 현상을 당연한 현실로 수용하고 있다. 사람에 따라 이러한 현상을 바라보는 시선은 다양하다. 불안과 희망의 대립적 반응으로 교차하는 디지털 이미지의 탄생은 특히 아날로그와 디지털이라는 기술학적 차이만이 아니라, 영화사에서 처음으로 영화가 자신보다 더 잡종적인 이미지의 탄생에 직면했다는 사실에서, 단순히 산업적 이유만이 아니라 영화 내부에서 새로운 고찰의 중요한 화두로 등장하고 있다.

흔히들 이렇게 등장한 기술문명에 대해, 이러한 문명이 전통적인 문화 생산자와 소비자의 구분을 무너뜨리고, 생산자이자 소비자이고 작가이자 독자이며 연행자이자 관객인 새로운 문화적 주체들을 만들어낸다고 이야기한다. 글로벌화가 진전하면서 이종異種 문화 간의 접합은 더욱 다양한 층위에서 복합적으로 일어나고 있다. 그 결과 끊임없이 새로운 변종과 그 변종의 변종들이 생겨나고 있으며, 초연결시대가 제기하는 새로운 사회적 소통 양태에 대해 때로는 성급한 장밋빛 전망들을 내놓기도 한다.

초연결시대의 기술적 토대인 디지털 이미지는 영화에 있어서도 기술학적, 산업적 변화의 문제들을 제기하고 있다. 이러한 문제들, 즉 필름 대신 디지털 필름과 카메라의 사용으로 인한 영화 제작 방식의 변화, 그리고 디지털 이미지의 속성에 따른 아날로그 이미지와의 차이와 그것의 미학적 가능성과 변화의 문제, 또한 영화적 관람 형태의 변화와 그 산업적 추이의 문제, 기존 영화상품의 유통 방식과 다른 새로운 유통 방식의 변화 등에 대한 문제는 이미 다양한 방식으로 논의되어 왔다.[2] 이 글은 새로운 세계가 제기하는 현상적 문제들을 검토하면서, 이러한 세계를 규정하는 상호행위성, 가상현실 등의 개념에 대한 비판적 숙고 속에 존재한다. 디지털 뉴미디어 시대의 도래라고 흔히 평가되는 변화들에 과도하게 감정이입하는 무비판적 기술적 낙관론도, 또한 시뮬라크르simulacrum라는 용어가 암시하듯이 현실과 가상의 구분이 더 이상 유효하지 않은 부유하는 기표들로 넘쳐나는 세계라는 지나친 비관주의도 더 이상 우리를 둘러싼 세계에 대한 적절한 태도가 아니라고 여겨지기 때문이다. 오히려 초연결시대로부터 제기된 여러 문제들을 좀 더 침착한 태도로 바라보는 시도가 필요하다고 생각된다. 이 글은 새로운 기술이 새로운 매체의 기획을 야기하고 있다면, 매체 기술의 본질이 무엇인가라는 질문보다는 매체가 제기하고 있는 다양한 소통 방식의 구명이 더 중요한 고찰이 되어야 한다고 본다. 우리의 논의는 영화를 중심으로 한계 지어 전개할 것이다. 이 글은 새로운 기술에 의해 야기되는 영화의 변화를 '영화 패러다임 자체에는 큰 차이 없는 변화'라는 이름으로 폄하하려는 입장에 있지 않다. 좀 긴 안목에서 초연결시대 매체의 중요한 효과로 논의되는 몰입, 상호작용성, 원본(지시체) 없는 복제 등의 문제를 비판적으로 검토하면서 새로운 영화의 가능성을 모

---

2  김건, 《디지털 시대의 영화 산업》, 삼성경제연구소, 2006.

색하려 한다.

## 매체의 기획, 그리고 기술과 예술의 관계

영화에 조금이라도 관심 있는 사람이라면 익히 알고 있는 유명한 일화를 생각해 보자. 뤼미에르 형제의 〈시오타 역으로 들어오는 기차〉가 상영되었을 때 관객의 경악은 언론 혹은 영화사가들에 의해 많이 회자된 일화이다. 영화관에서 상영된 기차가 관객석을 향해 돌진하고 있다고 여겨 관객들이 혼비백산해서 도망갔다는 이 일화는, 사실 정확한 기록이라기보다는 하나의 매체의 충격 효과에 대한 과장된 일화라고 할 수 있다. 그래서 톰 거닝Tom Gunning은 '충격의 시네마cinema of attractions'라는 주장을 통해 영화가 제안하는 관객 경험이 이러한 몰입경험, 즉 신체적 충격경험과 연관되어 있음을 주목한 바 있다. 그리고 그의 '충격의 시네마론' 이후 활발히 전개된 이른바 '영화 고고학적 접근archeologie du cinéma'들은 초기 영화의 형식과 관객성을 분석하면서, 장 루이 보드리Jean Louis Baudry와 크리스티앙 메츠Christian Metz의 이데올로기적 장치의 희생자로 요약될 수 있는 관객론을 비판적으로 바라보고 있다. 톰 거닝은 우선 초기 영화의 예를 들면서 메츠가 동일화의 두 유형, 즉 카메라에 대한 동일화(일차적 동일화)와 등장인물에 대한 동일화(이차적 동일화, 주인공에 대한 동일화이자 영화 스타 현상에서 더욱 미묘해지고 강화되어지는 의미에서의 동일화)의 구분을 통해 영화의 관객이 인간의 관음적인voyeuristic 충동에 기반해 있다고 본 관음적 영화론cinéma du voyeurism을 비판하고 있다. 그는 메츠에게 반론을 제기하면서 초기 영화에서 일어나는 카메라에 대한 동일화를 메츠의 관음적 영화론에 대비되는 노출증exhibitionisme이라는 특성으로 개진하고 있다. 그에 따르면, 18세기 이후의 시각장치들에는 하나의 마술적 스펙터클을 통해 일종의 존재감과 충격을 경험하고자 하는 근대 이후의 욕망이 담겨 있으며, 이로부터 초기 영화를 이해할 필요가 있다는 것이다(톰 거닝).

거닝과 이후 연구자들의 주장의 핵심은 다음과 같이 정리할 수 있다. 즉, 초기 영화를 단순히 내러티브 형식이 발전하게 된 출발점으로 파악하기보다는, 이러한 영화들의 관객적 지향점들이 내러티브적 일반성으로 이루어지지 않는 다양한 관객적 양태들을 드러내고 있으며, 이러한 분석을 통해 모더니티 매체로서의 영화를 근본적으로 재질문해야 한다는 것이다. 이러한 연구의 방법론적 전제의 대표적 철학자들이 바로 미셸 푸코Michel Foucault와 발터 벤야민Walter Benjamin이다.

이들 연구 전제의 중요한 전거와 권위의 축으로서 푸코가 존재한다. 그들은 푸코의 방법과 사유를 차용하면서 19세기의 다양한 시각적 장치, 과학적 담론, 문학작품들을 가로질러 당시의 인식성épistémé을 추출, 제안하고 있다. 이 작업들을 보여 주는 대표적 사람들이 프리드리히 키틀러Friedrich A. Kittler, 막스 밀너Max Milner, 조너선 크래리Jonathan Crary 등이다.[3] 이들의 작업은 19세기의 일정 시기를 검토하면서 당시 시각장치들을 다양한 방식으로 분석하고 있다. 그들의 연구 대상은 엄밀히 말해 영화도 아니고 전통적인 의미의 영화의 생성사도 아니다. 키틀러

---

3  그들의 저서는 다음과 같다. Friedrich A. Kittler, *Gramophone, Film, Typewriter*, Stanford: Stanford University Press, 1999; Max Milner, *La Fantasmagorie*, Paris: PUF, 1982; Jonathan Crary, *Techniques of the Observer: On vision and modernity in the nineteenth Century*, Cambridge/London: MIT Press, 1991.

는 매체 연구, 밀너는 문학텍스트 연구, 크래리는 시각과 지각의 역사와 관련된다. 이 연구들은 그들이 선택한 연구의 장의 특수한 양태 분석을 통해 영화의 탄생을 재질문하고 있으며, 푸코가 제안한 영화의 '인식성épistémè'의 특성의 장을 구성하여 제출하고 있다. 즉, 인과적 논리에 따라 영화의 탄생을 규명하기보다는 시대의 맥락 속에서 기표적 관계들의 어떤 도식을 구성하는 것으로, 이러한 구성 속에서 시각장치들의 다양한 관계들에 질문을 던지면서 경험과 지식의 가능 양태로서의 (푸코적 의미에서의 역사적 질문 대신에 계보학적 질문이라는 의미에서) 인식성을 드러내고 있다.

또 다른 축으로서 발터 벤야민의 사유가 존재한다. 도시의 탄생에서부터 시작되는 자본주의 양식의 발전과 전개 속에서 벤야민은 어떻게 새로운 감각 방식과 지각 방식이 등장하게 되고, 그러한 환경 변화로부터 대중적 감성의 탄생과 전통적 미학과 예술의 개념들이 현대사회에서 어떻게 이해되어야 하는가를 제기하고 있다. 여기서 토마스 엘새서 Thomas Elsaesser, 조너선 크래리 등의 다양한 저서들의 시도를 자세히 논증하지는 않을 것이다. 다만, 새로운 매체 탄생을 이해하기 위해 새로움을 과거의 경험으로부터 성찰할 수밖에 없기에, 그들의 역사적 고찰의 함의들을 간략히 드러내면서 초기 영화에 등장하는 '절대적 몰입'의 신화, '충만성으로서의 현존성'의 신화 자체가 여전히 초연결시대가 창조하는 세계 속에 기본적인 슬로건으로 제기되고 있다는 사실에 집중하고자 한다.

일반적으로 매체, 혹은 기술의 발전과 함께 시작되는 현대 자본주의 사회의 변화 양상을 추적하는 방식은 19세기 소설의 전성기로 대표되는 신문과 잡지의 인쇄 매체 시기, 19세기 말 영화의 탄생과 함께하는 아날로그 이미지의 시기, 50년대 이후 텔레비전의 탄생과 함께 시작되는 아날로그 이미지의 대중화·사유화私有化의 시기, 그리고 20세기 중반 제2차 세계대전을 거치면서 개발되고 가속화되기 시작한 컴퓨터 기술과 통신기술, 네트워크 기술이 결합하여 21세기를 새로운 전망 속에 위치시킨 디지털 시기의 등장이 그것이다. 기술주의적인 낙관론 속에서 제기되는 디지털 영상 기술의 등장은 다양성, 창의성, 초경계성을 특징으로 하는 디지털적 사고와 비선형성, 자동화, 동시성 등 디지털 매체의 특성을 규정하는 수사적 미사어구들을 동반하면서 전개된 바 있다. 이러한 논의들이 지니고 있는 그 상대적인 순진성과 허구성은 그러한 과도한 기술주의적 낙관이 지닌 맹점 때문에 여기서 새삼 거론할 필요는 없을 것이다.

우선 영화 고고학적 접근 방법의 이론가들 중 한 사람인 얀 홀름버그 Jan Holmberg가 인용한 1877년에 씌어진 한 문장에서 시작해 보겠다.

관객의 완전한 시각을 구현하는 시각적 장치로서의 스테레오스코픽stereoscopic 사진들은 이미 가능하다. 하지만 목소리들을 복제해 내는 말하는 포노그래프를 추가하는 것, 그것이 불가능하기 때문에 실제적인 현존의 환영을 만들어 내는 것은 아직 불가능하다.[4]

뤼미에르의 영화가 탄생하기 20년 전, 유성영화가 탄생하기 50년전, 그리고 3D 영화가 탄생하기 70년 전, '가상현실'이라는 말이 탄생하기

---

4   Jan Holmberg, "Ideals of Immersion in Early Cinema" in *Cinémas,* vol 14, n° 1, *Dispositif (s) du cinéma*, Montréal: Automne, 2003, p.131.

1백 년 전에 이미 '실제적인 현존의 환영'이라는 말이 쓰이고 있다. 이러한 담론 속에 표현되는 완전 영화의 신화를 우리는 애플사의 '퀵타임 VR QuickTime VR'이라는 프로그램의 선전 속에서 또한 발견할 수 있다.

> 퀵타임 VR은 당신이 현실의 거기 속에 마치 존재하는 것처럼 사진적 현실 효과를 생생하게 표현하면서 가상현실을 창출해 내는 야심만만한 플랫폼이다. 상업적인 사진과 뉴미디어 테크놀로지가 결합하여 퀵타임 VR은 사진 이미지를 평면적인 2D의 세계로부터 3D적인 이미지와 상호행위적 세계를 창출하면서 완전한 '몰입적 경험immersive experience'을 가능하게 한다.[5]

'실제적인 현존의 환영' 그리고 '완전한 몰입적 경험'이라는 말은, 육체의 감각적 충족성의 증가가 필연적으로 현존의 환영이나 혹은 완전한 몰입적 경험이라는 형이상학적 차원의 운동에까지 마치 자동운동의 방식으로 비약해 감을 드러낸다.

우리말로 매체라는 단어로 통용되는 '미디어media'는 라틴어 '미디엄 medium'을 어원으로 가지고 있다. 이 말은 '수단' 혹은 '장소의 중간에 있는'이라는 의미를 지니고 있다. 60년대 매체론의 중심적 이론가로 등장한 마셜 매클루언Marshall McLuhan의 '미디어가 메시지다'라는 주장을 누구나 잘 알고 있을 것이다. 미디어를 적극적으로 인간의 감각 능력의 확장으로, 동시에 세계 자체가 무한한 이미지들의 가상세계까지 확장된다는 그의 주장은 벤야민의 《기술복제 시대의 예술작품》과 현대 기

---

5  Ibid., p.132.

술문명이 창출해 내는 다양한 매체들의 성찰과 분명히 밀접하게 연결되어 있다. 그런데 '미디어media'라는 서양 언어의 어원이 암시하고 있듯이 매체는 수단, 혹은 소통의 잠재적 용기와 같은 것으로 우선 이해되어야 한다. 왜냐하면 벤야민 사유의 중요성은 이런 매체와 그에 따른 감작작용sensation과 지각작용perception의 19세기적 변화들의 추적 속에서 인간의 지각 방식의 역사적 상대성을 보여 준다는 데에 있지, 지각 방식 혹은 감각 방식의 변화가 매체미학의 중요한 고찰의 대상이 됨을 주장하는 것은 아니기 때문이다. 오히려 시각장치가 인간 육체의 생리학적 에너지들의 작용(가시적인 의미에서의)을 통해 드러내고자 하는 그 욕망의 구체적 경험의 정체가 무엇인가에 대한 지속적인 질문 속에 그의 사유의 중요성이 존재한다. 벤야민의 본의本意에 대한 사유와 질문이 부재할 때, 그의 유명한 '아우라'라는 말로 대표되는 예술의 본원적 특성과 매체적 수용성의 문제의 긴장관계를 단순화할 위험성이 존재하기 때문이다. 즉, 인간 신체의 신경체계에 기반한 작용과 반작용의 관계로서 속화되는 도시 문명의 극단적인 물질주의적 사유로 추락할 위험성이 상존하고 있다는 것이다.

우리는 지금 여기서 예술과 매체를 개념적으로 나누어 볼 필요가 있다. 지난날, 예술이 극심한 인플레이션 상태 속에 놓여 있을 때, 혹은 예술에 대한 과도한 형이상학적 태도가 극심했을 때, 사람들은 (예술에 대한 구조주의적 성찰이 이에 해당할 것이다) 이러한 어휘 대신 작품이라는 말을 대체로 사용하고자 하였다. 하지만 역으로, 현대의 시대는 예술이라는 어휘 자체가 극심한 디플레이션 상태에 빠져 있다고 할 수 있다. 이러한 역사적 맥락에서 예술이란 말이 지난날 지녔던 오염적 의미를 경계하면서, 예술과 기술의 경계에 대해 다시 생각해 볼 필요가 있다.

예술과 기술을 나누는 정확한 경계는 어디에 존재하는가? 시·연극·무용·회화·소설·음악·미술·조각·건축 등 전통적 의미에서 예술 장르로 분류되는 분야가 있고, 20세기 들어 새로운 기술의 등장과 함께 나타난 사진·영화·만화 등이 있다. 당연히 이 모든 예술은 그 자체로 독특한 감각 작용과 지각 작용을 지니고 있는 표현 수단, 소통 수단으로서의 매체들이다. 그런데 이러한 매체적 형식, 즉 감각과 지각을 통한 소통의 건넴을 가로질러 나타나는 아름다움, 혹은 숭고함은 항상 이러한 형식적 분석을 넘어 작품 존재의 그러함, 즉 왜 작품이 아름다운가라는 완강한 질문 속에 놓여진다. 이것이 바로 하이데거Martin Heidegger의 작품에 대한 존재론적 질문에서 생성되는 예술적 사건의 의미일 것이다. 하이데거가 반 고흐 작품을 통해 보여 주듯이, 작품은 항상 은폐와 탈은폐의 역동성 속에서 사건으로서 우리에게 현현되는 어떤 것이다.[6] 그런데 이 현현은 하늘에서 떨어진 신비적인 어떤 것도, 작품의 물질적이고 형식적인 분석으로부터 기계적으로 이끌리는 어떤 것도 아닌, 작품 존재가 우리에 밝혀져 있는 그 긴장의 관계 속에서 생성되는 것이다. 우리가 예술과 기술을 대립항으로 놓을 때, 우리의 사유 방식에서 기술은 예술과의 관계에서 어떤 무엇의 결핍으로, 반대의 관점에서 예술은 기술을 넘어서는 어떤 것으로서 사유된다. 그런데 실제로 긴장이라는 표현을 우리가 선호한다면, 그 이유는 예술이 한편으로는 그것이 자리 잡고 있는 기술technique과 또 다른 한편으로는 승화의 가능성sublime이 동전의 앞뒷면처럼 결코 분리되어 이해되고 사유될 수

---

6　마르틴 하이데거Martin Heidegger, 《예술작품의 근원》, 오병남·민형원 옮김, 예전사, 1996.

없다는 데에 있다. 우리는 흔히 예술매체들을 그것의 감각 작용과 지각 작용의 방식에 따라 나눈다. 하지만 실제로 어떤 예술도 그 자체의 감각적 외재성의 논리에 따라 정의되지 않는다. 또한 이러한 형식들은 우리가 삶에서 발견되는 사물의 원본에 따라 모방한 것도 결코 아니다. 하나의 예술은 그것의 기술적 기획들, 혹은 매체의 기획들이 계산하고 설정한 다양한 감성적 장치들, 즉 환원불가능한 물질적 차이들을 가로질러 그 물질적 요구들, 그 욕망들이 넘어서고자 하는 것, 그 속에서 근원적인 의미의 몰입 혹은 현존을 드러낸다는 사실에 다름 아니다.

## | 현존에의 욕망과 불순성/잡종성hybridation에 대한 성찰 |

논의를 전개하기에 앞서 이 잡종성, 혹은 앙드레 바쟁 이후 영화의 존재론적 특성으로 거론되는 불순성이라는 어휘의 다각적 의미를 검토해 보자. 영화가 20세기의 가장 젊은 표현 수단으로 등장하면서 제기된 이 불순성이라는 패러다임은, 영화를 사유하는 모순적이자 대립적인 긴장관계를 드러내는 표현이다. 첫 번째, 20세기 기술시대의 대표적 산물로서 영화는 질 들뢰즈Gilles Deleuze가 표현하듯이 실증주의적 과학기술의 집약과 발전의 체계적인 제도화로서 산업industry이라는 이름과, 이러한 산업적 시대를 대표하는 모순적 장르로서 예술이라는 이름이 동시에 부가된다.[7] 또한 다큐멘터리와 픽션의 상호긴장성이라는 의미에서 현실의 기록과 그 변형과 창조로서의 이중성, 인간과 기계의 상호

---

7    Gilles Deleuze, *L'image-mouvement*, Minuit, 1983, p, 16.

결합 작용, 개인의 세계관과 집단적 작업(소설이나 회화와의 비교를 통해 쉽게 이해 가능한), 또한 이 집단성의 이중적 양태로서 영화 제작의 집단성과 관객의 집단성, 그리고 이 두 집단성이 시간적·공간적으로 차연되어 발생한다(연극 혹은 해프닝과의 비교)는 것이다. 촬영의 시공간과 관객의 투사적 시공간의 차이는 이러한 의미에서 연극적 현존과 영화적 현존의 개념을 구분하고, 마지막으로 이 점이 디지털 매체의 가능성으로 이야기되는 상호행위성의 한 측면으로서 차이점을 시사하고 있다. 이와 같이 불순성은 잡종성이라는 문제와 거의 동일한 의미를 지니고 있다.

영화적 논의로 돌아가, 영화사적 논의에서 연극적 현존과 영화적 현존의 논쟁을 다시 상기해 보자. 연극이론가들은 근본적으로 연극의 현존성을 배우와 관객의 시공간적 단일성, 즉 무대와 관객석 사이의 시공간적 단일성을 연극적 현존성의 우월성으로 이야기한다. 반면에 영화적 현존의 주장자들은 연극 속에 은밀히 기능하고 있는 심리적 에너지들의 지시체적 시공간의 현존성, 즉 카메라의 무한한 편재의 능력, 거대한 풍경을 보여 주다가 다시 극도의 클로즈업을 표현할 수 있는 공간의 편재성, 과거와 현재·미래를 끊임없이 교란시키는 편집의 능력, 침묵과 속삭임 그리고 고함의 청각적 이미지들의 시각적 이미지와의 교접과 충돌, 운동의 가속과 감속의 다양한 표현 양태 등을 영화적 현존성의 탁월함으로 제시하고자 한다.

근원적 의미에서 현존성 자체를 이야기한다는 것은 사건이 전제하는 유일무이성, 즉 그 사건의 일회성 속에 있다는 의미에서 근본적으로 '지금, 여기' 그 자체를 표시하는 작업이다. 따라서 우리가 매체, 혹은 예술에서 현존성을 이야기하는 것은 필연적으로 각 매체들이 내포하고 있는 감각적·지각적 장치들로부터 비롯된 믿음의 공동체, 즉 기술주의 혹은 과학주의적 태도에서의 이탈을 전제한다. 실제로 이 믿음의 공동 체라는 다소 지나간 시대의 종교적 함의의 개념은 일종의 세속적인 의미의 관습, 혹은 관객이 어떤 매체를 바라보는 습관이기도 하다. 진정한 믿음이 지니는 현존성, 혹은 관습에 의해 창출되는 현존성은 따라서 우리가 거품을 빼고 보면 본원적으로는 동일한 양태이다. 어떤 의미에서 관객이라는 말이 탄생하는 순간, 혹은 관객이 장치의 관습을 수락하는 순간 현존은 미묘한 놀이들의 변증법으로 들어가고, 그것이 예술사조들의 다양한 형식적 실험들이 보여 주는 모습이기도 하다.

지난날 60년대 해프닝이 새로운 미술운동의 양식으로 탄생하면서 그 테제로서 '삶으로의 귀환'이라는 주제를 주장했던 사실을 기억하고 있을 것이다. 역사적 존재로서의 인간, 즉 의식적 존재로서의 인간에게 해프닝의 실험이 역설적으로 보여 주는 것은, 그것의 최초의 충격이 다시 관습화되는 것이다. 이런 의미에서 관객과의 혼수상태적인 합일, 삶과의 절대적 동일화는 모든 매체의 이념으로서 매번 등장했지만, 그것은 항상 신화적 시공간 속에 자리 잡고 있다. 따라서 절대적 몰입, 실제적인 현재적 환영이라는 말은 인류사가 역사시대로 들어서면서, 즉 역사와 신화를 대립적인 관계로 본다면 한 번도 일어나지 않은 일이자, 동시에 예술매체 자체의 근원을 디오니소스적 신이 창출하는 인간 한계의 경험 속에서 혼수상태적 몰입을 그 이념으로 한다는 니체F. W. Nietzsche의 비극 철학을 상기한다면 매번 일어나는 것이기도 하다.

해프닝과 이후의 다양한 실험연극들이 보여 주는 무대와 관객의 통일적 공간을 이루려는 노력, 고다르Jean Luc Godard가 영화에서 진정한 죽음을 재현해 내는 것의 절대적 불가능성을 이야기할 때, 역사적 존재로서 인간의 예술적 실천은 한편으로는 절대적 몰입의 시공간 창출이라는 이념과 다른 한편으로는 그것의 불가능성의 놀이에 근거하고 있는 것이 아닐까? 하나의 매체의 탄생이 관객을 사로잡으려고 할 때, 영화의 초기 연구가 톰 거닝이 주장하듯이, 이 매체는 문화적 충격 속에서 자연의 질서를 교란시키면서 등장한다. 산업적 사회가 야기시킨 감각적 망들, 벤야민이 표현하는 충격 경험의 도시사회의 감각적 요구들에서 영화는 역사적으로 출현한 매체이다. 이 최초의 충격 경험은 인간이 의식을 가진 존재라는 의미에서, 동시에 기억 능력을 가진 존재라는 의미에서, 당연히 다시 습관적 경험으로 문화화된다. 이러한 의미에서 초기 연구가들이 영화 매체 최초의 신화들을 내러티브적 동일화의 과정과는 다른 충격의 영화라는 문맥에서 검토하면서 영화 매체의 특수한 감각적 작용 양태를 드러내는 작업은 매우 인상적이다. 하지만 내러티브로의 전환을 영화의 잃어버린 천국의 제도화, 혹은 문명화의 시각으로 해석하는 것에는 동의하기 어려운 측면이 존재한다. 예술 자체는 그 자체에 그 자신의 독특한 감각적 건넴의 양태와 동시에 내러티브적 양태가 존재하고 있기 때문이고, 이 이중적 소통 방식 속에서 바로 우리가 문화라고 하는 한 시대의 존재 양태가 성립하기 때문이다.

그런데 우리는 인터넷게임이나 혹은 비디오video게임에서 이러한 절대적 현존의 경험, 완전한 몰입이라는 고대적 신화의 꿈을 발견하는가? 인류사를 통해 보듯이, 수많은 기술의 탄생이 반드시 예술로 전환되었던 것도 아니고, 수많은 기술들이 대중의 외면으로 소멸되기도 하였으며, 다른 한편 대중이 원한다고 해서 그것이 인류의 진정한 필요물로서 등장하는 것도 아니다. 어느 날 신문 기사에 실린, 모모 씨가 PC방에서 식음을 전폐하고 인터넷게임에 열중하다 그만 저세상으로 가셨다는 이야기가 드러내는 것은 우리 시대의 병리학적 징후가 아닐까? 어쩌면 영화 매체 자체가 지니고 있는 매체의 위험성과 매체의 유토피아적 약속은 동전의 앞뒷면이 아닐까?

## | 운동의 환영 |

《디지털 영화의 미학》에서 박성수는 매체가 지닌 두 가지 특성을 다음과 같이 기술하고 있다.

> 매체는 재현의 투명성, 즉 있는 그대로의 현실에 도달하고자 하는 욕망과 그 욕망을 충족시키기 위해 필수적으로 개입하는 매체의 불투명성이라는 서로 대립하는 축 사이의 긴장으로 구성된다. 시각적 영역에서 투명성 다시 말해서 무매개성을 산출하는 방식은 기본적으로 역사적인 것이다.[8]

박성수는 디지털 시대 이후 가속화되고 있는 초연결시대의 기술적 토대를 우선 컴퓨터에서 비롯된 디지털의 세계로 규정하고, 이 새로운 시대를 잡종성이라는 특성에서 검토하고 있다. 영화에 한정해서 본다면, 그는 사진기가 지니는 유비적 관계(인간 눈과의 유사성과 광학적 원리와 화학적 원리의 결합으로 특징지어지는)로부터 디지털 이미지의 탄생이 사진적 기계장치의 알고리즘 적용과 변환에서부터 그 차이의 문

---

8 박성수, 《디지털 영화의 미학》, 문화과학사, 2001, 62쪽.

제를 제기하고 있다. 거기에서 물질적, 이론적 의미에서의 처리 과정으로부터 디지털 기술의 성격이 사진과 다른 재현의 특징을 나타내고 있음을 분석하고 있다. 이러한 분석에서 제기되는 문제는 크게 두 가지로 제시된다. 하나는 디지털 이미지가 사진적 처리 과정을 디지털화하면서 한편으로는 사진적 이미지와 같은 디지털 이미지의 현실복제력이 존재하지만, 이러한 이미지는 영화에서의 현실 재현이라는 강박으로부터 자유롭다는 것이다. 즉, 사진이나 영화의 지표성과는 다른 가능성을 열고 있는 매체로서 적극적으로 이해된다는 것이다. 또 다른 거의 비슷한 문제로서 디지털 매체 자체가 현실적 세계와 맺는 지시체référent의 문제를 제기하고 있다.

그런데 현실 생활에서 우리가 어떤 대상을 지시하는 방식과 예술작품에서 각 매체가 지시하고자 하는 것, 즉 지시체의 문제는 동일한 수준에서 분석될 수 없다. 왜냐하면 지시체의 문제는 그 지시 대상의 현실 속에 있는 그 원본의 존재 여부 문제에 중심이 있는 것이 아니라, 한 작품에서 드러나는 감춤과 드러남의 긴장의 관계이기 때문이다.

여기서 우선 영화 매체를 주제로 정리된 본질적 이야기를 끌어내기보다는, 영화 매체에 대한 다양한 시사점들을 주는 여러 영화 사상가들의 이야기를 꺼내 보겠다. 질 들뢰즈는 19세기 이전의 이미지 포착 방식이 특권화된 순간l'instqnt privilégié을 그려 냈다면 영화의 운동 이미지의 특성에 대해서는 임의의 순간l'instant quelconque이란 말을 사용한다. 즉, 19세기 이전의 이미지 포착이 형식(예를 들면 원근법) 혹은 관념에 기반하고 있다면, 영화로부터 탄생한 운동-이미지는 우리가 관념적으로 생각하는 전래의 방식과 다름을 역설하고 있다. 그래서 쥘 마레Jule Marey이전의 화가들이 포착한 달려가는 말馬의 그림이 지면에서 역동적으로 도약하는 모습들을 보여 준다면, 마레가 분석한 크로노포토그래피chronophotographie에서 말의 움직임은 모든 발이 도약의 상상적 이미지와 다르게 움직이고 있다는 사실을 발견한다. 즉, 영화 이미지는 인간 눈으로 의식되지 않는 임의의 이미지들의 정합을 통해 운동의 환영을 부여한다는 것이다. 이러한 영화 혹은 사진 이미지의 특성을 벤야민은 시각적 무의식이란 말로 다르게 표현한 바 있다. 앙드레 바쟁 역시 드레이어Carl Theodor Dreyer의 영화 〈잔 다르크의 정념La Passion de Jeanne d'Arc〉을 통해 그의 독특한 리얼리즘론을 전개하면서 잔 다르크의 고난의 삶이라는 주제 자체의 깊이와 두께를 부여하는 것은 2시간 동안 지속되는 사진적 이미지의 현실적 특성, 그 부차적 세부에 있음을 강조한다. 롤랑 바르트Roland Barthes는 사진론에서 푼크툼punctum, 그리고 세르게이 에이젠슈타인Serguei Eisentein의 영화를 이야기하면서 뭉툭한 의미에 대해 기술하고, 장 루이 셰페르Jean Louis Schefer는 영화 속에서 일어난 정동affects의 힘들의 덩어리란 말로 영화적 이미지가 불러일으키는 효과에 주목한다.

흔히 영화의 리얼리즘론으로 다양하게 인용되고 전거되면서 영화적 이미지의 지표성l'image indicielle이란 말로 정리되어 사용되는 이러한 사상가들의 말들은, 실제로 그 텍스트들 내에서 쉽게 이러한 정의로 환원될 수 없는 미세한 미묘함과 갈등을 안고 있다. 예컨대, 벤야민의 시각적 무의식은 해석에 있어서 무의식을 의식과 전의식의 관계 하에서 표지되는 위상학적topologique 관점에서 해석할 때 지표성을 넘어서 나타나는 잉여가치들이 있으며, 셰페르의 언급은 사진적 이미지의 지표성에 있기보다는 이 지표성과 하나의 영화의 시간성이 창출하는 지시체적 세계의 유령성에 더 방점이 찍혀 있다. 이런 영화 이미지의 지표성을 강조한 비평가로 평가되는 바쟁은 조르즈 사둘George Sadoul의 영화사를 읽은 후 그의 '완전 영화론'을 통해 무성영화의 향수를 지니고 있는 아방가르드 영화이론가들을 비판한다. 그리고 19세기까지 영화 장치의 탄생의 역사 속에 존재했던 운동의 환영론을 언급한 뒤, 영화는 아직 발명되지 않았다고 이야기한다.

흔히 사진적 이미지를 넘어선 디지털 픽셀 이미지의 탄생이라 부르는 이 디지털 이미지가 사진적 이미지의 지표성이 지녔던 어떤 섬세한 표현 능력을 사라지게 하는 것은 아닌가 하는 공포, 새로운 형식 앞에 뒤떨어져 있는 우리의 정서적 고정 작용fixation, 즉 프로이드가 과거의 대상에 대한 집착의 한 양상이라 부른 일종의 불안증이 하나의 매체나 예술을 사랑한 사람들에게 존재할 수도 있다. 디지털 이미지의 탄생 앞에서 어떤 향수적이고 우울적 태도가 존재하고 있음은 부인할 수 없는 사실이다. 그런데 다시 영화란 무엇인가라는 질문을 던졌던 바쟁의 명제로 돌아가서 살펴보면 조금은 다른 시각을 발견할 수 있다. 바쟁이 찬미했던 몇몇 미국 영화(존 포드, 오슨 웰스, 윌리엄 와일러, 다양한 장르 영화), 그리고 프랑스 영화(장 르누아르, 로베르 브레송)들의 리얼리즘은 반드시 지표적 의미의 사진적 특성과는 상관이 없고 박성수의 용어를 사용한다면 매체가 주는 그 불투명성과 밀접히 연관되어 있다. 그런데 이 불투명성은 영화가 주는 영화적 디에제시스diégésis적 공간의 매력, 그리고 그 공간 속에 드러나는 상상계와 현실계의 미묘한 놀이 속에 존재한다. 초기 영화사 연구자들이 입증하듯이, 19세기 다양한 장치들의 특성은 영화의 사진적 속성에 방점이 찍혀 있기보다는 영화의 운동 환영의 매력 속에 그 중심이 놓여져 있기 때문이기도 하다.

이 질문은 바쟁의 영화론에 부재하는 애니메이션, 즉 영화학자와 비평가들 사이에서 오랫동안 부재해 왔던 질문들을 요청하고 있기도 하다.[9] 애니메이션에 대한 거부감은 시네필의 전통 속에 강하게 뿌리박혀 있는 애니메이션 상상력에 대한 거부감(크리스 마커Chris Maker), 혹은 장치이론가들의 의도적인 배제 속에 존재하는 이분법적 대립에 현재하고 있다. 여기에서 조심스럽게 애니메이션 이미지에 대한 피에르 에베르Pierre Hébert의 주장을 살펴볼 필요가 있다. 그는 현실에 대한 아날로지의 외관을 산출해야만 하는 억압과 강박관념에서 해방되어 현실계의 기록이라는 영화적 리얼리즘과는 다른 무한한 새로운 가능성을 드러내고 있다면서 애니메이션의 중요성을 강조하고 있다. 그에 따르면, 애니메이션 이미지 자체는 화면에 투사될 때만 존재하는 것이고, 그에 따라 지시체le référent 자체가 그 자체에만 존재한다. 그리고 자연적 연관성과 상관없는 완전한 구성적 세계를 드러낸다.

영화와 애니메이션의 관계에 대한 에베르의 질문으로부터 디지털 현대 이미지의 탄생에 대한 딕 토마소빅Dick Tomasovic의 대답은 또 다른 질문을 이끌어 낸다. 그의 의문의 근본 전제는 일견 현실과 어떠한 외관적 차원의 닮음과 관계 없이 순수 환영의 세계를 보여 주고, 그러한 지시체 자체가 그 자체로 생성된 허구적 세계 속에 존재한다고 할지라도 하나의 매체가 드러내고자 하는 지시체적 세계는 필연적으로 매체의 특성을 야기시키는 관계적 구조들을 전제하고 있다는 것이다. 영화의 아날로그적 이미지의 특성이 사진 재현 구조와 밀접히 연관되어

---

9  사진적 현실에 기반한 영화의 기원론에 반대해 현대적 디지털 현상을 이해하는 출발점으로서 애니메이션을 그 근본적인 출발점으로 삼아야 함을 주장하는 저서는 다음과 같다. Pierre Hébert, *L'Ange et l'Automate*, Laval: Les 400 coups, 1999.

있다는 것이 즉시, 영화적 환영이 만들어 내는 지시체적 세계가 현실의 재현 원리에 한계되어 있음을 의미하지는 않는다. 역으로 이러한 디지 딜 이미지들이 아날로그적 방식을 넘어섰다고 할지라도 그것의 지시 체적 관계가 아날로그가 지시하는 현실계와의 관계를 상실하는 것이 아니라, 지시체 자체의 구성 법칙인 현실계와 상상계 사이의 결합 방식 의 변화가 어떤 구조인지를 지속적으로 질문하는 것이 중요하다는 것이다.[10]

그런데 특수효과에 기반을 둔 새로운 SF영화와 액션영화들의 경향에 대해, 그러한 영화들을 지시체의 강박에서 해방된 초기 영화들의 절대적 환영의 신화를 구현하고 있다고 이야기할 수 있을까? 또한 새로운 영화의 패러다임을 열고 있는 것으로서 사유할 수 있을까? 이러한 입장들은 단순하고 동시에 맹점이 존재한다. 70년대 조지 루카스George Lucas의 〈스타워즈〉 시리즈에서 시작되어 더욱 정교화되는 특수효과 중심의 영화들을 SF적 상상력을 통한 미래사회에 대한 새로운 해석과 비전으로 이해할 수도 있다. 하지만 이러한 영화들은 우선 70년대 이후 영화의 블록버스터를 중심으로 형성되는 미국 할리우드 세계 전략의 상업적 기획과 밀접히 연관되어 있다. 이러한 의미에서 70년대 이후 디지털 매체에 의해 가속화되는 일군의 할리우드 영화를 네오바로크적 시각에서 분석하면서 안젤라 느달리아니스Angela Ndalianis가 이러한 영화들을 바로크적 시대의 신을 대치한 자리에 새로운 테크놀로지의 신

---

10  Dick Tomasovic, "Ré-animer l'histoire du cinéma (quand l'animation explore le cinématographe)", in *Cinémas,* vol 14, n° 2-3, *Histoires croisées des images*, Montréa l: Automne, 2003, p. 131.

의 등장으로 규정하는 것은 오히려 설득력이 있다. 어떤 의미에서 과거의 유령이 다시 귀환하여 출몰하고 있다. 17세기의 바로크는 신교의 등장으로 비롯된 교황권과 신권의 몰락으로부터 그 권위를 회복하기 위해 죽음과 삶이 극단적으로 대비되는 드라마틱한 형식으로서 수립된 예술 형식이다. 이러한 해석이 대단히 일면적일 위험성을 지니고 있다 하더라도, 이러한 의도가 정치적·경제적 하부구조를 이루고 있었다는 것은 바로크 예술 해석에 있어서 부인할 수 없는 사실이다. 할리우드에 등장하는 이러한 새로운 영화들이 한편으로는 서부영화로 대표되는 미국 공동체 신화의 종말과 위기를 블록버스터 중심의 영화들을 통해 잃어버린 제국의 영광을 되찾으려는 미국 자본주의의 위기 그리고 그 강박과 연관되어 있음은 부인할 수 없다. 바로크적 신을 대신하여 테크놀로지 자체가 새로운 신으로 등장하는 미국 영화의 강박, 이것을 바로크 예술 전문가 느달리아니스는 네오바로크주의라 명명하고 있다.[11]

제임스 카메론James Cameron의 〈터미네이터 1〉과 〈터미네이터 2〉, 알렉스 프로야스Alex Proyas의 〈다크 시티〉, 사이먼 웨스트Simon West의 〈툼 레이더〉, 얀 드봉Jan De Bont의 〈툼 레이더 2〉, 워쇼스키 형제Andy Wachowski, Larry Wachowsi의 〈매트릭스〉 시리즈 등으로 이어지는 현대 미국 할리우드 영화 분석은 좀 더 섬세한 시선이 요구된다. 여기에는 미국 만화의 전통과 일본 애니메이션 상상력의 결합, 그리고 비디오게임 등 새로운 관객 수용 방식의 변이들에 대한 좀 더 구체적이고 다양한 분석과 관점의 이해와 해석이 필요하다. 이러한 영화들은 영화적 매체

---

11  Angela Ndalianis, "Le Baroque 'rechargé'", in *De Tron à Matrix, Actes du colloque des 2,3 et 4 février 2004* à la Cinémathèque de Toulouse, Ludovic Graillat, 2006.

성의 변화를 표지하고 있는 사건인 동시에, 판타지적 장르의 상상력과 지시적 세계에 대한 해석과 분석이 영화 연구에 있어서 더욱 정교하고 세밀하게 요구된다. 그럼에도 불구하고 마이클 베이Michael Bay의 〈더 록〉이 상징적으로 보여 주듯이 초연결사회의 관객이 하나의 스펙터클에 몰입하고자 하는 욕망이 일종의 속도강박증과 밀접히 연관되어 있다고 생각하는 것은 너무 성급하다고 할 수 있을까?

또 다른 질문이 존재한다. 그것은 영화에서 애니메이션이 특정한 포즈들의 연속이라는 관점에서 제기되기보다는 운동 자체 속에 놓인 가시적인 것le visible과 비가시적인 것l'invisible 사이의 역설을 드러내는 운동학적cinétique 탐구들로부터 현대 디지털 매체에 대한 이해를 영화와의 관계 속에서 사유할 필요성이 있다는 점이다. 들뢰즈의 임의의 순간들이란 개념의 중요성을 환기시키는 실험적인 애니메이터 노먼 맥라렌Norman McLaren의 〈블랭키티 블랭크Blinkity Blank〉(1955)는 판타지적 욕망만이 아닌 사진적 지표성이라는 문제로 환원되지 않는 시각적 장치의 섬세하고 미세한 운동 이미지의 가능성을 보여 주기 때문이다. 이 영화는 애니메이션을 그려진 이미지의 운동적 환영으로 해석하는 우리의 방식과 달리, 애니메이션으로서의 영화에 대한 기존의 정의를 확장시키고 전복시키고 있다. 그리고 비르질 비트리히Virgil Widrich의 〈패스트 필름Fast Film〉(2003)의 실험영화(고다르의 〈영화사(들)〉을 상기시키는 작품)는 영화 기억이 보여 주는 연대기적이지 않은 영화적 형상의 변천과 운동의 그 다양성과 복합적인 흐름으로부터 디지털 이미지의 탄생을 다시 사유하도록 제안하고 있다.

# 상호행위성에 대하여

전통적인 영화 일반사가 기술하는 무성에서 유성으로의 변화, 이러한 흐름에서 영화의 모방자로서 TV의 탄생, 또한 그 대항으로서 시네마 스코프의 탄생, 그리고 VTR과 DVD의 탄생, 지금의 컴퓨터 시스템을 기반으로 하는 디지털 미디어의 탄생 등, 20세기 현란한 매체의 변천사를 우리는 언뜻 인과론적 맥락 속에서 바라보지만, 실제로 이러한 매체의 변천사는 대단히 복잡하고 인과론적이지 않다. 왜냐하면 컴퓨터는 군사적 목적에서 기원하고 있으며, TV의 아버지는 영화이기보다는 라디오일 수 있으며, 또한 현대 매체의 변화들은 리모콘·워크맨·VTR의 되돌림과 가속 기능 등 대단히 탈인과적인 흐름들의 얽히고설킨 이상한 혈연관계 속에 있기 때문이다.

초연결시대에 제기된 매체의 변화로부터 영화가 어떻게 변화될 것인가의 문제는, 지금 시점에서는 해결 불가능한 질문이자 답변이다. 하지만 여기서 몇 가지 기본적인 원칙을 제안하면서 초연결시대를 바라보는 산업론적 과잉 해석을 경계하고자 한다. 각 매체들은 그 자신의 특유한 허구적 시공간을 창출한다. 실제로 영화가 TV의 아버지라고 가정한다면, 지금의 TV 프로그램 속에 나타나는 토크쇼나 뉴스, 대담 프로그램 등은 우리가 영화 매체에서 예상치 못한 TV 매체 자체의 시공간적 구성 능력이 지니는 특이성에 기반하고 있고, 특유의 소통 형식과 쾌락을 창출하였다. 이러한 의미에서 각 매체의 존재 양태는 관객 혹은 시청자가 각 매체의 기술적 장치와 어떻게 경험을 연결시키는가의 문제와 함께 구성된다. 60년대와 70년대의 구조적 유물론적 영화이론들이 주장했던 내러티브에서 해방된 영화론, 그리고 디지털 이미지의 탄생으로부터 새로운 영화의 가능성으로 논의되는 상호행위성이나 가상현실이란 의미 속에서 또 다시 제기되는 내러티브로부터 해방된 영화론은 매체가 상업적으로 이념화하는 유토피아적 환상을 반복하고 있다. 이 논의는 이미 밝혔듯이 내러티브와 매체의 감성적 가능성들을 대립적인 시각에서 바라본다는 점에서 그 한계를 노출하고 있다.

실제로 완전한 투명성이란 강박 하에 80년대부터 등장하는 할리우드 영화들의 특성에는 세르주 다네Serge Daney가 미국 영화의 강박증의 한 유형으로 제시하는 속도의 자동운동이 존재한다.[12] 미국 만화에서 새로운 영웅의 재등장으로부터 이 영웅들은 특수효과라는 뉴테크놀로지에 의해 새로운 장비와 무기를 갖추고 나타났다. 그리고 끊임없이 관객의 육체적 아드레날린을 자극하면서 내러티브로부터 해방된 말 그대로 충격의 영화들을 구현하고 있다. 이러한 문화의 다양한 잡종화 현상에는 그 자체 단순히 문화적 패티시와 패러디의 이종적·잡종적 결합만으로 설명될 수 없는 매체의 다양한 테크놀로지들의 실천과 동시에 그것에 길들여진 수용 습관(예를 들면 리모콘과 이러한 리모콘의 등장과 함께하는 프로그램 방식의 재편성과 광고 방식의 변화 등) 등의 문제와 함께 제기되는 복합적인 과정이 존재한다.

사용자와 소프트웨어 사이, 관객의 공간과 스크린 공간 사이에 형성되는 접촉을 형성케 하는 메타적 공간을 인터페이스라고 한다면, 여기서 작용하는 상호행위성, 혹은 능동성이란 의미는 실제로는 어떤 허구적 공간을 전제하고 있다. 허구fiction는 동전의 앞뒷면으로 진리와 거짓, 존재론적인 것과 이데올로기적인 것이 분리불가능한 상태 속으로

---

12  Serge Daney, *L'exercice a été profitable, Monsieur*, Paris: P.O.L., 1993.

관객 혹은 수용자를 그 시공간으로 이끌고 있다. 어떻게 이 허구적 공간이 존재하는가에 대해 토마스 엘세서가 디에제시스 개념을 공간/시간/정책/주관적 구성의 상호 연관된 형식으로 제안하면서 현대 매체 분석의 중요한 틀거리로 제시하는 것은 이러한 의미에서 흥미로운 작업이다.[13] 그의 디지털 매체 해석의 사유에 대한 자세한 이론적 해석과 소개는 이후 초연결시대 성찰의 새로운 과제이기도 하다. 구체적으로 세세한 논증과 해명, 즉 초연결시대 매체의 관객과 매체 사이의 구현 양태에 대한 이론적인 설명이 이 연구에 여전히 결핍 부분임을 인정하면서, 다음 연구를 통해 보강할 것을 약속하며 이 글을 마치고자 한다.

---

13  Thomas Elsaesser, "The New Film History as Media Archaeology". in *Cinémas*, vol 14, n° 2-3, *Histoires croisées des images*, Montréal: Automne, 2003.

## 참고문헌

김건, 《디지털 시대의 영화 산업》, 삼성경제연구소, 2006.

김상환 외, 《매체의 철학》, 나남출판, 1998.

박성수, 《디지털 영화의 미학》, 문화과학사, 2001.

하이데거, 마르틴, 《예술작품의 근원》, 오병남 · 민형원 옮김, 예전사, 1996.

André Bazin, *Qu'est-ce que le cinéma*, Paris: cerf, 1997.

Angela Ndalianis, "Le Baroque 'rechargé'", in *De Tron à Matrix*, Actes du colloque des 2, 3 et 4 février 2004 à la Cinémathèque de Toulouse, Ludovic Graillat, 2006.

Dick Tomasovic, "Ré-animer l'histoire du cinéma (quand l'animation explore le cinématographe)", in *Cinémas,* vol 14, n° 2-3, *Histoires croisées des images*, Montréal: Automne 2003.

Friedrich A. Kittler, *Gramophone, Film, Typewriter*, Stanford: Stanford University Press, 1999.

Gilles Deleuze, *L'image-mouvement*, Minuit, 1983.

Jan Holmberg, "Ideals of Immersion in Early Cinema", in *Cinémas*, vol 14, n° 1, *Dispositif (s) du cinéma*, Montréal: Automne 2003.

Jonathan Crary, *Techniques of the Observer: On vision and modernity in the nineteenth Century*, Cambridge/London: MIT Press, 1991.

Max Milner, *La Fantasmagorie*, Paris: PUF, 1982.

Pierre Hébert, *L'Ange et l'Automate*, Laval: Les 400 coups, 1999.

Serge Daney, *L'exercice a été profitable, Monsieur*, Paris: P.O.L., 1993.

Tom Gunning, "Fantasmagorie et fabrication de l'illusion: pour une culture optique du dispositif cinématographique", in *Cinémas–Dispositif(s) du Cinéma (Des Premiers Temps)*, Revue d'Etudes Cinématographiques, Automne 2003, pp. 67-89.

Thomas Elsaesser, "The New Film History as Media Archaeology", in *Cinémas*, vol 14, n° 2-3, *Histoires croisées des images*, Montréal: Automne 2003.

# 포스트시네마 혹은 영화의 재배치

차민철

이 글은 2020년 대한민국 교육부와 한국연구재단의 지원(NRF—2020S1A5B8102066)을 받아 수행된 연구로, '강원대학교 인문과학연구소 인문사회연구소지원사업 2021 국내학술대회'(2021. 01. 29.) 발표 논문과 《인문과학연구》 제69집(2021. 06. 30)에 게재된 글을 수정 · 보완한 것이다.

# | 영화[1]의 소멸 혹은 재생?

이 글을 쓰기 시작하면서 당혹스러운, 아니 어쩌면 이미 불길한 기운을 느끼면서 어느 정도 예상하던 뉴스를 접했다. 2021년 1월 13일, 올해로 20회를 맞는 '미장센단편영화제'가 기존 형식의 영화제를 종료하기로 발표한 것이다. 2020년 12월 31일 '인디다큐페스티발' 집행위원회가 '인디다큐페스티발 영화제 및 사무국 운영 잠정 중단 안내'를 알린 직후라 2020년부터 확산하고 있는 영화제의 위기와 그 결과가 가시화되고 있음을 피부로 느낄 수 있었다. 이 밖에도 KT&G의 예술영화전용관 '상상마당' 일시 운영 중단, 'CGV 아트하우스' 운영 조직 해체 소문 등 일련의 소식들은 영화계가 직면하고 있는 총체적 위기를 직감하게 해 준다. 영화진흥위원회가 2020년 12월 14일 발행한 《코로나19 충격 : 2020년 한국 영화산업 가결산》을 보면 위기감은 더욱 고조된다.

〈표 1〉에서 확인할 수 있듯이 콘텐츠기업주가지수CONSPI에 있어 영화산업의 피해 회복 정도는 -18.1퍼센트로 음악, 방송, 애니메이션·캐릭터, 게임, 광고, 출판, 지식정보 등 총 8개 세부 분야 중 두 번째로 낮은 회복세를 보이고 있다. 이러한 현상은 장기간 지속되는 팬데믹 상황에서, 제작과 수용 측면에서 비대면 방식의 활용이 상대적으로 용이한 게임·출판·지식정보 분야와 달리, 대면 방식의 제작이 필수적이고 수용에 있어서도 아직은 비대면 방식이 일정 부분 한계를 지니고 있는 영

---

1  이 글에서 영화 매체와 영화 시스템 전반을 구성하는 '체제regime'로서의 영화는 '시네마'로, 개별 작품으로서의 영화 및 일반적 의미의 영화는 '영화'로 표기하며, 셀룰로이드로 만들어진 물질로서의 필름은 '필름'으로 표기한다.

**〈표 1〉 코로나 첫 확진자 발생 시기 대비 피해 회복 정도**

| | 91.5 |
| 36.3 | |
| 5.3 | |
| 음악 | 방송 | 영화 | 애니/캐릭터 | 게임 | 광고 | 출판 | 지식정보 |
| -3.8 | -9.2 | -18.1 | -25.3 | | -14.9 | | |

※ 코로나 첫 확진자 발생일(2020년 1월 20일) 대비 2020년 8월 28일 기준 증감률(%)
출처: 영화진흥위원회, KOFIC 이슈페이퍼 2020-10《코로나19 충격 : 2020년 한국 영화산업 가결산》, 5쪽.

화의 특성으로 인한 것이라 할 수 있다.

영화산업의 피해 정도는 상영관을 찾은 관객 수 추이를 보면 더욱 분명해진다. 2020년 한 해 동안 영화를 보기 위해 극장을 찾은 관객은 약 6천만 명으로, 이는 역대 최고를 기록했던 2019년 2억 2,668만 명 대비 73.7퍼센트가 감소한 것이다. 〈표 2〉에서 나타난 결과는 영화의 수용 측면에서 기존 상영관 시스템의 위기를 극명하게 보여 준다.

반면, 최근 급부상하고 있는 OTTOver-the-top Media Service의 국내 시장 규모와 이용자 수는 〈표 3〉에서 확인할 수 있는 것처럼 지속적인 성장세를 보이고 있다. 오랜 기간 지속되는 코로나19 팬데믹 상황으로 인해 극장 개봉 대신 OTT 플랫폼의 선두주자라 할 수 있는 넷플릭스Netflix 공개(개봉?)를 선택한 국내외 영화들이 줄을 잇고 있다. 하지만 영화 및 각종 영상 콘텐츠 제작과 유통 분야에서 헤게모니를 장악하면서 이른

**〈표 2〉 2020년 극장 관객 수 추이**

출처: 영화진흥위원회, KOFIC 이슈페이퍼 2020-10 《코로나19 충격 : 2020년 한국 영화산업 가결산》, 8쪽.

**〈표 3〉 국내 OTT 시장 규모 및 이용률 추이**

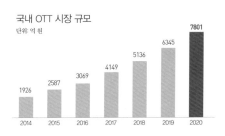

출처: 영화진흥위원회, KOFIC 이슈페이퍼 2020-10 《코로나19 충격 : 2020년 한국 영화산업 가결산》, 13쪽.

바 'OTT 빅뱅'을 예고하고 있는 OTT 분야에도 장기적 팬데믹으로 인한 영화 제작 지연, 중단 및 취소는 결국 부메랑이 되어 돌아갈 것이라는 전망도 있다.

국내외 유수 영화제들의 연기·취소·온라인 전환·폐지, 영화 제작 상황의 악화로 인한 영화산업 침체, 극장 시스템 붕괴 등 코로나19 가 시작된 2020년 초부터 영화 각 분야에서의 위기는 가속화되고 있다. 그리고 이러한 위기 상황을 극복하기 위한 다양한 논의들이 계속되고 있다. 특히, 제작과 유통이라는 현장 관점의 논의들은 그 어느 때보다 활발한 것으로 보인다. 온라인과 오프라인 병행을 통한 공존, 언택트untact를 넘어 온택트ontact로, 이른바 포스트코로나 시대의 뉴노멀 new normal은 사회 모든 분야에서 논의의 중심이 되어 버렸다. 그렇다면 영화 영역에서 과연 새로운 표준을 만드는 것은 가능할까? 기존 시네마의 존속 가능성은 있을까? 영화는 '커넥티드 디지털 컴퓨팅 인터랙티브 버추얼 알고리드믹 뉴미디어connected digital computing interactive virtual algorithmic new media'[2]의 강력한 자장 안에서 소멸할 것인가? 혹은 새로운 모습으로 재탄생할 것인가?


## | 디지털 시네마, 뉴미디어 시네마, 그리고 포스트시네마 |

위에서 언급한 영화 분야에 들이닥친 위기는 영화 제작 방식에 디지털 기술이 도입된 1980년대 후반, 1990년대부터 급속도로 발전하기 시작한 인터넷 초고속 정보통신기술과 2000년대를 기점으로 영화 및 문화예술 전반에서 창작과 수용 메커니즘을 재편해 온 뉴미디어 시대의 개막과 더불어 전개된 기존 시네마의 지각변동과 연장선에 있다고 할 수

---

2  이 용어는 ICT 기반 뉴테크놀로지 발전에 따라 급변하는 뉴미디어 맥락에 관한 필자의 주관적 개념을 열거한 것이다.

있다. 물론, 현재 진행 중인 영화의 위기 상황이 뉴미디어 생태계에서 시네마의 존재 혹은 위치라는 포괄적 문제의식과는 다른 차원에서 작동하고 있는 것은 분명해 보인다. 즉, 현재의 위기 상황이 산업적·경제적·실천적 측면에 무게중심을 두고 있다면, 1980년대 이후 제기된 영화에 관한 존재론적·인식론적·현상학적 문제는 실천적 관점은 물론 미학적·인문사회학적·담론적 차원에서 상대적으로 오랜 기간 심화한 논의의 대상이 되어 온 것이 사실이다.

그럼에도 불구하고, 2020년 전 세계를 강타한 코로나19 팬데믹은 디지털 시네마digital cinema, 혹은 뉴미디어 시네마new media cinema, 나아가 이 글의 키워드인 포스트시네마post-cinema로 이어지는 담론의 변화에 있어 강력한 촉발제가 된 것은 분명해 보인다. 2020년 9월 온라인 출간된《포스트시네마: 포스트아트 시대의 영화Post-cinema: Cinema in the Post-art Era》의 편저자들은 서문에서 현재 상황을 진단하면서 포스트시네마에 관한 문제의식을 제시한다.

공교롭게도 이 책을 준비하는 동안 모든 국가와 커뮤니티에 영향을 미친 공공보건 비상사태가 발생했고 그것은 우리 삶에서 '가내화된 domesticated' 스크린 미디어의 역할에 관해 다시 한 번 큰 관심을 기울이도록 해 주었다. 또한, 최근 공공 문화 활동의 중단은 현대 미디어 환경에서 영화와 시네마의 존재에 관한 새로운 인식을 요구한다. 따라서 이 책이 통속적인 영어 표현으로 '방 안의 코끼리the elephant in the room' 라고 불리는 피할 수 없는 어려운 문제를 다루는 것은 시의적절한 것 같다. 우리는 진정 '포스트시네마' 시대에 접어든 것일까? 한 세기 이상 동의어로 간주하여 온 영화와 시네마에 의해 형성된 개념들과 이론들의 의미는 무엇일까?[3]

한 가지 주목할 점은 디지털 시네마, 뉴미디어 시네마, 포스트시네마로 이어지는 담론이 통시적 맥락의 선형적 흐름이 아니라는 점이다. 디지털 시네마에 관한 연구는 여전히 진행 중이고, 뉴미디어 시네마는 한층 더 심화한 논의를 이어 가고 있으며, 이제 막 본격적인 궤도에 진입한 포스트시네마 개념은 디지털 시네마와 뉴미디어 시네마에 관한 연구로부터 자양분을 흡수하면서 담론의 확장성과 유연성을 강화하고 있다.

우선, 디지털 시네마는 셀룰로이드 필름 기반의 시네마가 디지털로 대체되는 물적 기반의 변화, 즉 '포스트필르믹post-filmic'이라 규정할 만한 시네마 구성체의 물적 변화로부터 제기된 개념이라고 할 수 있다. 정헌은 《영화 역사와 미학》(2013)에서 1980년대 영화 제작 분야에서 컴퓨터 합성 이미지의 활용이 시작되면서 디지털 시네마 개념이 제시되었으며, 그 개념은 여전히 완결되지 않은 채 진행 중이라고 주장한다.[4] 영화 제작 분야에서의 실천적 현상으로 시작된 디지털 시네마 개념은 프리 프로덕션, 프로덕션, 포스트프로덕션을 포함하는 영화의 전 제작 과정은 물론 배급, 상영, 수용, 마케팅 및 영화 연구와 비평에 이르는 모든 프로세스에서의 디지털화로 이어지는 포괄적 현상이라고 할 수 있다. 디지털 시네마에서 디지털은 셀룰로이드 필름의 대체물을 넘어서는, 인터넷 네트워크 및 ICT 뉴테크놀로지를 포괄하는 개념으로

---

3  Dominique Chateau & José Moure (Eds.), *Post-cinema: Cinema in the Post-art Era*, Amsterdam: Amsterdam University Press, 2020, p. 9.

4  정헌, 《영화 역사와 미학》, 커뮤니케이션북스, 2013, 131쪽.

인식해야 한다. 따라서 디지털 시네마 개념은 뉴미디어 시네마와 포스트시네마 개념과 연관되는 여전히 유효한 개념이라고 할 수 있다.

데이비드 노먼 로도윅David Norman Rodowick은 《디지털 영화 미학The Virtual Life of Film》(2007)[5]에서 "결국 시네마 연구는 필름의 지속성, 다른 영상 매체들과의 관계, 현대 시각문화 연구와의 연관성 등에 관하여 자체 점검의 시기를 지나고 있다"[6]고 진단한다. 로도윅은 디지털 테크놀로지가 촉발하는 시네마의 총체적 변화를 인문학적 관점에서 이해하고 분석함으로써 1950년대를 기점으로 앙드레 바쟁André Bazin의 '사진적 이미지의 존재론Ontologie de l'image photographique'[7]에 기초한 리얼리즘에 뿌리를 두고 있는 기존 영화 연구의 탈경계, 전환, 확장의 필요성을 주장한다. 하지만 아래 인용문에서 볼 수 있듯이, 로도윅은 스스로 시네마 세대에 속한다는 주관적 입장을 표명하면서 필름 시대는 끝났지만 시네마의 역사는 지속할 것이라는 낙관적 전망을 포기하지는 않는다.

나는 여전히 극장에서 상영되는 35mm 필름 이미지를 사랑하고 그리워한다. 그러나 나는 필름에 대한 나의 사랑과 향수가 돌이킬 수 없이 사라져 버렸다는 사실을 깨달았다. 사실 이 경험은 여러 해 동안 진행되어 왔다. 이 책을 쓰고자 하는 나의 욕구와 필요는 여기서 시작되었다. … 필름은 사라질지언정 시네마는 계속된다. 적어도 1915년 이

5 David Norman Rodowick, *The Virtual Life of Film*, Cambridge, Massachusetts; London, England: Harvard University Press, 2007.

6 데이비드 노먼 로도윅, 《디지털 영화 미학》, 정헌 옮김, 커뮤니케이션북스, 2012, xv쪽.

7 André Bazin, *Qu'est-ce que le cinéma? (1958)*, Paris: Ed. du Cerf, Coll. le 7ème art, 1990, pp. 9-17.

래 할리우드에 의해 구상된 내러티브 형식들 속에서."[8]

로도윅은 "시네마 예술의 연속선상에서 디지털 혁명의 역사적 과정을 신중히 지켜보는 균형적 입장"[9]을 취하고 있는 것이다. 로도윅의 저서의 원어 제목 'The Virtual Life of Film'을 직역하면 '필름의 가상적 삶'으로, 시네마 시스템을 기반으로 하는 영화에 관한 로도윅의 관점을 짐작해 볼 수 있다. 반면, 국내에 번역 출간된 로도윅의 책은《디지털 영화 미학》이라는 상당히 의역된 제목으로, 디지털 시네마를 뉴미디어 시네마 그리고 포스트시네마로 이어지는 담론의 흐름을 파악하기 위한 기본 개념이자 포괄적 현상으로 인식하고 있음을 유추해 볼 수 있다.

한편, '뉴미디어 시네마'라는 개념과 용어는 학계에서 공식적으로 통용되는 것은 아니지만, 뉴미디어와 시네마의 상호참조적 연구들에서 확인할 수 있다. 예컨대, 레프 마노비치Lev Manovich는《뉴미디어의 언어The Language of New Media》(2001) 중 〈뉴미디어로서의 시네마Cinema as New Media〉라는 제목의 장에서 뉴미디어의 특성을 영화사적 맥락에서 분석하고 있다.

하지만 시네마는 시작부터 샘플링sampling, 즉 시간의 샘플링에 기초한 것이었다. 시네마는 시간을 1초에 24번 샘플링했다. 따라서 영화는 뉴미디어가 되기 위한 준비를 하고 있었다고 말할 수 있다.[10]

---

8  데이비드 노먼 로도윅,《디지털 영화 미학》, xii-xv쪽.

9  정헌,《영화 역사와 미학》, 138쪽.

10  Lev Manovich, *The Language of New Media*, Cambridge, Massachusetts; London,

마노비치의 관점에 따르면, 뉴미디어는 아날로그 미디어가 '디지털 재현digital representation'으로 전환된 것이며, 아날로그 미디어가 '연속적continuous'인 데 비해 디지털 인코딩된 뉴미디어는 '이산적discrete'이다. 따라서 시네마는 이미 시간의 샘플링을 통해 태생적인 '이산성the discrete'을 지닌 뉴미디어였으며, 디지털 시네마는 시네마의 '이산적 재현discrete representation'을 기계적 프로세스를 통해 '정량화quantify'한 것에 다름 아니다.[11] 시네마는 시간성이라는 개념의 탈경계, 전환, 확장을 통해 19세기 미디어의 연속성을 20세기 미디어의 이산성으로 전환한 뉴미디어의 원형이라고 할 수 있다. 마노비치가 뉴미디어에 관한 논의를 전개함에 있어, 시네마에 관한 인식론적 개념과 영화사적 맥락의 관점에서 출발하고 있음은 사실이지만 그에게 시네마는 '원래부터 현대적 멀티미디어original modern multimedia'[12]에 다름 아니었다. 뉴미디어 관점에서 시네마를 재정의하고자 하는 마노비치는 디지털 시네마를 다음의 공식으로 설명하고 있다.

디지털 영화 = 라이브 액션 재료＋컴퓨터 페인팅＋이미지 프로세싱＋합성＋2D 컴퓨터 애니메이션＋3D 컴퓨터 애니메이션[13]

England: MIT Press, 2001, p. 50.

11   Ibid., p. 50.

12   Ibid., p. 51.

13   'digital film = live action material + painting + image processing + compositing + 2-D computer animation + 3-D computer animation' - Ibid., p. 301.

마노비치는 뉴미디어로서의 시네마라는 인식론을 바탕으로 시네마의 역사에 관한 보다 급진적인 관점을 제시한다. 즉, 시네마의 원형이었던 애니메이션은 '실사實寫영화'라고 불리는 라이브 액션live action 필름에 주도권을 넘겨주면서 시네마 영역에서 주변화되어 왔지만, 디지털 시네마로의 전환 이후 라이브 액션 필름은 다시 그 주도권을 상실한 채 디지털 시네마를 구성하는 재료로 전락했다는 것이다. 따라서 라이브 액션 필름은 디지털 시네마 안에서 최종적으로 애니메이션 형식으로 통합될 뿐이다. 마노비치의 논의의 핵심은, 결국 '애니메이션에서 시네마로From Animation to Cinema'[14]의 과정을 지나 컴퓨터 애니메이션으로 '재정의된 시네마Cinema Redefined'[15]로 재탄생한 디지털 시네마의 작동 원리는 '재매개 장치remediation machine'로서의 컴퓨터를 '메타미디엄metamedium'으로 기능하도록 하는 소프트웨어라는 것이다. 여기서 '재매개remediation'는 제이 데이비드 볼터Jay David Bolter와 리처드 그루신Richard Grusin의 이론에서 차용한 개념으로 '하나의 미디엄이 다른 미디엄 안에서 재현됨'[16]을 의미한다. 나아가 마노비치는 앨런 케이Alan Kay와 아델 골드버그Adele Goldberg가 논문 〈역동적 개인 미디어Personal Dynamic Media〉(1977)에서 '이미 존재하지만 아직 발명되지 않은 일련의 미디어'[17]라고 규정한 '메타미디엄'으로서의 '컴퓨테이셔널 미디어

---

14  Ibid., p. 298.

15  Ibid., p. 300.

16  Jay Bolter & Richard Grusin, *Remediation: Understanding New Media*, Cambridge, Massachusetts: MIT Press, 2000, p. 45, quoted in Lev Manovich, *Software Takes Command*, New York: Bloomsbury Academic, 2013, p. 59.

17  Alan Kay & Adele Goldberg, "Personal Dynamic Media", in Nick Montfort & Noah Wardrip-Fruin (Eds.), *The New Media Reader*, Cambridge, Massachusetts: MIT Press,

computational media[18]의 예술적·문화적 확장성을 언급한다. 즉, 소프트웨어에 의해 메타미디엄의 지위를 획득한 컴퓨터 시스템은 시네마를 재매개함으로써 뉴미디어로서의 지위를 강화하게 되는 것이다.

뉴미디어 시네마에 관한 국내 연구 중 김무규의《뉴미디어 영화론: 수용에서 수행으로》(2017)는 독일 사회학자 니클라스 루만Niklas Luhmann에 의해 정립된 '사회현상의 총체적 설명을 시도하는'[19] 인식론적 방법론으로서의 체계이론System Theory 관점에서 뉴미디어 연구의 새로운 방향을 제시하고 있다. 루만은 프리츠 하이더Fritz Heider의 논문 〈사물과 매체Ding und Medium〉(1923)[20]에서 착안하여 '매체medium'와 '형식form'을 구별하고 있는데, 매체는 매개하는 것이고 형식(사물)은 매개되는 것이다.[21] 김무규는 디지털 영화를 형식으로, 뉴미디어를 매체로 구분하여 인식함으로써 '디지털 영화를 뉴미디어와 동일시하지 않고 영화에 디지털 기술이 도입되어 나타난 변화들 가운데 어떠한 유형의 변화를 뉴미디어라고 할 수 있을지 검토'[22]하기 위해 사례 분석을 시도하고 있다. 이러한 접근은 실증주의적 경험론에 대한 의존도가 높은

---

2003, p. 403 (Original Publication: *Computer* 10(3), March 1977, pp. 31-41), quoted in Ibid., p. 105.

18  Lev Manovich, Op. cit., 2013, p. 59.

19  김무규,《뉴미디어 영화론: 수용에서 수행으로》, 경진출판, 2017, 27쪽.

20  Fritz Heider, "Ding und Medium", [1923]; printed in *Symposion: Philosophische Zeitschrift für Forschung und Aussprache 1: 2*, Erlangen: Philosophische Akademie, 1926-1927, pp. 109-157.

21  정성훈, 〈디지털 시대, 확산매체와 성공매체 사이의 긴장〉,《인문학연구》제51집, 조선대학교 인문학연구원, 2016, 14쪽.

22  김무규,《뉴미디어 영화론: 수용에서 수행으로》, 29쪽.

기존 미디어 연구의 한계를 극복하고 주체가 객체를 인지한다는 인간 중심주의적 주체–객체 구도에서 탈피하기 위한 대안적 방법론으로 보인다. 이러한 관점은 최근 철학, 사회학, 인류학 등에서 활발한 논의가 전개되고 있는 사변적 실재론speculative realism, 객체지향 존재론object-oriented ontology, 행위자연결망이론actor-network theory, 포스트휴먼post-human 담론 등 이른바 존재론적 전회ontological turn라 불리는 사유와 담론의 전환의 맥락에 닿아 있다고 할 수 있다. 김무규는 체계이론적 미디어 개념을 바탕으로 20세기 중반 이후 구조주의 관점에 입각한 텍스트 분석 중심의 영화 연구의 한계를 벗어나고 미디어로서의 시네마에 관한 개념을 정립함으로써 뉴미디어 시대의 영화와 시네마에 관한 인식론적 지평을 확장하고 있다. 김무규는 핵심 명제로서 뉴미디어를 '새로운 미디어가 아니라 항상 새로워질 수 있는 미디어'[23]라고 규정하면서 '우연성contingency'과 '수행성performativity' 개념을 통해 논리를 전개하고 있다. 우연성 관점에서 뉴미디어는 '활용의 방향이 정해져 있지 않고 따라서 완결된 아웃풋, 즉 형식이 잡혀 있지 않은 미디어'이며, 수행성 관점에서 보자면 뉴미디어는 '정해져 있지 않은 만큼 무엇인가를 발생시킬 수 있는 가능성이 풍부한 미디어'다.[24] 또한, 기존 시네마가 '집중concentration'과 '몰입immersion'을 강화하면서 발전해 온 미디어라면, 뉴미디어는 '파편화fragmentation'와 '분산distraction'을 통해 새로운 잠재력을 발현하는 유동적 미디어라고 할 수 있다.

　디지털 시네마 혹은 뉴미디어 시네마라고 불리는 무엇인가는 현장은

---

[23]　김무규, 《뉴미디어 영화론: 수용에서 수행으로》, 6쪽.

[24]　김무규, 《뉴미디어 영화론: 수용에서 수행으로》, 35쪽.

물론, 학제적 연구의 대상이 되었으며 담론의 장에서 자리를 찾고 있다. 그것이 디지털 시네마든 아니면 뉴미디어 시네마든 영화를 구성해온 물적 기반의 변화는 주지의 사실이며, 나아가 영화라는 통합체를 구성해 온 사회문화적socio-cultural 양상의 총체적 변화로 확장되고 있다. 앞에서 언급한 연구들 이외에도 많은 연구자들이 영화의 현재 위치와 미래에 관해 다양한 관점의 논의를 이어 나가고 있다. 기술적·산업적·경제적 관점의 연구를 논외로 하더라도, 2000년대 이후 디지털 시네마와 뉴미디어 시네마에 관한 영화 연구 및 미디어 이론과 미디어 기술 분야의 연구는 활발히 진행되어 왔다. 한마디로 시네마와 뉴미디어에 관한 담론의 각축장이 펼쳐지고 있다. 이제 디지털 시네마와 뉴미디어 시네마의 흐름에 이어 영화의 현 위치에 관한 또 다른 관점의 논의, 즉 '포스트시네마'라고 불리는 영화의 또 다른 스펙트럼으로 들어가 보자.

## 포스트시네마 관점과 영화의 재배치

'포스트시네마'라는 의미론적 모호성을 지닌 개념을 파악하기 위해, 우선 필름과 시네마를 아우르는 영화가 지닌 두 가지 속성, 즉 물적 지지체physical support로서의 매체medium와 커뮤니케이션 매개체로서의 미디어media에 관한 인식의 기준이 필요하다. 일반적으로 영문의 'medium'과 그 복수형에 해당하는 'media' 혹은 'mediums'는 우리말로 '매체' 혹은 '미디어'라고 혼용되어 표기된다. 하지만 미디어 연구 분야에서 medium, media, mediums는 좀 더 세밀한 구분을 필요로 한다. 이 구분에 관해 이탈리아 출신의 영화학자 프란체스코 카세티Francesco Casetti

는 매우 유효한 인식론적 근거를 제시한다.

미디어(혹은 매체)의 두 측면, 한편으로는 지지체support 또는 장치 device로서의 지위와 다른 한편으로 문화적 형식cultural form으로서의 지위는 일반적으로 밀접하게 연결되어 있다. 우리는 기술이 허용하는 방식으로 현실을 경험한다. 그러나 이 두 측면은 서로 구별되기 때문에 두 가지 다른 이름을 사용하는 것이 유용하다.[25]

카세티는 발터 벤야민Walter Benjamin의 '지각의 장치Apparat of perception' 와 '지각의 매체Medium of perception' 구분에서 출발하여, 로잘린드 E. 크라우스Rosalind Epstein Krauss의 '매체 특정성medium specificity'과 '매체 일반성medium generality'을 언급한다. 크라우스에 따르면, 'medium'은 '기술적 지지체technical support'로서의 '매체'이고, 'media'는 복수적 의미를 내포한 매체 일반에 해당하는 집합단수명사 '미디어'로 해석되며, 매체 고유성을 강조한 'mediums'는 '매체들'이라는 복수형으로 읽힐 수 있다. W. J. T. 미첼W. J. T. Mitchell과 마크 B. N. 핸슨Mark B. N. Hansen이 제시한 '기술 형식들technological forms'과 '매개 형식들forms of mediation'의 구분 역시 매체/미디어 개념 구분에서 유용한 프레임을 제공해 준다.

매체 특정성과 매체 일반성을 토대로 필름과 시네마의 매체성 혹은 미디어성을 포스트시네마 관점에서 분석하기 위해서는 좀 더 심화한

---

25 Francesco Casetti, "The Relocation of Cinema" (From *The Lumière Galaxy*, by Francesco Casetti. Copyright ©2015 Columbia University Press. Reprinted with permission of the publisher), in Shane Denson & Julia Leyda (Eds.), *Post-Cinema: Theorizing 21st-Century Film*, Falmer: REFRAME Books, 2016, p. 572.

논의가 필요하다. 신양섭은 매체 특정성을 이론적 출발점으로 하는 '포스트미디엄post-medium' 이론과 매체 일반성에 토대를 둔 '포스트미디어post-media' 이론 사이의 논쟁에 관해 유용한 논의를 제시하고 있다. 로잘린드 E. 크라우스, 클레멘트 그린버그Clement Greenberg로 대표되는 '포스트미디엄론'에서는 피터 바이벨Peter Weibel, 레프 마노비치 등이 주장하는 '포스트미디어론'에서 현재의 시네마를 '포스트미디어'로 규정하면서 매체 각각의 변별성과 고유성을 원론적으로 무시하는 것은 지나친 기술결정론technological determinism적 발상이라고 비판한다. '포스트미디엄론'은 매체 특정성, 즉 시네마 고유의 존재 방식은 미학적으로 성립될 수 있으며, 또 그래야만 한다는 당위성을 주장한다. 반면, '포스트미디어론'에서 시네마는 뉴미디어 생태계의 구성 요소 중 하나일 뿐 고유의 특정성은 존재하지 않는다고 주장한다. 두 이론 모두에서 환원론적 부정주의reductionist negativism의 한계를 지적한 신양섭은 포스트미디엄/포스트미디어의 이분법적 구분을 넘어서는 대안적 관점을 인식론epistemology, 존재론ontology, 인간학anthropology이라는 세 가지 철학적 입장을 통해 탐구한다.[26]

이 지점에서 카세티가 제시한 매체-미디엄-미디어와 연관된 대안적 개념, 즉 특정 형식을 취하는 '매개mediation'의 의미를 담고 있는 '단수명사로서의 미디어media'는 포스트미디엄/포스트미디어의 이분법적 구분과 두 입장의 환원론적 부정주의의 함정을 벗어날 수 있는 유용한 틀을 제공해 준다. 카세티의 미디어 개념에서 '매개'란 벤야민의 '장치', 크

---

26 신양섭, 〈포스트 미디어 개념의 논쟁적 지평들〉, 《PREVIEW: 디지털영상학술지》 Vol.16 No.2, 한국디지털영상학회, 2019, 57~82쪽.

라우스의 기술적 지지체로서의 '매체', 일반성의 '미디어'를 초월하는 개념이며, '특정 형식'은 미첼과 핸슨의 '기술 형식'과 '매개 형식' 모두를 포괄하는 것으로 우리의 경험을 구성하는 방식으로서의 '문화 형식cultural form'이다. 이제 우리는 급속도로 보편화된 다양한 뉴미디어 플랫폼과 디바이스들을 통해 기존 시네마 체제의 구성 요소를 벗어난 상황에서도 시네마적 경험을 하고 있다. 따라서 "미디어를 특징짓는 경험 유형이 전통적인 물질적 기반의 완전한 존재 없이도 재활성화될 수 있는 오늘날 이 구별은 특히 중요해지고 있다."[27] 카세티의 유연한 미디어 개념은 미디어 컨버전스mdeia convergence 맥락에서 새로운 방향을 탐색하고 있는 영화의 현재 위치를 파악하기 위한 '시네마의 재배치relocation of cinema' 문제로 이어진다.

한편으로, 재배치는 경험의 역할을 강조한다. 존재하는 매체는 특정한 유형의 보기watching, 듣기listening, 주의집중attention, 감각sensibility에 의해 규정된다. 따라서 매체의 연속성continuity을 보장하는 것은 물리적 측면의 영속성permanence이 아니라 보고 듣고 감각하는 방식의 영속성이다. 매체는 그것을 특징짓는 경험 형식이 생존하는 한 존속한다. 다른 한편으로, 재배치는 주변 환경의 역할을 강조한다. 존재하는 매체는 또한 그것이 작동하거나 형성하는 상황에 의해 규정되며, 이때 경험은 항상 그 기저에 있다. 따라서 중요한 것은 디바이스의 단순한 재출현이 아니라, 말 그대로 그것이 세계에서 작동하는 방식이다. 재배치 개념은 기존 지형을 벗어난 매체의 이행이 특정 경험과 물리적 혹은

---

27　Francesco Casetti, Op. cit., p. 572.

기술적 공간을 포함한다는 것을 분명히 해 준다.[28]

새로운 사회문화적 맥락과 미디어 환경은 영화를 비롯한 모든 미디어 형식을 변형시키고 있다. 하지만 우리는 영화가 더 이상 과거의 시네마의 모습이 아니거나 이전에 있었던 곳에 있지 않더라도 새로운 위치에 존재하고 있는 영화의 존재를 인식한다. 시네마의 궤도에서 이탈한 포스트시네마의 존재를 인식하고 위치를 파악하려면 새로운 영화–미디어 경험에 관한 인식론적 지평을 확장해야 한다.

이러한 관점에서 볼 때, 최근 '포스트시네마' 개념과 용어를 전경화한 담론과 연구가 활성화되고 있는 것은 어쩌면 당연한 흐름으로 보인다. 예컨대, 셰인 덴슨Shane Denson과 줄리아 레이다Julia Leyda의 편저로 2016년 4월 온라인과 e-book 형태로 발행된《포스트시네마: 21세기 영화의 이론화Post-Cinema: Theorizing 21st-Century Film》[29]나 앞서 언급한 프랑스의 영화학자 도미니크 샤토Dominique Chateau와 조세 무르José Moure의 편저로 온라인 출간된《포스트시네마: 포스트아트 시대의 영화》[30] 등에서는 복합적이고 다층적 의미를 내포하고 있는 포스트시네마 개념을 중심으로 영화학은 물론 미디어 이론, 문화연구, 미학, 철학 등 학제간 연구interdisciplinary research의 관점에서 기존 시네마적 경계를 벗어나 뉴미디어의 광활한 자장 안에서 전환과 확장을 반복하면서 궤도를

---

28 Ibid., p. 583.

29 Shane Denson & Julia Leyda (Eds.), *Post-Cinema: Theorizing 21st-Century Film*, Falmer: REFRAME Books, 2016. – Online: https://reframe.sussex.ac.uk/post-cinema/

30 Dominique Chateau & José Moure (eds), Op. cit. – URI: https://library.oapen.org/handle/20.500.12657/42407

찾고 있는 영화에 관한 광범위하면서도 심화한 논의들을 확인할 수 있다. 두 책 모두에서 ICT 분야의 기술적 연구는 제외되어 있는데, 영화에서 디지털 기술을 비롯한 ICT 기반 뉴테크놀로지와 관련한 연구들이 이미 활발하게 진행되어 왔음을 고려한다면, 두 책에서 영화 연구와 미디어 이론 등을 중심으로 인문학적 관점에 초점을 맞춘 것은 적절해 보인다. 덴슨과 레이다의 《포스트시네마: 21세기 영화의 이론화》는 폭넓은 연구진의 참여를 통해 포스트시네마의 개념과 인식론에서부터 영화 연구 및 미디어 이론의 다양한 관점에서 바라본 포스트시네마적 양상에 관한 체계화된 이론을 제시하고 있다. 반면, 포스트시네마를 주제로 한 최근 저서인 샤토와 무르의 《포스트시네마: 포스트아트 시대의 영화》는 프랑스 영화학자들을 주축으로 프랑스, 영국, 네덜란드 3개국의 연구기관 주도로 영화를 현대예술contemporary art이라는 광범위한 영역의 한 구성체로 설정하고 있다는 점이 특징적이다.

덴슨과 레이다에 따르면, 20세기의 지배적 미디어로서 시네마와 TV가 시대의 문화적 감수성을 형성하고 반영했던 반면, 최근 많은 연구자들이 '포스트시네마적post-cinematic'이라고 규정하는 뉴미디어 형식들은 '디지털digital, 인터랙티브interactive, 네트워크된networked, 유희적ludic, 소형화된miniaturized, 유동적mobile, 소셜social, 프로세스적processual, 알고리즘적algorithmic, 집합적aggregative, 환경적environmental, 특히 융합적convergent'[31] 양상을 지니고 있다. 주목할 점은 포스트시네마적 관점이 뉴미디어에 관한 우리의 인식 범위를 확장해 준다는 것이다. 디지털 시네마나 뉴미디어 시네마 담론이 기존 영화의 탈경계적 전환과 확장에

---

31    Shane Denson & Julia Leyda (Eds.), Op. cit., p.1.

비중을 두고 있다면, 포스트시네마적 관점은 기존의 지배적 미디어 체제의 급진적 변화에 국한되지 않고 전승된 문화적 형식들과 주체성의 다양한 표현 양식들 그리고 체화된 감수성을 능동적으로 재구성하는 연속적인 확장 방식으로 작동하기 때문이다. 또한, 포스트시네마적 관점은 그 의미론적 한계에도 불구하고 영화와 뉴미디어의 상호관계를 미학적, 이론적으로 탐구함으로써 영화의 재배치를 위한 이정표 역할을 할 수 있다.

샤토와 무르 역시 포스트시네마가 뉴미디어의 등장으로 인한 필름 형식과 시네마 디스포지티프dispositif의 완전한 소멸이 아니라, 원래의 방식으로 지속되어 온 시네마 디스포지티프와 포스트모던 시대의 문화적 맥락에서 작동하는 영화 제작 및 수용의 새로운 방식 사이의 '불안정한 균형 상태unstable equilibrium'[32]라고 규정한다. 특히,《포스트시네마: 포스트아트 시대의 영화》의 부제에서 유추해 볼 수 있는 것처럼, 오늘날 시네마의 위치를 영화와 현대미술 사이의 관계에서 바라보고 있다. 두 책에서 초점을 맞춘 포스트시네마 개념에는 다소 차이가 있지만, 그것이 뉴미디어 생태계 안에서 영화-미디어 연구의 대안적 지평을 열기 위한 인식론적 도구로 작동한다는 점에서는 공유된 관점을 지니고 있다.

디지털 시네마나 뉴미디어 시네마, 특히 ICT의 급속한 발전으로 2000년대 이후 가속이 붙은 채 급부상하고 있는 인터랙티브 시네마interactive cinema, 인터랙티브 미디어interactive media, 데이터베이스 시네마database cinema, 데스크톱 시네마desktop cinema, VR, AR, MR, XR, AI 등 뉴테크놀로지 기반의 영화 및 영상 콘텐츠에 관한 연구들은 활발히

---

32  Dominique Chateau & José Moure (Eds.), Op. cit. p.14.

진행되고 있다. 다만, 이러한 뉴테크놀로지 기반의 영화 및 영상에 관한 연구들은 기술적 관점의 실증적 연구들이거나 사회학적 관점의 거시적 명제를 제시한 것들이 다수를 이루어 왔다. 물론, 미디어 이론 영역에서 디지털 시네마를 포함한 뉴미디어 시네마에 관한 이론적 연구가 나름대로 오랜 기간 활발히 진행되어 왔으며 영화 연구 내에서 영화의 변화에 관한 연구들이 전무한 것은 아니지만, '포스트시네마'라는 모호한 뉘앙스를 풍기는 개념과 용어를 전경화하여 영화 연구를 중심으로 미디어 이론과 다양한 인문사회학적 관점의 담론을 체계화한 최근의 연구들은 영화-미디어 연구의 장이 확장하고 있음을 보여 준다. 특히, 뉴미디어나 ICT 및 뉴테크놀로지와 오랜 기간 일정한 거리를 두고 '시네마적cinematographic'인 것을 추구하며 영화 고유의 변별 자질을 탐구하면서 다소 순혈주의적인 영화의 존재론을 탐구해 온 영화 연구 분야에 새로운 흐름이 가시화되고 있는 것으로 보인다. 최근 들어 본격적으로 활성화되고 있는 포스트시네마적 관점의 논의들은 영화의 존재론적 탐구를 넘어 영화의 재배치를 위한 인식론적 전환을 향하고 있다.

## | 영화는 지금 어디에 있는가? |

19세기 말 탄생해 20세기 동안 시각예술 분야를 주도하며 한 세기를 지나온 영화는 21세기를 맞아 새로운 궤도에 진입했다. 영화는 나날이 급변하는 미디어 환경에서 존속할 수 있을까? 영화는 뉴테크놀로지와 뉴미디어의 강력한 자장 안에서 소멸할 것인가? 영화는 새로운 모습으로 재탄생할 것인가? 우리는 21세기 영화의 종언을 예측하기도 하고

21세기 영화의 새로운 재탄생에 대한 희망을 품기도 한다. 어느 경우든 21세기 영화가 새로운 국면에 접어든 것만은 분명해 보인다.

영화는 시네마라는 특정 매체의 경계를 벗어나 뉴미디어 시네마 혹은 포스트시네마라는 궤도를 통과하면서 전환과 확장을 반복하고 있다. 뉴미디어 시대의 디지털 시네마, 나아가 포스트시네마 시대로 불리는 오늘날 영화는 어디에 있는가? 포스트시네마 관점의 논의들은 시네마의 존재론적 탐구를 넘어 21세기 시네마의 재배치를 위한 인식론적 전환을 향하고 있다.

몇 년 전부터 영화를 둘러싸고 시간이 지날수록 활성화되고 있는 다양한 관점의 논의들은 이러한 현상을 확인시켜 준다. 기존 시네마 시스템을 기반으로 하는 영화의 고유성과 지속가능성을 견지하려는 영화 순혈주의적 관점, 기술결정론적 관점에서 영화를 재규정하려는 시도, 영화를 다른 미디어 및 예술 형식들과의 관계에서 재규정하려는 시도 등 영화에 관한 인식과 담론은 어느 때보다 역동적인 양상을 띠고 있다. 이른바 '포스트시네마'라는 개념은 기술과 문화, 예술과 산업, 담론과 실천 등 각 영역에서 때로는 거시적인 때로는 미시적인 역학관계를 형성해 왔다. 영화는 시네마라는 특정 매체(혹은 미디엄)의 경계를 벗어나 미디어 생태계 전반에서 뉴미디어 시네마 혹은 이 글의 주제인 '포스트시네마' 개념을 통과하면서 전환과 확장을 반복하고 있다. 1980년대 후반 도입된 디지털 시네마, 1990년대부터 2000년대를 거치며 영화 및 문화예술 전반에서 창작과 수용 메커니즘을 재편해 온 뉴미디어 패러다임은 이제 영화의 탈경계, 전환, 확장을 특징으로 하는 '포스트시네마' 패러다임으로 편입되고 있다.

120년 영화사에서 영화의 탈경계, 전환, 확장은 적지 않게 발견된다. 그리고 그 변화의 요인에 따라 유동적인 결과로 이어져 왔다. 이러한 관점에서 볼 때, 포스트시네마의 접두사 '포스트post-'는 일종의 '정동석 매개변인affective mediation variable'으로 해석할 수 있다. 즉, 영화의 탈경계, 전환, 확장은 때로는 시네마 체제 안에서, 때로는 다른 예술 및 타 미디어와의 상호관계에서, 또 때로는 정치·경제·사회·문화의 맥락에서 진행되어 왔으며, 그 변화를 어떤 맥락 안에서 규정하는가에 따라 인과관계가 유동적으로 변주되면서 특정한 양상이 발현되어 왔다. 미학적·기술적·산업적·매체적 측면에서 영화가 거쳐 온 변화의 궤적은 영화의 존재론적·인식론적 패러다임 전환으로 이어져 왔다. 뉴미디어 시대의 디지털 시네마, 나아가 '포스트시네마' 시대로 불리는 지금 영화의 영역에 생긴 변화는 산업적·기술적 차원뿐 아니라 지금까지 '영화적인 것'이라고 인식되어 온 것에 관한 총체적이고 본질적인 변화에 관한 관점의 갱신을 요구하고 있다.

이 글의 도입부에서 던진 '영화의 소멸 혹은 재생?'이라는 질문은 카세티가 제기한 '영화는 지금 어디에 있는가?'라는 질문으로 대체하는 것이 적절해 보인다. 다만, '영화의 미래는 어떠할까?'라는 질문은 잠시 보류하기로 하자. 이 질문에 대한 답은 영화의 존재론적 탐구의 시기가 지난 지금 새로운 관점의 인식론적 숙고의 시간이 무르익었을 때나 가능할 것이기 때문이다.

# 참고문헌

김무규, 《뉴미디어 영화론: 수용에서 수행으로》, 경진출판, 2017.

데이비드 노먼 로도윅, 《디지털 영화 미학》, 정헌 옮김, 커뮤니케이션북스, 2012.

신양섭, 〈포스트 미디어 개념의 논쟁적 지평들〉, 《PREVIEW: 디지털영상학술지》 Vol.16 No.2, 한국디지털영상학회, 2019, 57~82쪽.

정성훈, 〈디지털 시대, 확산매체와 성공매체 사이의 긴장〉, 《인문학연구》 제51집, 조선대학교 인문학연구원, 2016, 9~44쪽.

정헌, 《영화 역사와 미학》, 커뮤니케이션북스, 2013.

Bazin, A., *Qu'est-ce que le cinéma?* (1958), Paris: Ed. du Cerf, Coll. le 7ème art, 1990, pp. 9-17.

Bolter, J. & Grusin, R., *Remediation: Understanding New Media*, Cambridge, Massachusetts: MIT Press, 2000

Casetti, F., "The Relocation of Cinema" (From *The Lumière Galaxy*, by Francesco Casetti. Copyright ©2015 Columbia University Press. Reprinted with permission of the publisher), in Denson, S. & Leyda, J. (Eds.), *Post-Cinema: Theorizing 21st-Century Film*, Falmer: REFRAME Books, 2016.

Chateau, D. & Moure, J. (Eds.), *Post-cinema: Cinema in the Post-art Era*, Amsterdam: Amsterdam University Press, 2020. - https://library.oapen.org/handle/20.500.12657/42407

Denson, S. & Leyda, J. (Eds.), *Post-Cinema: Theorizing 21st-Century Film*, Falmer: REFRAME Books, 2016. - https://reframe.sussex.ac.uk/post-cinema/

Heider, F., "Ding und Medium" [1923]; printed in *Symposion: Philosophische Zeitschrift für Forschung und Aussprache* 1: 2, Erlangen: Philosophische Akademie, 1926-1927, pp. 109-157.

Kay, A. & Goldberg, A., "Personal Dynamic Media", in Montfort, N. & Wardrip-Fruin, N. (Eds.), *The New Media Reader*, Cambridge, Massachusetts: MIT

Press, 2003. - Original Publication: *Computer* 10(3), March 1977, pp. 31-41.

Manovich, L., *The Language of New Media*, Cambridge, Massachusetts; London, England: MIT Press, 2001

_____, *Software Takes Command*, New York: Bloomsbury Academic, 2013.

Rodowick, D. N., *The Virtual Life of Film*, Cambridge, Massachusetts; London, England: Harvard University Press, 2007.

미쟝센단편영화제 홈페이지 영화제 공지 http://msff.or.kr/community/community 01/?uid=17076&mod=document&pageid=1

인디다큐페스티발 공지사항 http://www.sidof.org/board/board_view.php?idx= 625&mode=view&page=&search_div=notice&search_keyfield=&search_ keyword=&size=10&rownum=1

영화진흥위원회, [KOFIC 이슈페이퍼 2020-10]《코로나19 충격: 2020년 한국 영화산업 가결산》, 2020.12.14. https://www.kofic.or.kr/kofic/business/rsch/ findPolicyDetail.do?boardNumber =39&policyNo=4546

영화진흥위원회, 《2019년 한국 영화산업 결산》, 2020.03.27. https://www.kofi c.or.kr/kofic/business/rsch/findPolicyDetail.do?boardNumber=39& policyNo=4207

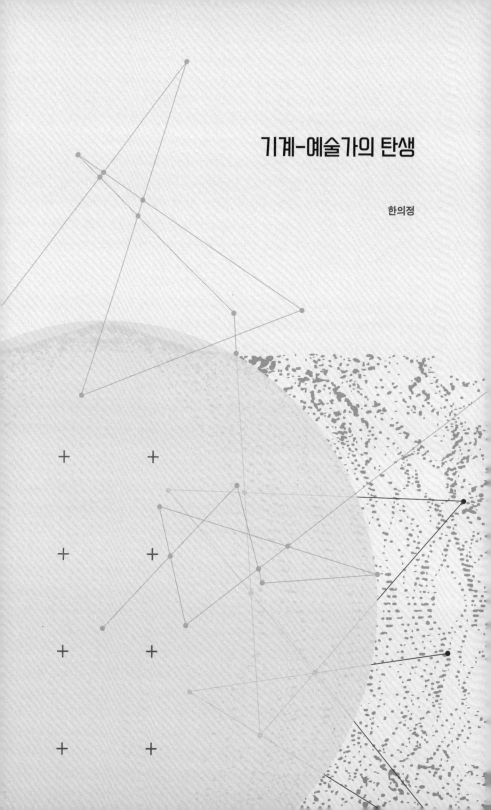

# 기계-예술가의 탄생

한의정

이 글은 강원대학교 인문과학연구소에서 주최한 학술대회 '초연결시대, 이질성과 다양성에 대한 인문학적 사유'(2021)에서 발표되었고, 《인문과학연구》 69집(2021)에 게재된 글을 수정·보완한 것이다.

# 인공지능 시대의 예술

4차 산업혁명 시대 또는 인공지능 시대를 맞이하여 머지않은 미래에 사라질 직업과 살아남을 직업을 나열하는 연구 결과들을 종종 접한다. 연구마다 약간의 차이는 있지만, 미래에도 살아남을 직업 중 예술가는 빠지지 않고 언급된다. 기술이 아무리 발전해도 기계가 예술가의 창의성, 창조적인 능력에는 미치지 못할 것이라는 예상이다. 과연 그러할까? 이미 AI 화가는 여러 모습으로 출현했다. 구글이 탄생시킨 '딥드림Deep Dream'(〈그림 1〉), 마이크로소프트와 공동연구진의 프로젝트인 '넥스트 렘브란트The Next Rembrandt'(〈그림 2〉)는 빅데이터와 딥러닝deep learning[1] 기술의 축적으로 인간 예술가보다 훨씬 더 빠른 속도로, 훨씬 더 완벽한 그림을 그려 냈다. 그래도 이들의 산물은 기존 예술가 스타일의 모

〈그림 1〉 '딥드림'이 특정 회화 스타일을 적용한 경우.

〈그림 2〉 '넥스트 렘브란트'가 그린 초상화.

---

1 딥 러닝, 심층학습은 여러 비선형 변환 기법의 조합을 통해 높은 수준의 추상화abstractions (많은 데이터나 복잡한 자료들에서 핵심 내용 또는 기능을 요약하는 작업)를 시도하는 기계학습machine learning 알고리즘의 집합이다.

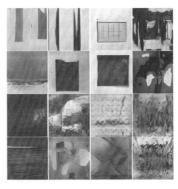

〈그림 3〉 마리오 클링게만, 〈행인의 기억 I〉, 2018.

〈그림 4〉 'CAN'이 창작한 그림.

방 내지는 재현에 머물고 있었으므로, 사람들은 기술이 다다를 수 없는 인간의 창의적인 능력에 대한 희망을 유지할 수 있었다. 그러나 최근 마리오 클링게만Mario Klingemann처럼 생성적 적대신경망GAN: Generative Adversarial Network 알고리즘을 활용하는 경우(〈그림 3〉)나, 더 나아가 창조적 적대신경망CAN: Creative Adversarial Network이 산출한 작품들(〈그림 4〉)은 기존의 화풍에 속하지 않는 독창적 이미지들을 우리 앞에 내놓는다.[2] 이러한 기술과 기계의 '창의적' 산물들 앞에서 우리는 다시 질문하게 된다. 과연 AI 화가가 인간-예술가의 자리를 대체할 것인가?

이 질문은 결국 "기계가 자율적, 창의적일 수 있는가?", "기계가 스스

---

2 2014년 이안 굿펠로Ian Goodfellow에 의해 발표된 '생성적 적대신경망GAN' 개념은 제로섬 게임 틀 안에서 서로 경쟁하는 두 개의 신경 네트워크 시스템에 의해 구현된다. GAN은 이미지를 만드는 생성자Generator와 이미지를 감별하는 감식자Discriminator의 상호경쟁을 거쳐 더욱 정확한 이미지를 생성해 나가는 방식이다. CAN은 GAN과 유사한 메커니즘으로 학습하지만 예술성을 유지하면서 학습 데이터와는 다른 창조적인 작품을 생성하는 데 주안점을 둔다.

로 미적 판단을 내릴 수 있는가?" 또는 "과연 예술가 또는 예술작품으로 정의되기 위한 최소한의 조건이 무엇인가?"라는 질문들과 관련된다. 여기서 과거에 당연시해 왔던, 인간(예술가)은 주체이고, 그가 생산한 예술작품은 대상이라는 이분법은 더 이상 유효하지 않은 듯하다. 우리는 기존의 인간중심주의적인 사고에서 벗어나 다시 처음부터 "예술가란 누구인가?", "예술이란 무엇인가?" 질문을 던지는 것부터 시작해야 한다.

## | 예술가, 창조, 기술 |

우리는 흔히 예술가를 새로운 것을 창조하는 능력자로 간주한다. 창의성creativity은 무엇이든 새로운 것을 처음 창시하는originate '창조'의 성격을 규정짓는 개념이다. 역사를 거슬러 올라가면, 창조는 본래 신에게만 속하는 특권이었다. 서양에서 신의 창조는 두 가지 형태로 나타난다. 하나는 〈창세기〉 1장에 나오는 여호와Jehovah에 의한 창조로서 무無로부터 창조이고, 다른 하나는 질료를 가지고 무엇을 만들어 내는 고대 그리스의 데미우르고스Demiourgos 신이 질료를 가지고 무엇을 만들어 내는 창조이다. 예술가를 창조자로 보는 사고는 예술가를 이 두 신에 비유하며 나온 것이다. 즉, 뮤즈의 영감을 받아 시를 쓰는 시인과 같은 예술가형은 '창조자the Creator'로, 재료를 가지고 자연의 형상을 모방하는 조각가와 같은 예술가형은 조물주 또는 '제작자the Maker'로 이해된 것이다. 이 두 가지 유형의 예술가 중 르네상스 시대를 비롯하여 오랜 역사 동안 지배적이었던 것은 후자이다. 예술은 규칙에 의해 수행될 수 있는 이성적 활동의 형태로 여겨진 것이다. 그러나 '천재genius' 개념이

서서히 발전하고 낭만주의 시대를 거치면서 첫 번째 유형의 예술가가 다시 부각되는데, 이때 특징은 창조적 인간의 모범이었던 '창조신'의 개념이 사라진다는 점이다. 즉, 창조는 더 이상 신적인 것이 아니라 인간의 능력으로, 그 무엇에도 통제받지 않는 자율적인 예술가만의 능력으로 굳어진다.

그러나 한편 예술은 그 어원이 기술techne에서 비롯되었다는 점 또한 함께 고려해야 한다. 고대 그리스부터 예술가는 장인artisan, 수공업자craftsman와 구별되지 않았으며, 예술작품의 퀄리티는 예술가의 손끝에 달려 있는 것으로 이해되었다. 예술가는 무엇보다도 손의 시학詩學과 기술을 간직한 자로 정의되었다.[3] 그런데 정작 예술가의 사회적 지위 상승은 시각예술이 보다 기술적인 공예와 분리되면서부터 가능해졌다. 르네상스 이후 예술적 퀄리티는 완벽한 장인정신을 통해 성취되는 것이 아니라는 생각이 통용되었다. 즉흥적인 드로잉이나 미완성 조각이 오히려 예술가의 천재성을 보여 주는 예술작품으로 받아들여지기도 했다. 예술작품을 결정하는 것은 예술가의 '손'이 아니라 정신적인 것, 즉 아이디어이며, 이것은 작품 과정의 초창기에 현저히 드러나는 것이지 완성된 작품에 나타나는 것이 아니라는 생각이 팽배해진 것이다. 그리고 실제 산업화 시대에 들어서면서 기계화와 자동화의 확산이 공예의 상당수 작업을 대체하게 되었다. 20세기에 접어들면서 상당수의 예술가들은 기계미학[4]의 영향을 받아 그들의 작품이 산업적으로 제

---

3  앙리 포시용, 〈손을 예찬함〉, 《앙리 포시용의 형태의 삶》, 강영주 옮김, 학고재, 2001, 146쪽.

4  기계미학은 순수주의, 데 스틸, 절대주의, 구축주의, 바우하우스, 정밀주의 등 1910~1920년대 나타난 여러 예술운동에서 기계와 기계적 효과를 미적 대상으로 표현하는 것

조된 상품처럼 흠 없는 매끈한 것으로 보이길 원했다. 그로부터 지금까지 백 년이 넘는 시간 동안 기계의 완벽함에 다가가려는 예술가의 고군 분투는 여러 방면에서 나타났다. 미니멀 아트Minimal art처럼 작품의 형태를 산업적으로 공정된 것으로 보이도록 디자인하기도 했고, 앤디 워홀Andy Warhol은 '공장factory'에서 여러 사람에 의해 연속적인 작품을 찍어 내는 것을 자신의 예술적 전략으로 삼기도 했다. 그리고 이보다 한 단계 더 나아간 예술가들도 있었다. 그들은 단지 작품의 외관이 기계로 제조된 것처럼 보이기를 원하는 데 그치지 않고, 예술작품이 실제로 예술가의 손이 아닌, 기계의 팔로 생산되기를 원했다.

| 예술가가 기계를 만날 때 |

이제 우리는 이러한 '예술을 생산하는 기계', '드로잉 머신', '그림 그리는 기계'의 출현 지점을 찾아가려 한다. 이러한 접근은 예술 창작의 주체로서 예술가의 자리와 정신의 산물로서 예술작품이라는 오래된 정의에 대해 재고할 기회를 제공할 것이다. 우리가 살펴볼 '예술을 생산하는 기계'는 그 이전에 나타났던 '자동인형automata'과는 다른 양상을 보여 준다. 18세기 인간과 기계의 결합을 상징적으로 보여 주었던 '자동인형'(〈그림 5〉)이 기계의 모습을 최대한 감추고 인간의 외관으로 나타났다면,[5] '예술

---

과 관련 있다. Reyner Banham, *Theory and Design in the First Machine Age*, Cambridge, MA.: MIT Press, 1980, pp. 9-12; R. L. Rutsky, *High Technē: Art and Technology from the Machine Aesthetic to the Posthuman*, Minneapolis: University of Minnesota Press, 1999, pp. 81-91.

5  자크 드 보캉송Jacques de Vaucanson의 자동인형 중 〈소화하는 오리〉(1739)는 실제로

〈그림 5〉 피에르 자케 드로, 〈그림 그리는 인형, 음악 연주하는 인형, 글 쓰는 인형〉, 1768~1974.

을 생산하는 기계'는 기계적 특 싱을 굳이 감추지 않는다. 즉, 기계가 예술을 생산함을 자랑 스럽게 드러내는 것이다.

산업화 시대 이후 출현한 '예술을 생산하는 기계'는 크 게 세 국면으로 나누어 서술할 수 있다. 첫 번째 국면에서 예 술을 생산하는 기계는 문학적 상상력의 산물이었다. 문학작품 속에서 유토피아를 구축하는 요소들 중 하나로 등장한 것이다. 가장 잘 알려 진 예는 프랑스의 알프레드 자리Alfred Jarry와 레몽 루셀Raymond Roussel 의 저술에서 나타났다. 자리의 소설《파타피지크 학자 포스트롤 박사 의 행적과 사상: 신과학소설》(1911)에는 화폭에 원색을 뿌리는 기계가 등장하며, 루셀의 소설《아프리카의 인상》(1909)에는 10개의 붓이 달 린 기계 팔이 그림 그리는 장면에 대한 묘사가 나온다.[6] 루셀의 또 다 른 소설《로쿠스 솔루스》(1914)에는 인간의 치아로 모자이크를 만드 는 특이한 기계(〈그림 6〉)가 등장하는데, 루셀은 마치 기계 사용설명서

---

물을 마시고 꽁무니로 그 물을 빼낼 수 있었다. 피에르 자케 드로Pierre Jacquet Droz와 아들들이 1768년부터 1774년 사이 만든 세 개의 자동인형은 인간의 동작과 모습을 섬세하게 재현해 냈다. 이 중 소년의 모습을 한 〈그림 그리는 인형〉은 손에 쥔 연필의 완급을 조절해 선에 강약을 주어 가며 그림을 그릴 수 있고 연필 가루를 털어 내듯 입 김을 훅 불기도 한다.

6 　알프레드 자리,《파타피지크 학자 포스트롤 박사의 행적과 사상: 신과학소설》, 이지원 옮김, 워크룸프레스, 2019, 129~130쪽; 레몽 루셀,《아프리카의 인상》, 송진석 옮김, 문학동네, 2019, 158~167쪽.

같은 방식으로 이 기계에 대한 아주 상세한 설명을 덧붙인다. 이것은 비행기구가 달린 '달구'(불어로 demoiselle, 도로 포장공사에 사용되는 기구)인데, 기상을 측정하고 예보할 수 있는 장치가 측면에 붙어 있어 바람을 계산하여 원하는 곳까지 날아갈 수 있다. 비행기구 아래 원기둥에는 발톱 같은 것이

〈그림 6〉《로쿠스 솔루스》(1914)에 등장하는 '달구demoiselle'의 시각적 재현.

달려 있어, 지면에 잔뜩 흩어져 있는 각양각색의 이빨들 중 하나를 잡고 날아가 그림의 원하는 곳에 맞추어 넣는 식으로 모자이크를 완성한다.[7]

자리와 루셀의 소설에 나타난 예술을 생산하는 기계는 모두 작품을 고안하는design 행위를 수행한다. 전통적으로 특별한 지적·정서적 능력이 있는 예술가 개인에게 부여되었던 행위가 기계에게 위임된 것이다. 그러나 정확히 말하자면, 이들 기계의 작업은 단지 설정된 작업을 '기계적으로' 수행하는 단계에 머물러 있을 뿐이다.[8]

두 번째 국면은 양차 대전 사이, 기계미학에 경도된 많은 예술가들의 작품에서 나타난다. 그들은 1920년 〈첫번째 국제 다다 아트페어〉에서

---

7 레이몽 루셀,《로쿠스 솔루스》, 오종은 옮김, 이모션북스, 2014, 37~70쪽.

8 기계적으로 예술을 생산하는 방식은 글쓰기에도 적용된다. 루셀은 《나는 내 책들을 어떻게 썼는가》(1935)에서 자신의 글쓰기 방식에 대해 설명하는데, 이에 따르면, 그는 랜덤으로 동음이의어들을 찾고, 그에 따라 한 장면에 등장할 단어들의 기본 목록을 구성하는 방식으로 소설을 '기계적으로 창조'한다. 예를 들자면,《아프리카의 인상 Impressions d'Afrique》(1909)이란 제목도 "Impression à fric"(저자의 비용으로 출간됨)이라는 표현의 동음이의어에서 비롯된 것이다.

<그림 7> 베를린 다다 전시에서 슬로건을 들고 있는 그로츠와 하트필트. 1920.

전통 회화와 조각에 작별을 고하며 "예술은 죽었다. 타틀린[9]의 새로운 기계예술이여 영원하라!"라는 슬로건을 내걸었다(〈그림 7〉). 게오르그 그로츠George Grosz, 라울 하우스만Raoul Hausmann, 존 하트필드John Heartfield, 페르낭 레제Fernand Léger, 라즐로 모홀리-나기Laszlo Moholy-Nagy 등은 전 세계 미술관보다 기계가 그들에게 더 많은 것을 알려 주었다고 단언하며, 그들의 창작 행위의 상당 부분을 기계적 테크닉이나 랜덤 프로세스에 위임했다.[10] 이들은 익명의 기계가 가진 완벽성으로 무장하여 예술, 예술성, 예술작품이라는 전통적 관념에 의문을 제기하고 이를 넘어서고자 한 것이다. 이들의 주장에 따르면, '유일무이한 개인으로서 예술가', '예술가의 개성이 드러나는 반복 불가능한 표현으로서 예술작품'과 같은 생각은 인간중심주의적 사고방식에서 비롯된 것이며, 이것은 여러 가지 이유에서 시대에 뒤처진 것이다.[11] 대량생산으로 찍어 내는 산업

9  러시아 구축주의를 이끈 블라디미르 타틀린Vladmir Tatlin은 〈제3인터내셔널 기념탑〉(1919), 〈레타틀린〉(1932) 등을 통해 재료와 기술에 대한 무한한 열정을 보여 주었다.

10  이들의 작품에 대해서는 한의정, 〈아방가르드 예술의 기계인간 연구〉, 《인문과학연구논총》 39-3, 2018, 49~75쪽을 참고.

11  그 이유는 다음과 같다. 첫째, 지그문트 프로이트와 같은 20세기 초 사상가들에 의해 인간중심주의적 사고방식에 대한 의문이 생겨났다. 둘째, 산업화 과정에서 나타난 개개인의 교환 가능성은 주관성이라는 생각을 쓸모없는 것으로 만들었다. 셋째, 많

생산품들 사이에서 기존 방식의 예술작품은 아우라로 채워진들 희망 없는 구식처럼 보였다.

이들 중 예술가와 예술작품의 전통적 범주에 대해 누구보다도 많은 질문을 던지고, 광범위한 영역에서 작업한 사람은 마르셀 뒤샹Marcel Duchamp이다. 뒤샹은 기계미학의 정확성에 대한 탐구를 그의 작업의 중요 수단으로 삼았다. 그는 예술작품이 한 개인 정신의 고군분투의 결과라는 고루한 생각에 반박하기 위해 기계를 사용했다. 그는 〈초콜릿 분쇄기〉(1913)에서처럼 전통적으로 그림의 주제가 될 수 없었던 기계를 그렸을 뿐 아니라, 〈자전거 바퀴〉(1913)와 같은 기계생산품을 레디메이드readymade라 이름 붙여 그대로 작품으로 내세웠다. 그의 대표적인 작품 〈그녀의 독신남들에 의해 발가벗겨진 신부, 조차도(큰유리)〉(1915~1923)(〈그림 8〉)에서는 기계를 인간의 성적 욕망과 에너지의 은유로 사용하였다. 뒤샹은 다음과 같이 말했다.

〈그림 8〉 마르셀 뒤샹, 〈그녀의 독신 남들에 의해 발가벗겨진 신부, 조차 도(큰유리)〉, 1915~1923.

---

은 이론가들과 예술가들이 기계화의 결과로 사회의 민주화가 가능할 것을 희망했기 때문이다. Katharina Dohm and Heinz Stahlhut, "Art Machines Machine Art-The Spirit in the Machine", *Kunstmaschinen Maschinenkunst/Art Machines Machine Art*, exhibition catalog, Heidelberg: Kehrer, 2007, p. 19.

기계적인 측면은 나에게 영향을 주었다. 적어도 새로운 형식의 출발점이 되어 주었다. 나는 아무렇게나 하는 드로잉이나 회화, 물감 뿌리기와 같은 형식으로 들어갈 수 없었다. 나는 완전히 '건조한dry' 드로잉, 예술의 '건조한' 개념으로 돌아가기를 원했다. ⋯ 나에게 기계적 드로잉은 예술의 건조한 개념으로 가장 훌륭한 형식이었다.[12]

다다이스트들뿐만 아니라 이탈리아 미래주의자들도 기계에 경도되어 그들 작품에 기계 모티프를 직접적으로 가져왔지만, 전체주의와 전쟁에 의해 이러한 움직임은 단절될 수밖에 없었다.

기계예술의 세 번째 국면은 전쟁 이후 나타난다. 전쟁 이후 예술가들은 이전 세대 예술가들의 기계 표현을 더욱 적극적으로 밀고 나가 기계와 산업생산품의 구조적 특징을 작품에 직접적으로 드러냈다. 1967년 예술가 로버트 라우센버그Robert Rausenberg와 공학자 빌리 클뤼버Billy Klüver가 주축이 되어 'E.A.T.Experiments in Art and Technology'라는 프로그램 약어 같은 이니셜을 가진 단체를 만들었다. 이들은 예술과 삶의 경계를 무너뜨리자는 구호 아래 신기술을 예술을 위해 사용하였다. 또한 주세페 피노-갈리지오Giuseppe Pinot-Gallizio는 1955년부터 도색 장치와 스프레이 건으로 그림을 제작하는 컨베이어 벨트식 조립 라인을 실험실에 설치하고 동료들과 함께 다양한 재료와 방식을 실험했다. 그는 1959년 갤러리 르네 드루앵Gallery René Drouin에서 이러한 방식으로 〈산업회화Pittura industriale〉(1959)(〈그림 9〉) 145미터를 뽑아내는 장면을 선보

---

12    Michel Sanouillet & Elmer Peterson (eds.), *Salt Seller. The Writings of Marcel Duchamp*, London: Thames and Hudson, 1975, p. 130.

이기도 했다. 그는 이 작품을 마치 천 상품을 팔 듯 미터당 끊어서 판매하고자 했다. 이렇듯 기계적으로 또는 기계가 제작하는 방식에서 예술가 개인의 스타일은 제거된다. 전시와 판매 방식 또한 기존 예술에서는 상상할 수 없는 방식이었다.[13]

〈그림 9〉 주세페 피노-갈리지오, 〈산업 회화〉, 1959.

## | 기계, 예술, 전시

20세기 예술과 기계의 관계는 다양한 전시에서도 탐구되었다. 1934년 알프레드 바Alfred H. Barr Jr.와 건축가 필립 존슨Philip Johnson이 기획한 뉴욕현대미술관MoMA에서 열린 〈기계예술Machine Art〉전(〈그림 10〉)이 그 시작이라 할 수 있다. 이 전시는 대량생산된 오브제들의 아름다움에 초점을 맞추었다. 산업적으로 생산된 부엌 도구들, 실험실 기구들, 기계 부품들은 좌대 위에 올라가고 벽에 걸려, 충분히 예술작품처럼 보이게끔 연출되었다. 존슨은 이 전시의 서문에서 다음과 같이 밝히고 있다.

여기에 순수하게 장식적인 오브제는 없다. … 그러나 이 유용한 것

13  Maurice Fréchuret, *La Machine à peindre*, Marseille: Éditions Jacqueline Chambon, 1994, pp. 115–123.

〈그림 10〉〈기계예술〉 전시 정경, 1934, 뉴욕현대미술관.

들은 그들의 미적 성질 때문에 선택되었다. … 유용성도 필수적이지만, 적어도 외형도 그만큼 중요하다는 관점에서 이번 전시가 구상되었다.[14]

무엇보다 현대미술을 다루는 기관에서 상업적으로 생산되는 오브제들을 전시했다는 점이 혁신적이었다. 산업생산품이 관습적 의미에서 예술작품이 아닐지라도, 현대예술가들에게 명백한 영향을 끼치고 있음을 보여 준 것이다.

이러한 생각은 폰투스 홀텐K. G. Pontus Hultén의 전설적인 전시 〈기계시대의 끝에서 본 기계The Machine as Seen at the End of the Mechanical Age〉(1968, 뉴욕현대미술관)(〈그림 11〉)에도 이어졌다. 여기서 홀텐은 기계와 기계미학이 예술 창작에 미친 영향을 추적한다. 전시도록에서 홀텐은 사회와 철학이 기계와 어떤 관계를 맺어 왔는지, 그것이 예술에

---

14  Foreward by Alfred H. Barr Jr. and Philip Johnson, in: *Machine Art*, exhibition catalog, The Museum of Modern Art, 1934, n. p.: Mary Anne Staniszewski, *The Power of Display: A History of Exhibition Installations at the Museum of Modern Art*, Cambridge, MA.: MIT Press, 1998, p. 153에서 재인용.

〈그림 11〉〈기계시대의 끝에서 본 기계〉 전시 정경, 1968, 뉴욕현대미술관.

미친 효과의 역사에 대해 스케치했다. 그는 20세기 예술가의 위치는 기계에 대해 비관론적 입장인지, 대단한 열광을 보이는 쪽인지에 따라 달라진다고 진단한다. 홀텐은 다음과 같이 기계가 미래의 삶에 미칠 영향에 대해서도 언급한다.

현재 우리가 살고 있는 세계가 고대 이집트 세계와 완전히 다른 것처럼, 기술이 의심할 여지 없이 엄청난 발전을 이룰 2000년 우리의 환경은 오늘날과 비교해 완전히 다를 것이다. 이러한 변화 속에서 예술은 어떤 역할을 할 것인가? 인간의 삶은 유일하고, 지속적이고, 반복 불가능한 경험이라는 특징들을 예술과 함께 공유한다. 우리가 삶과 예술 둘 중 어느 하나라도 믿는다면, 우리는 기계를 완벽하게 지배해야만 할 것이다.[15]

이로부터 근 50년이 지난 현재의 관점에서 볼 때 이 비전은 흥미롭다. 전시가 열렸던 1968년부터 현재에 이르기까지 기술적 진보는 홀텐

---

15  K. G. Pontus Hultén, *The Machine as Seen at the End of the Mechanical Age*, exhibition catalog, New York: Museum of Modern Art, 1968, p. 11.

의 예언처럼 맹렬한 속도로 가속화되었다. 2000년 세기의 전환 때 우리 모두를 두려움에 떨게 했던 컴퓨터 시스템 붕괴는 일어나지 않았고, 기계는 가정과 사무실에서 사용하는 장치에서부터 컴퓨터게임, 핸드폰, 인공지능, 반려봇에 이르기까지 우리의 일상생활 거의 모든 영역에 침투해 현재 우리는 기계 없는 삶을 상상할 수 없을 정도이다. 1968년과 2000년 사이의 변화가 기원전 15세기 고대 이집트와 1968년의 간극과 비슷할 것이라는 홀텐의 대담한 생각은 옳았다. 이는 당시 사람들의 과학기술에 대한 정서를 반영할 뿐만 아니라, 진보에 대한 강한 믿음을 증언하는 것이기도 하다.

하랄트 제만Harald Szeemann의 1975년 전시 〈독신자 기계〉전(〈그림 12〉)도 기계예술에 관한 전시였다. 하랄트 제만은 마르셀 뒤샹의 〈그녀의 독신남들에 의해 발가벗겨진 신부, 조차도(큰유리)〉 작품과 몇몇 문학작품을 관련시켜 분석한 미셸 카루주Michel Carrouge의 책 《독신자 기계》(1954)를 중요 레퍼런스로 삼아, 뒤샹을 비롯한 예술가들의 작품들, 문학작품들에 등장하는 기계뿐만 아니라 비전문인의 작품, 일상용품, 도큐먼트 등을 모아 '독신자 기계'라는 테마로 소개한다. '독신자'라 명

〈그림 12〉 〈독신자 기계〉 전시 정경. 1975. 팔레 데 보자르. 브뤼셀.

명된 여기 모인 기계들은 생산 또는 출산을 하지 않기 때문에 무용하다고 할 수 있다. 그들은 표준화된 생산을 거부하고, 반복 가능하도록 설계된 예술적이고 창의적인 과정을 끊임없이 수행할 뿐이다. 생산성의 제약에서 벗어난 독신자 기계들은 오히려 자연의 허를 찌르는 방식으로 작동하며 놀랍고도 체계적인 상상력의 세계를 보여 준다.[16]

예술과 기계의 관계에서 맞이한 다음 국면에서는 기계 자체의 아름다움이나, 기계가 생산한 대상에 주목하지 않는다. 키네틱kinetic 아트처럼 작품에 움직임을 부여하려는 목적을 가진 것도 아니며, '독신자 기계'와 같은 신화적 개념에 초점을 맞추는 것도 아니다. 오히려 기계인 동시에 예술작품인 경우들, 예술작품을 생산하는 예술작품이 전면에 등장한다. 여기에서 예술작품은 기계, 생산 행위, 사용자, 생산품을 하나로 묶는 과정으로 규정된다.


# | 기계가 예술가가 될 때                                             |

기계가 예술을 생산하고, 그 기계 자체가 예술작품이 되는 경우는 매우 특별하다. 여기에서 비로소 '예술가-기계-예술가'의 원이 완성되기 때문이다. 이 원의 첫 번째 항에 해당하는 예술가는 두 가지를 생산한다. 그는 예술을 생산하는 기계를 '디자인'하므로 예술가일 뿐만 아니라, 그

16  Harald Szeemann et al., *Junggesellenmaschinen/Les Machine célibataires*, Venice: Alfieri, 1975: 한의정, 〈파타피직스 세계의 기계와 인간: 《독신자 기계》전(1975)을 중심으로〉, 《횡단인문학》 8, 2021, 81~105쪽 참고.

자체로 조각작품으로 인식되는 '예술'작품을 고안하므로 예술가이기도 한 것이다. 예술을 생산하는 기계를 1차 예술, 예술작품으로서 기계를 2차 예술이라 한다면, 1차 예술과 2차 예술 사이를 완벽하게 연결시킨 사람은 장 팅겔리Jean Tinguely라 할 수 있다.[17]

## 장 팅겔리의 그림 그리는 기계

1950년대 평면 회화 작업을 하던 팅겔리는 추상 작가들이 사용하는 자족적인 조형 언어들에 의구심과 회의를 품었는데, 키네틱 조각이 이를 극복할 수 있는 계기가 되었다. 그는 〈메타-말레비치Méta-Malevich〉(1954)와 같은 작품에서 말레비치의 형이상학적 도상들을 모터로 움직이게 하는 실험을 시도한다. 이러한 시도는 점점 발전해 작품에 단순히 시각적인 움직임을 주는 정도가 아니라 아예 움직임을 만들어 내는 기계 자체를 만들기에 이른다. 1959년 그는 전기모터로 전원을 공급받는 드로잉 기계를 선보인다. 레몽 루셀이 《아프리카의 인상》(1909)에서 묘사했던 그림 그리는 기계가 정확히 반세기 만에 실제로 구현된 것이다. 〈메타-마틱Méta-Matic〉(〈그림 13〉)이라는 기계를 '초월'한다는

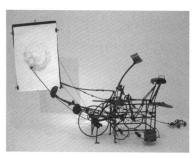

〈그림 13〉 장 팅겔리, 〈메타-마틱 no. 17〉, 1959.

---

17  Justin Hoffmann, "Artist Becomes Machine Becomes Artist", *Kunstmaschinen Maschinenkunst/Art Machines Machine Art*, p. 30.

의미를 부여받은 이 연작은 관람객의 참여도 그 창작 과정에 포함시킨다. 관객이 드로잉 재료를 선택하고 기계에 종이를 장착시키고 동전을 넣으면, 기계가 거의 발작적으로 앞뒤로 움직이며 낙서를 휘갈기는 방식으로 작동한다. 〈메타-마틱〉 기계들은 파리 이리스 클레르 갤러리 Iris Clert gallery에서 열린 팅겔리의 개인전 3주 동안 4만여 장의 그림을 생산해 냈다. 이는 어떤 에너지 넘치는 예술가도 다다를 수 없는 분량이었다.[18] 이 그림들은 팅겔리의 손을 거친 산물이 아니라, 관객이 시작과 끝을 정하고 색과 재료를 선택한 그림이다. 기계가 강한 스트로크를 찍어 댈 때 팅겔리가 개입할 여지는 없다. 팅겔리는 예술을 산출하는 기계를 제작했지만, 그 기계가 산출하는 예술의 저자는 더 이상 팅겔리라 할 수 없는 것이다.

이 드로잉 기계들은 다양한 재료로 이루어졌는데 주로 산업 제품의 파편들, 일상의 오브제들, 금속 조각들이 대부분이었다. 이러한 재료의 성격과 마치 '홈메이드'처럼 보이는 외관 때문에 이 기계는 산업에서 사용되는 기계들과 비교해 볼 때 쓸모없는 것처럼 보였다. 조악한 물성 materiality을 가진 기계가 '예술'을 생산한다는 사실에서 오는 모순 감정이 아마 팅겔리가 의도한 바일 것이다. 당시 대부분의 사람들은 발전하는 과학기술에 전폭적인 믿음을 보내 주었다. 그들과 달리 팅겔리는 오히려 산업사회가 낳은 제품들의 파편이나 고철, 폐품과 같이 쓸모없어 버려진 것들을 다시 조립하여 생산의 기능을 다시 불어넣는 방식으로 기계문명에 대한 비판적 시각을 보여 준 것이다.

18  Laurence Bertrand Dorléac & Jérôme Neutres, *Artistes & Robots*, exhibition catalog, Paris: RMN, 2018, p. 64.

한편으로 이 기계는 1950년대 예술계에 대한 비판적 시각을 드러내는 것이기도 하다. 이 기계가 만들어 내는 작품들은 당시 유행했던 타시즘tachism 작가들의 작품과 유사한 스타일을 보여 주었다. 타시즘은 예술가의 직접적 행위가 작품이 되는 행위적 추상gestural abstraction을 선보이는 경향인데, 〈메타-마틱〉은 이것을 기계의 자동반복적인 움직임으로 산출해 냄으로써 상황 자체를 모순적으로 만들었다.[19] 여기서 창작자로서 예술가의 역할은 기계에게 넘어간 것이며, ('예술가-기계-예술가'의 원에서 두 번째와 세 번째 항에 해당하는) '기계-예술가'란 표현을 완성시킨 것이다. '기계-예술가'가 만들어 내는 작품들은 그동안 신성시되어 온 '예술 창작'에 대한 도전장이나 다름없었다. 또한 이 작품은 관객의 인터랙션까지 창작 행위에 포함시키고 있었으므로, 예술작품을 더 이상 자기충족적인self-contained 어떤 것으로 간주할 수 없음을 의미하는 것이기도 했다.

팅겔리의 〈메타-마틱〉은 스케치하고 그림 그리는 역할을 천재 예술가가 아닌 기계에게 위임하고, 무계획적이고 의미 없고 정신이 깃들지 않은 행위를 통해서도 당대 예술가들의 것들과 유사한 구조의 작품을 만들 수 있음을 보여 주었다. 〈메타-마틱 no.12〉(1959)(〈그림 14〉)는 5~6천 명의 관객 앞에서 3,800킬로미터에 달하는 회화를 생산해 냈다. 이 작품은 왕의 이름을 참조한 '위대한 샤를Le grand Charles'이라 불리며

---

19  실제 이 작품을 본 조르주 마티외Georges Mathieu나 한스 아르퉁Hans Hartung 같은 타시즘 작가들은 불편함을 드러냈다. https://www.tinguely.ch/en/tinguely-collection-coservation/collection.html?period=&material=&detail=ac19747d-dc9b-411a-9b88-c33b4717cfd9 (검색일: 2021.05.25)

회화의 진정한 종언을 고하는 듯
했다.[20] 그러나 팅겔리는 자신이
파괴한 천재 예술가의 자리에 기
계를 새로운 신으로 세우길 원하
지는 않은 것 같다. 이후 작업에
서 그는 자신의 기계가 생산한
것들을 다시 잘게 자르는 기계나
스스로 파괴되는 기계도 만들었
다. 또 한편 자신의 기계들을 특
허 출원 신청했고, 미술관 특히
자신이 직접 세운 바젤의 팅겔리

〈그림 14〉〈메타-마틱 no. 12 (위대한
샤를)〉과 함께 있는 장 팅겔리, 파리,
1959. Photo J. R. van Rolleghem.

미술관에 보관할 수 있도록 신경 쓴 것을 보면, 창조적 원저자의 지위
를 완전히 부정했다고 보기는 어려울 것이다.[21]

## 트로켈과 호른의 그림 그리는 기계

팅겔리의 '그림 그리는 기계'라는 아이디어는 그로부터 30여 년 후, 두
여성 미술가 로즈마리 트로켈Rosemarie Trockel과 레베카 호른Rebecca Horn
에게 계승된다. 두 사람의 기계는 팅겔리의 서로 다른 부분들을 이어받
았다. 트로켈의 기계는 팅겔리의 기계에 대한 태도를 이어받아 비판적

20  Laurence Bertrand Dorléac, *L'ordre sauvage: violence, dépense et sacré dans l'art des années 1950-1960*, Paris: Gallimard, 2004, p. 244. 〈메타-마틱 n.17〉은 음악과 향기까지 동시에 생산하며 공감각적 예술의 가능성까지 보여 주었다. Maurice Fréchuret, *La Machine à peindre*, p. 145.

21  베레나 크리거,《예술가란 무엇인가》, 조이한·김정근 옮김, 휴머니스트, 2010, 304쪽.

〈그림 15〉 로즈마리 트로켈. 〈무제 (페인팅 기계)〉, 1990.

이고도 반어적인 방식으로 작동한다면, 호른의 기계는 팅겔리 기계작품의 표현적 특성을 이어받았다. 1990년 트로켈이 만든 '그림 그리는 기계'(〈그림 15〉)는 거칠게 움직였던 팅겔리의 것보다 훨씬 차분하고 조용히 움직인다. 강철 롤러가 장착된 샤프트에는 8개의 붓이 7줄로 부착되어 있고, 전기모터로 구동되는 릴에 끼워진 종이 위로 이 붓들이 자국을 내는 방식으로 총 7점의 작품이 생산되었다. 이 작업의 핵심은 주문 제작된 붓에 있다. 각각의 붓은 당시 이름 있는 미술가였던 게오르크 바젤리츠Georg Baselitz, 지그마르 폴케Sigmar Polke, 바바라 크루거Barbara Kruger 등의 머리카락으로 만들어졌다. 트로켈은 이 붓들이 남긴 각각의 선에 미술가들의 이름을 적었다. 우리는 흔히 예술작품에는 예술가의 개성이 드러나며 화법에는 예술가의 주관성이 반영된다고 생각하는데, 이 작품은 그러한 생각에 대한 반어적 비판인 것이다. 부드럽거나 뻣뻣하고, 곱슬머리거나 금발 머리거나 브러시의 차이에 따라 분명 선 모양의 차이는 드러나지만 이것이 그 미술가의 화법이라든지 주관적인 어떤 것을 드러낸다고 보기 어렵기 때문이다. 예술가의 '몸'의 일부분으로 그려졌음에도 작품은 예술가의 '산물'이 아닌 것이다.

호른의 '그림 그리는 기계'도 거의 같은 시기에 제작되었다. 그러나 호른의 기계는 선행 작가들의 '그림 그리는 기계'에 비하면 살아 있는 생명체처럼 보인다. 호른은 기계를 생기를 지닌 살아 있는 유기체처럼 여겼고, 그래서 기계장치에 함께 부착된 깃털의 움직임을 통해 새의 경련과 같은 움직임을 만들고자 했다. 호른에게 기계는 자신의 삶을 살며 의사소통을 하고, 때로는 글을 쓰고 그림을 그리는 어떤 것이다. 무엇보다도 그것은 히스테리, 우울, 에로틱과 같은 심리적 행위를 표현할 수도 있다.[22]

1988년 호른이 선보인 그림 그리는 기계(〈그림 16〉)는 종이에 그리는 형식이 아니라, 격렬하고 율동적으로 움직이는 붓이 벽과 천장에 물감을 흩뿌리는 방식으로 작동한다. 이로 인해 벽에는 수많은 자국과 아래로 흘러내리는 물감 줄기가 생겨난다. 아래쪽에 수평으로 설치된 빈 그림틀도 회전하는 과정 중 흩뿌려지는 물감 자국들을 받는다. 이 작품에서 '그림을 그린다는 것'은 어떤 목적이 정해진 행위라기보다 경련하고 분출하는 기계의 살아 있는 과정 그 자체를 보여 주는 것과 같다.

1991년 선보인 〈연인들〉(〈그림 17〉)은 좀 더 성적인 면모를 가진 기

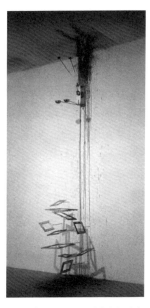

(그림 16) 레베카 호른, 〈페인팅 기계〉, 1988.

---

22  레베카 호른은 〈유니콘〉(1971), 〈손가락 장갑〉(1972), 〈연필 마스크〉(1972) 등 초기 퍼포먼스에서부터 특정 도구를 사용해 자신의 신체를 연장시키거나 제한시켜 그 이질적 형상과 행위에서 드러나는 심리와 감성을 전달하고자 했다.

〈그림 17〉 레베카 호른, 〈연인들〉, 1991.

계이다. 두 개의 유리 깔때기에 담긴 잉크와 샴페인이 모터에 의해 흩뿌리는 기계로 유입되고 벽에 뿌려진다. 마치 연인들이 샴페인과 잉크에 몸을 담그는 준비 과정을 거쳐, 그림 그리는 기계의 내부에서 결합하고, 점점 상승하는 애정 행위 속에서 춤을 추듯 액체가 산출된다. 산출하는 동작 때문에 피나 정액을 연상케 하지만, 그것이 어떤 형상을 그리는가는 중요하지 않다. 율동적이면서도 성적인 움직임, 펌프의 왕복운동과 사출운동, 회전운동의 연결이 이 기계의 목적 행위인 듯하고, 그림은 그 행위의 부수적 효과로 나타날 뿐이다.[23]

한편 호른의 그림 그리는 기계들은 일회적이다. 작가가 기계적 메커니즘을 계산하고 대략의 형상을 예상하지만, 기계의 작동 과정에서 우연적 형상이 발생하거나 예상과 전혀 다른 결과물이 나타날 여지는 늘 존재한다. 즉, 이러한 그림 그리는 기계들에서 기계는 아방가르드 예술가들이 찬양하고 기대했던 정확성, 균질성, 완벽성의 특징보다 우연과 생성을 인정하는 생명의 특성을 갖는 것이다.

이는 질 들뢰즈Gilles Deleuze가 설명한 '기계론적인 것la mécanique'과 구

---

23  레베카 호른이 2014년 하버드대학 뮤지엄에서 선보인 〈검은 비 회화 아래 날아가는 책들Flying Books Under Black Rain Painting〉도 유사한 기계식 생산 방식과 최종 작품을 보여 준다. https://www.youtube.com/watch?v=so1rfLd_OiM (검색일: 2021. 05. 25.)

별되는 '기계la machine'의 특성과도 같다. 들뢰즈에게 기계론적인 것은 한 치의 오차도 허용하지 않는 엄밀한 체계에서 움직이지만, 기계는 이질적인 것들과 섞여 언제든지 변형될 수 있는 잠정적이고 우연적인 배치 상태에 있는 것이다.[24] 이러한 의미에서 본다면, 우리가 살펴본 그림 그리는 기계들은 작동 메커니즘에만 의존하여 똑같은 생산품들을 뽑아내는 장치가 아니라, 창의적 생성이 가능한 잠재적 다양성을 지닌 기계라 할 수 있다.

## | 기계-예술가의 출현 이후

이러한 그림 그리는 기계는 그 이후 더욱 다양한 양상으로 발전했다. 예술가의 역할이 회화나 드로잉, 조각과 같은 전통 장르에서만 기계에 위임된 것도 아니다. 오히려 퍼포먼스나 미디어 아트와 같은 확장된 장르에서는 더 자유로운 기계의 사용이 나타났다. 오늘날 디지털 아트, 넷 아트, 로보틱 아트 등에서 작품은 완결된 상태로 제시되기보다 자율적으로 움직이고, 끊임없이 확장하는 형식을 취하는 경우가 대부분이다. 이러한 작품들에서는 관객의 개입과 참여 정도가 중요하기 때문에 관객도 창작자의 범주에 포함된다.

다시 말해서, 예술적 생산의 임무가 기계에게 할당되면서부터 저자author의 문제는 전환점을 맞았다고 할 수 있다. 예술가가 붓이나 해머를 사용했을 때 우리는 예술가의 몸이나 뇌가 도구를 컨트롤한다고 명백

---

24  Gilles Deleuze & Claire Parnet, *Dialogues*, Paris: Flammarion, 1996, p. 125.

하게 말할 수 있어 창작자는 예술가에 한정되었다. 그러나 예술가가 예견할 수 없는 상황조차 대응할 수 있는 지능 있는 기계를 사용하게 되면서 상황은 달라진다. 예술가와 그에 못지않은 기계의 결합을 '하이브리드 저자' 개념으로 설명하는 이도 있다. 러시아 미디어 아티스트이자 이론가인 레브 마노비치Lev Manovich는 미디어 문화로부터 비롯되는 저자의 새로운 형식에 주목한다. 특히 인공지능 사용과 관련하여, 그는 "저자와 소프트웨어 간의 협업"을 말한다.[25] 예술가가 어떤 지시를 제공하고 규칙을 만들지만, 규칙과 소프트웨어 사이의 인터랙션에서 발생하는 것들에 대해서는 작품의 디테일한 부분까지 전부 컨트롤하지 않는다고 보는 것이다. 이러한 창작 과정에서 저자의 어떤 아이디어는 실현될 수 있지만, 어떤 것들은 실현될 수 없기도 하다. 소프트웨어가 저자의 아이디어 실현을 방해하는 경우도 생긴다. 인간이 소프트웨어에 의존하면 할수록, 컴퓨터 툴을 사용해 작업하는 비중이 높을수록, 하이브리드 저자의 지분에 소프트웨어 개발업자도 몫을 차지하게 된다.

인터넷은 저자의 문제를 더욱 강화시키고 있다. 이미지와 사운드에 쉽게 접근할 수 있다는 것은 차용appropriation과 샘플링을 자유롭게 했고, 저작권 위반의 문제가 급상승했다. 실제 사례를 들어 보자. 프랑스 예술가 그룹 '콜렉티브 오비어스Collective Obvious'가 AI를 사용해 만든 창작물인 〈에드먼드 벨아미 초상Portrait of Edmond Belamy〉(〈그림 18〉)은 2018년 경매에서 43만 2,500달러에 팔리며 주목을 받았는데, 이와 함께 저작권 문제도 불거졌다. 초상화의 하단부, 작가의 서명 자리에 적

25  Lev Manovich, "Wer ist der Autor Sampling/Remixen/Open Source", *Black Box-White Cube*, Berlin: Merve-Verlag, 2005, p. 12.

힌 알고리즘 코드는 AI 기술자인 로비 배럿Robbie Barrat이 만들어 인터넷상에 공유한 오픈 소스였다. 그렇다면 〈에드먼드 벨아미 초상〉의 창작자는 알고리즘 또는 과학기술 아닌가? 적어도 작품 완성에 있어 콜렉티브 오비어스보다 알고리즘 개발자 로비 배럿의 역할이 더 크다고 할 수 있는데, 작품에서

〈그림 18〉 콜렉티브 오비어스, 〈에드먼드 벨아미 초상〉, 2018.

얻은 이익은 왜 예술가가 차지하는가? 만약 AI를 미적 주체로 인정한다면, AI의 자율적 판단, 가치판단이 가능하다고 보는 것 아닌가?

## | 기계와 인간의 연결망

결국 저작권 문제와 같은 이슈들은 "인공지능도 윤리적일 수 있는가"라는 질문까지 나아간다. 미적 주체와 윤리적 주체로서 인간과 기계의 문제에 직면해 우리는 미셸 푸코Michel Foucault의 주장을 떠올려 볼 수 있다. 그에 의하면 실제 우리의 삶에서 윤리적 주체가 된다는 것은 순간순간 어떤 행위를 선택해 가며 자신의 삶을 만들어 간다는 뜻이다. 그러한 의미에서 윤리적 주체와 미적 주체는 다르지 않다. 자신의 삶을 작품ergon처럼 여기고, 스스로 깎고 다듬으며 '제작poiesis'해 나갈 때 윤리적이면서도 미적인 '주체'가 되는 것이다. 푸코는 삶이라는 작품에 미

적 판단을 부여하고 다듬어 가는 태도를 '실존의 미학', '실존의 기술(테크네)'이라고 부른다.[26] 과연 우리는 AI에게 이러한 실존의 기술을 기대할 수 있을까? AI는 자기 자신을 윤리적으로 미적으로 제작해 가는 과정을 능동적으로 실현해 가는 주체가 될 수 있을까? 만약 우리가 AI에 이른바 아시모프Isaac Asimov의 로봇 3원칙, 아니 이보다 더 복잡한 윤리 강령과 도덕엔진을 탑재하는 것이 가능하고, 이들이 이러한 규칙에 따라서 매번 윤리적으로 행동할 수 있다고 할지라도 이 인공적 도덕행위자AMA: Artificial moral agent에게 곧바로 도덕적 책임이나 법적 책임을 물을 수 있는가? 책임은 자유로운 선택에서, 즉 자발적, 자유의지의 결과라는 것이 증명되어야 한다. 인공지능의 도덕적·미적 판단이 과연 자유의지에서 나온 것이라고 할 수 있을까?[27]

이런 의미에서 인공지능을 도덕적·미적 행위자로 고려하는 문제는 어쩌면 인간에 대한 새로운 이해를 추구하는 과정일 수 있다. 인공적 도덕 행위자를 미적·윤리적 주체로까지 인정할 것인지 말 것인지 문제는 미적·윤리적 주체로서 인간의 규정이 선행되어야 하기 때문이다. 인공지능과 함께 살아가는 인간이 어떻게 미적·윤리적 주체로서 자율적으로 행동하는지, 그리고 자유와 책임을 어떻게 얼마나 지려 하는지

---

26　Michel Foucault, *Histoire de la sexualité* 2. *L'Usage des plaisirs*, Paris: Gallimard, 1984, pp. 16-17; 《성의 역사 2: 쾌락의 활용》, 문경자·신은영 옮김, 나남, 1997, 25쪽.

27　김재인 연구자의 경우에는 인공지능은 작품에 대한 가치평가나 판단을 내리지 못하므로 오히려 인간의 안목이 중요해질 것이라 진단하고 있다. 김재인, 〈인공지능은 예술작품을 창작할 수 있을까?〉, 유현주 엮음, 《인공지능시대의 예술》, 도서출판 b, 2019, 86~87쪽. 이임수 연구자는 인공지능 시대의 예술에서는 기존의 예술가, 기술적 지지체, 수행 언어, 관객이 만드는 장에 '에이전트'라는 (대리)행위자 축을 더해야 함을 주장한다. 이임수, 〈인공지능 시대 예술의 패러다임 전환: 모더니즘 이후 매체 개념의 변화와 에이전트로서의 예술 매체 등장〉, 《현대미술사연구》 48, 2020, 236쪽.

먼저 살펴보아야 한다. 앞에서 우리는 아직 인간중심주의 사고에서 벗어나지 못했던 시기에 기계와의 결합을 추구하고, 기계로 가장 인간적인 행위인 창작을 수행하려 한 예술가들의 시도를 보았다. 이들은 처음에는 인간과 확연히 다른 기계의 특성들에 경도되어 예술작품에서도 그러한 기계의 속성을 드러내고자 하였으나, 점점 기계가 가진 생명력과 잠재성에 초점을 맞추는 쪽으로 전개시켰다. 예술매체도 예술과 인접한 다른 이질적인 것들과 끊임없이 관계를 맺으며 확장해 나가는 경향을 보여 주었다. 우리는 좁은 범위에서 '그림 그리는 기계'에 국한하여 살펴보았지만, 어쩌면 들뢰즈의 표현처럼 예술 자체가 "생산하는 기계, 특히 효과들을 생산하는 기계"일지도 모른다. 이 '예술이라는 기계'가 생산하는 효과는 다름 아니라 우리가 우리 내면을, 그리고 외부 세계를 바라볼 수 있도록 하는 것이다.[28]

우리는 예술과 기술, 인간과 기계, 예술가와 작품, 또는 예술가와 관객이 대립적이거나 위계를 이루고 있는 관계가 아님을 알게 되었다. 모두 연결되어 서로가 서로를 구성하고, 지속적으로 각 항들을 재규정해 나가는 관계망에서 바라보아야 하는 것이다. 이러한 관계망에서라면 어쩌면 인공지능이 홀로 윤리적·미적 주체가 될 수 있는지 질문할 필요는 없어질 것이다.

---

28  질 들뢰즈, 《프루스트와 기호들》, 서동욱·이충민 옮김, 민음사, 1997, 230쪽.

# 참고문헌

https://www.tinguely.ch/en/tinguely-collection-coservation/collection.html?pe
riod=&material=&detail=ac19747d-dc9b-411a-9b88-c33b4717cfd9 (검색일:
2021.05.10.)

https://www.youtube.com/watch?v=so1rfLd_OiM (검색일: 2021.05.10.)

김재인, 〈인공지능은 예술작품을 창작할 수 있을까?〉,《인공지능시대의 예술》, 유현주
엮음, 도서출판 b, 2019, 55~87쪽.

들뢰즈, 질,《프루스트와 기호들》, 서동욱 · 이충민 옮김, 민음사, 1997.

루셀, 레몽,《아프리카의 인상》, 송진석 옮김, 문학동네, 2019.

_____,《로쿠스 솔루스》, 오종은 옮김, 이모션픽처스, 2014.

이임수, 〈인공지능 시대 예술의 패러다임 전환: 모더니즘 이후 매체 개념의 변화와 에
이전트로서의 예술 매체 등장〉,《현대미술사연구》48, 2020, 215~242쪽.

자리, 알프레드,《파타피지크 학자 포스트롤 박사의 행적과 사상: 신과학소설》, 이지원
옮김, 워크룸프레스, 2019.

크리거, 베레나,《예술가란 무엇인가》, 조이한 · 김정근 옮김, 휴머니스트, 2010.

포시용, 앙리, 〈손을 예찬함〉,《앙리 포시용의 형태의 삶》, 강영주 옮김, 학고재, 2001.

한의정, 〈아방가르드 예술의 기계인간 연구〉,《인문과학연구논총》39-3, 2018, 49~75쪽.

_____, 〈파타피직스 세계의 기계와 인간:《독신자 기계》전(1975)을 중심으로〉,《횡단
인문학》8, 2021, 81~105쪽.

Banham, Reyner, *Theory and Design in the First Machine Age*, Cambrdige,
Mass.: MIT Press, 1980.

Deleuze, Gilles & Claire Parnet, *Dialogues*, Paris: Flammarion, 1996.

Dohm, Katharina & Heinz Stahlhut, "Art Machines Machine Art-The Spirit in
the Machine", *Kunstmaschinen Maschinenkunst/ Art Machines Machine
Art*, exhibition catalog, Heidelberg: Kehrer, 2007.

Dorléac, Laurence Bertrand & Jérôme Neutres, *Artistes & Robots*, exhibition catalog, Paris: RMN, 2018.

Dorléac, Laurence Bertrand, *L'ordre sauvage: violence, dépense et sacré dans l'art des années 1950-1960*, Paris: Gallimard, 2004.

Foucault, Michel, *Histoire de la sexualité 2. L'Usage des plaisirs*, Paris: Gallimard, 1984.(《성의 역사 2: 쾌락의 활용》, 문경자·신은영 옮김, 나남, 1997.)

Fréchuret, Maurice, *La Machine à peindre*, Marseille: Éditions Jacqueline Chambon, 1994.

Hoffmann, Justin, "Artist Becomes Machine Becomes Artist", *Kunstmaschinen Maschinenkunst/Art Machines Machine Art*, exhibition catalog, Heidelberg: Kehrer, 2007.

Manovich, Lev, "Wer ist der Autor? Sampling/Remixen/Open Source", *Black Box-White Cube*, Berlin: Merve-Verlag, 2005, pp. 7-28.

Pontus Hultén, K.G., *The Machine as Seen at the End of the Mechanical Age*, exhibition catalog, New York: Museum of Modern Art, 1968.

Rutsky, R. L., *High Technē: Art and Technology from the Machine Aesthetic to the Posthuman*, Minneapolis: University of Minnesota Press, 1999.

Sanouillet, Michel and Elmer Peterson (eds.), *Salt Seller. The Writings of Marcel Duchamp*, London: Thames and Hudson, 1975.

Staniszewski, Mary Anne, *The Power of Display: A History of Exhibition Installations at the Museum of Modern Art*, Cambridge, Mass.: MIT Press, 1998.

Szeemann, Harald et al., *Junggesellenmaschinen/Les Machine célibataires*, Venice: Alfieri, 1975.

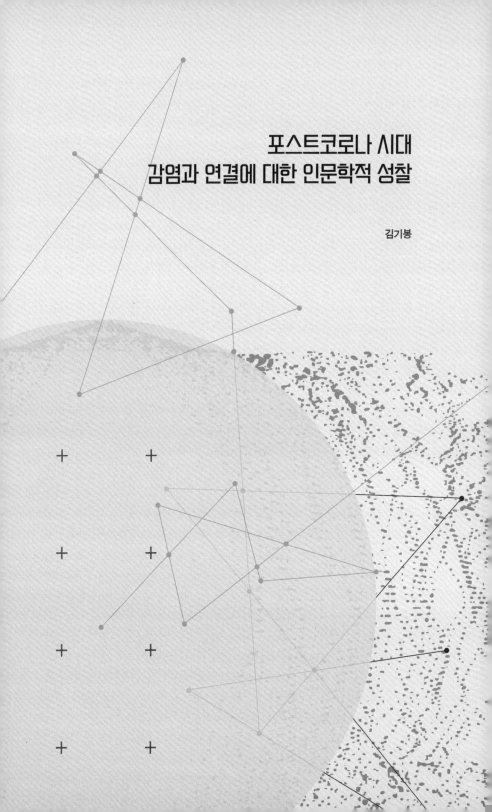

# 포스트코로나 시대
## 감염과 연결에 대한 인문학적 성찰

김기봉

이 글은 강원대학교 인문과학연구소 학술대회 '초연결시대, 이질성과 다양성에 대한 인문학적 사유'(2021년 1월 29일)에서 발표되었으며, 《인문과학연구》제68집 (2021)에 실린 원고를 수정, 보완한 것이다.

# | 이기적 유전자 vs. 인간의 무늬ㅅ文 |

과학이 알려 준 인간 정체성을 나타내는 코드는 유전자 정보다. '나'라는 개체는 부모의 유전자에서 왔고, 내 유전자의 반만이 배우자의 유전자 다른 절반과 함께 자식에게 남겨진다. 한 개체의 유전자가 온전히 복제되는 것이 아니라, 유성생식을 통해 암수의 유전자들이 교차되는 과정에서 변이가 일어날 수 있으며, 이렇게 생명은 진화한다. 인생은 짧고 유전자는 길다. "우리는 임무를 다하면 죽음이란 과정으로 폐기처분되지만, 유전자는 지질학적 시간을 살아가는 존재이며, 영원하다."[1] 리처드 도킨스Richard Dawkins는 생명체란 유전자로 알려진 이기적 분자를 보존하기 위해 프로그램된 생존기계라고 정의했다.

"슬기롭고 슬기로운 인류"라는 뜻의 "호모 사피엔스 사피엔스"라는 학명을 가진 현생인류도 유전자의 로봇 운반자들 가운데 하나다. 다른 특이점은 자신이 그렇게 생겨났다는 것을 알고 유전자의 프로그램을 거부하는 행동으로 존재의미를 규정하려는 노력을 기울인다는 점이다. 그럴 수 있는 것은 인간의 뇌가 유전자의 명령을 실행하는 단순한 컴퓨터가 아니라, 유전자의 독재에 저항하는 의식을 발현시키기 때문이다. 도킨스는 "의식이란 실행의 결정권을 갖는 생존기계가 궁극적인 주인인 유전자로부터 해방되는 진화 경향의 극치"[2]라고 했다. 생명체는 자손을 많이 퍼뜨리도록 프로그램되어 있지만, 인간은 피임을 발명하여 증식을 억제한다. 그렇게 인간만이 자연선택을 멈추게 하는 산아

---

1   리처드 도킨스,《이기적 유전자》, 홍영남·이상임 옮김, 을유문화사, 2006, 93쪽.
2   리처드 도킨스,《이기적 유전자》, 130쪽.

제한이라는 반자연적인 행동을 하는 것은 의식의 작용 덕분이다. 의식이 인간과 짐승 사이의 구분을 만들어 내고, "사람은 못 돼도 괴물은 되지 말자"는 말을 하게 만든다. 사람의 무늬를 지칭하는 인문人文은 인간 의식이 만들어 낸 결정체다. 인문의 의미를 잘 표현한 것이 "호랑이의 줄무늬는 밖에 있고 인간의 줄무늬는 안에 있다"[3]는 히말라야 고원 라다크 지역의 속담이다.

모든 호랑이가 똑같진 않다. 불평등과 차이는 갈등을 야기하고, 그래서 호랑이들의 세계도 나름의 질서가 작동한다. 그 질서를 인간들은 자기중심적으로 '동물의 왕국'이라고 표현한다. 동물의 왕국은 자연 세계다. 자연은 '이기적 유전자'의 지배로부터 벗어날 수 있는 탈출구가 없는 현실 세계다. 이에 반해 의식을 가진 인간은 현실의 감옥에서 탈출하려는 꿈을 꾸며, 꿈을 펼칠 수 있는 가상공간으로 허구 세계를 창조했다. 무엇보다도 인간이 구사하는 언어가 현실 밖 상상의 세계로 들어가는 문을 여는 열쇠의 기능을 했다. 인간이 내면에 자신의 줄무늬를 새길 수 있게 된 것도 언어가 부리는 마술 덕분이다.

인간은 다른 동물과는 다르게 자연과 문화라는 두 개의 삶의 조건 속에서 산다. 인간은 먹어야 살고 호흡을 하지 않으면 살 수 없다. 자연이 부여한 생명 조절 법칙을 인간은 거부할 수 없고 생존하려면 무조건 따라야 한다. 하지만 인간은 다른 동물처럼 자연의 법칙에 따르는 순종하는 삶을 살지 않고, 자연에 잘 적응할 수 있도록 스스로를 길들이는 개선의 길을 모색했다. 현생인류가 탄생한 이래로 구석기시대라 명명된 대부분의 시간을 수렵채집을 하는 삶을 살다가, 지금부터 1만 년 전

---

3　헬레나 노르베리 호지, 《오래된 미래》, 양희승 옮김, 중앙북스, 2012, 77쪽 재인용.

쯤 자연에 맞게 삶의 방식을 길들이는 방향으로 전환하여 정착해서 농경생활을 시작했다. 유발 하라리Yuval Harari는 우리가 밀을 길들인 것이 아니라 밀이 우리를 길들임으로써 신석기 농업혁명이 일어났다고 했다. "길들이다, 가축화하다'라는 뜻의 단어 'domesticate'는 '집'을 뜻하는 라틴어 'domus'가 어원이다. 집에서 사는 존재는 누구인가? 밀이 아니다. 호모 사피엔스다."[4]

인간이 자연을 따르는 수동적 삶이 아니라 능동적으로 대처해 가는 것으로 자기정체성을 규정하고 존재의미를 만들면서 창조한 독자적인 세계가 문화다. 인간 이외의 다른 동물은 자연에 살지만, 인간은 문화라고 총칭되는 자기 자신이 짠 의미의 거미줄에 매달려 산다. 그런 의미의 거미줄을 형성하고 거기에 매달려 사는 개체로서의 품성은 유전자로 결정된 것이 아니라, 유전자의 "확장된 표현형extended phenotype"[5]으로 발현된다. 거미가 거미줄을 만드는 행동은 유전자로 결정된 본능이다. 하지만 그렇게 생겨난 거미줄이 생태계에 미치는 영향력은 생물학적 유전자만으로는 설명되지 않는다. 좀 과장해서 말하면, 그것이 만들어 낸 효과는 전 세계와 연결되어 '나비효과'처럼 증폭될 수 있다.

유약한 유인원로 탄생한 현생인류가 지구 환경의 미래를 결정하는 '인류세Anthropocene'라는 신기원을 열었다고 할 만큼의 영향력을 갖게 된 것은 도킨스가 '유전자의 긴 팔'이라 지칭한 "확장된 표현형"의 소산인 문화를 창조한 덕분이다. 노암 촘스키Noam Chomsky나 스키븐 핑커

---

4  유발 하라리, 《사피엔스-유인원에서 사이보그까지, 인간 역사의 대담하고 위대한 질문》, 조현욱 옮김, 이태수 감수, 김영사, 2015, 126쪽.

5  리처드 도킨스, 《확장된 표현형: 〈이기적 유전자〉 그다음 이야기》, 홍영남·장대익 옮김, 을유문화사, 2016.

Steven Pinker의 주장대로 인간 언어는 뇌의 유전자로부터 발현되는 '언어 본능'[6]일 수 있다. 하지만 중요한 것은 언어 본능 그 자체가 아니라 언어가 만들어 낸 상징 세계다. 상징 세계로부터 문화가 생겨났다. 자연에 사는 동물은 감각에 따라 행동하지만, 문화의 세계에 사는 인간은 의미를 추구하기 위해 행동한다. 인간이 의미를 만들어 내는 가장 유용한 수단이 이야기다. 인간은 언어를 매개로 해서 이야기라는 문화를 증식하는 생식세포를 발명했고, 이로써 몸이 아니라 생각과 감정을 자기 복제를 할 수 있는 인자를 생성했다. 그런 문화의 DNA를 도킨스는 '밈meme'이라고 명명했다. 내가 한국인인 이유는 한국 사람이라는 생물학적 유전자를 갖고 있기 때문이 아니라 한국 문화의 유전자, 곧 밈이 복제돼 있기 때문이다. 그래서 한국인이라도 미국으로 이민을 가서 거기서 자식을 낳고 기르면 그 아이는 한국인이 아니라 미국인으로 자라난다. 문화의 복제는 섹스가 아닌 모방과 학습으로 이뤄진다. 그런 모방과 학습을 하는 인간 행위를 교육이라 부른다.

일란성 쌍둥이는 돌연변이가 일어나지 않는 한 서로 동일한 유전체를 지니며 동일한 성으로 태어난다. 하지만 어떤 환경에서 자라나느냐에 따라 다른 인간이 된다. 유전적 특성을 지칭하는 '제노타입Genotype(유전형)'보다는 환경과의 상호작용으로 결정되는 '페노타입Phenotype(표현형)'으로 형성되는 내면의 무늬가 그 사람의 정체성을 결정한다. 사람만이 인문人文을 바탕으로 자기 삶의 주인으로 살려는 의지를 갖기에, 사르트르Jean Paul Sartre는 "실존은 본질에 앞선다"고 말했다.

---

6  스티븐 핑커, 《언어본능 – 마음은 어떻게 언어를 만드는가?》, 김한영 옮김, 동녘사이언스, 2008.

사물은 생겨날 때부터 본질이 정해지지만, 인간은 자기 삶의 의미를 스스로 규정하는 실존적 존재라는 것이다.

이 세상에 존재하는 모든 생명체는 혼자서는 생존할 수 없고 세상을 내 맘대로 살 수 없다. 타자의 총합인 환경에 맞추지 않고는 생존 자체가 불가능하다. 생명체의 기본 요건 가운데 하나가 적응adaption이다. 다윈Charles Darwin이 《종의 기원》의 결론처럼 말한 명제와 같이 "가장 강한 종이 아니라 가장 적응을 잘 하는 종이 살아남는다." 그런 적응을 가장 잘 하는 동물이 현생인류이기에 지구에서 최상위 포식자가 될 수 있었다. 인간이 적자생존에 가장 유리할 수 있었던 이유는 자연에 적응하는 것을 넘어 인간적 필요와 욕구에 따라 변형시키는 문화를 만들어 냈기 때문이다. 인류는 생물학적인 유전적 적응뿐만 아니라 전승된 문화적 정보를 활용하는 삶의 방식을 영위하기에, 전 지구의 다양한 서식지를 점령하는 지구의 정복자가 될 수 있었다. 그런 문화적 정보를 습득하고 활용하는 방법과 지침을 가르치는 교육의 근본이 인간 내면의 무늬인 인문이다. 인문 교육은 사람을 목수로 만드는 것이 아니라 목수를 인간으로 만드는 것을 목표로 한다. 인간이 이기적 유전자의 지배에서 벗어날 수 있었던 해방구가 문화라면, 문화유전자를 전달하고 복제할 수 있는 기본 자질과 품성으로 계발한 것이 인문이다.

움베르토 에코Umberto Eco가 "그 아름답던 장미는 사라지고 없고, 이제 남은 것은 그 이름뿐"이라 말했듯이, 인간은 실재가 사라진 후에도 그것의 의미를 함축하는 이름을 남길 수 있다. 인간이 그럴 수 있는 것은 인간 언어가 사물을 추상화해서 개념적 사고를 할 수 있게 해 주고, 그런 언어의 조합을 통해 만들어 낸 이야기가 생각하는 인류人類인 호모 사피엔스를 이야기하는 인간사間인 '호모 나랜스Homo Narrans'[7]로 변환시켰기 때문이다. 인간은 이야기를 통해 주어진 현실 세계를 초월하여 허구 세계로 날아오를 수 있는 상상력의 날개를 획득했다. 인간은 이야기로 인문을 형상화했고, 그런 작업을 전담하는 학문이 인문학이다. 인문학이 만드는 이야기의 가장 근본적이고 중요한 주제는 "나는 어디서 왔고, 무엇이며, 어디로 가는가?"이다. 이 세 가지 물음이 인문학 3문問이다. 인문학 3문에 답하는 서사의 형식은 플롯을 구성하는 방식의 차이에 따라 크게 문文·사史·철哲의 셋으로 구분된다. 인간의 모든 이야기는 사실과 허구의 조합을 내용으로 한다. 문학이 주로 허구를 만들어 낸다면, 역사는 일어났던 사실을 기록하고, 철학은 그 둘에 관한 이념적 또는 메타적 사고를 한다.

우리가 사는 세상은 시간과 공간이라는 씨줄과 날줄로 엮여진 4차원 세계다. 문명은 이 4차원 세계에서 인간이 이룩한 것들이다. 우리 시대 가장 유명한 중세사가인 르 고프Jacques Le Goff는 문명을 인간이 "시간과 공간을 어떻게 다스리느냐에 의해 정의된다"[8]고 했다. 인간만이 시간과 공간으로 이뤄진 세상을 자기 식대로 전유하려는 시도를 하며, 그로부터 성립한 것이 문명이다. 그런데 코로나19는 인류가 그 이전 세상으로 되돌아갈 수 없는 문명의 전환을 일으켰다. 보이지 않는 코로나 바이러스의 공습은 인간과 자연, 국가와 세계, 나와 타자, 현실 공간과 디지털 공간, 심지어 현재와 미래의 연결에 관한 새로운 문법을 요청한

---

7  John D. Niles, *Homo Narrans: The Poetics and Anthropology of Oral Literature*, Univ of Pennsylvania Pr., 2010.

8  자크 르 고프·장-모리스드 몽트르미, 《중세를 찾아서》, 최애리 옮김, 해나무, 2005, 183쪽.

다. 코로나19가 나타나기 이전부터 인류는 4차 산업혁명을 구호로 내걸고 인간이 시간과 공간을 통제하는 방식의 전환을 모색했다. 코로나19는 10년 걸릴 전환을 단 1년 만에 성취하는 효과를 낳았다. 인간의 적응력이 그만큼 뛰어나다는 증거다. 하지만 코로나19 팬데믹은 근대 문명 패러다임을 대체하는 신문명 모델을 만들지 않으면 미래 문명의 지속가능성이 위협받을 수 있다는 경종을 울렸다.

　코로나바이러스가 왜 인간에게 감염이 되었는지를 밝히고, 그것을 잡을 백신을 개발하는 것은 과학자들의 과제이지 인문학자가 할 수 있는 일이 아니다. 앞으로 다가올 포스트코로나 시대 인간 정체성과 존재 의미에 대해 성찰하는 것이 인문학의 역할이다. 백신을 통해 집단면역이 형성된다고 해도 인류가 자연과의 연결 문법을 바꾸지 않는 한, 감염병의 공습은 계속 이어질 수밖에 없다. 타자와의 연결은 물질적·정신적 감염을 동반한다. 인류는 기본적으로 감염을 차단하기보다는 그것을 통해 몸과 마음을 진화시켰기 때문에 지구의 정복자라는 현재의 위치에 이를 수 있었다. 하지만 코로나19 팬데믹은 그런 인류 문명의 지속가능성에 경종을 울렸다. 46억 년의 역사를 가진 지구에서 인류는 결코 주인이 아니며 잠시 머무르는 손님일 뿐이고, 다른 동반자들과 지구라는 집을 공유해야 한다는 것이 이번 사태로 명확해졌다. 코로나바이러스가 "우리는 어디서 왔는지?"에 대한 반성을 촉구했다면, 포스트코로나 시대에 "우리는 무엇이며, 어떻게 살 것인지?"에 대한 인문학적 성찰을 해야만 한다.

## | 코로나 '때문에'와 '덕분에' |

기차가 터널 속에 있어 보이지 않는다고 해서 기차가 가지 않은 것은 아니다. 코로나가 점령한 세상에서도 인류 문명의 기차는 탈선하지 않고 계속 달렸다. 그런 사이에 세상은 BC Before Corona와 AC After Corona로 시대구분될 만큼 대변혁이 일어났다. 인류는 위기를 새로운 질서를 만들어 내는 전환의 기회로 활용하는 특유의 생존 전략을 갖고 있다. 그것은 갈 길을 제시하는 나침판이 되는 담론을 만들어 내는 것에서 나온다. 담론으로 꿈꾸는 미래를 시뮬레이션하는 호모 나랜스의 특성이 인간에게 환경의 도전에 가장 잘 응전하는 재주를 부여했다. 그런 맥락에서 현실은 아직 코로나19가 지배하고 있지만, 그 이후 세상에 대한 청사진을 그리는 포스트코로나 담론이 등장했다. 인간은 새벽이 오기 직전이 가장 어둡다는 것을 알기에, '포스트'라는 접두사를 붙여서 지난밤을 되돌아보는 성찰을 하는 한편, 밝아 올 미래를 전망한다. 인간은 밤이 돼서야 날기 시작하는 미네르바의 부엉이가 아니라, 새벽이 밝아 오고 있음을 알고 생각의 날개를 펴는 새다. "우리에게 코로나19는 무엇인가?"

세상만사는 양면성이 있다. 아무리 좋은 것도 아무리 나쁜 것도 빛과 그림자로 동전의 양면처럼 존재한다. 코로나19도 마찬가지로 우리에게 이중의 의미가 있다. 우리는 코로나19 '때문에' 고통을 받는다. 그리고 코로나19 '덕분에' 성찰을 한다. 코로나19가 2000년 전의 그리스도처럼 BC와 AC의 시대구분을 하게 만들었다면, 그것이 우리에게 전한 메시지는 무엇인가? 그리스도의 십자가로 상징되듯이 구원을 위한 복음의 메시지는 고난과 고통을 동반한다. 코로나 '때문에' 우리는 어떤 고통을 겪었으며, 코로나 '덕분에' 받은 구원의 메시지는 무엇인가?

코로나19 방역에서 가장 강조하는 수칙이 '사회적 거리두기'와 마스크 쓰기다. 그러면서 우리 일상생활에 많은 제약이 생겨났다. 그것 때문에 우리가 겪는 정신적 고통 일반을 지칭하는 말이 '코로나19'와 '우울감blue'을 합해 만든 '코로나 블루'다. 코로나19 사태의 장기화로 인해 우리 일상생활이 마비됨으로써 생겨난 우울감이나 무기력증을 뜻한다. 코로나19 덕분에 우리가 새삼 깨달은 것이 일상의 소중함이다. 백신은 나왔지만, 언제 마스크를 벗고 서로 자유롭게 만나 이야기하고 함께 먹고 마시는 일상으로 되돌아갈 수 있을지는 기약이 없다. 만나지 않고도 화상을 통해 일은 할 수 있다. 코로나는 비정상적인 것을 새로운 표준으로 바꾸는 뉴노멀을 일상적 현상으로 만들었다. 하지만 정작 일상생활의 뉴노멀은 아직 멀었다. 비대면으로 함께 먹고 마시고 상대방의 숨결을 느끼는 세상은 가장 마지막 뉴노멀로 도래할 것이다. 인간이 몸의 한계에서 벗어나는 포스트휴먼post-human이나 트랜스휴먼trans-human으로 탈바꿈하지 않는 한, 일상은 가장 변하지 않는 삶의 보루로 남아 있을 것이다.

코로나19는 일상이 사소하지만 삶의 기본임을 절실히 깨닫게 했다. 일상적 삶이 영위되는 공간이 생활세계다. 에드문트 후설Edmund Husserl은 생활세계를 과학으로 개념화되기 이전 모든 경험의 보편적 기반이자 삶의 근본으로 보고, 그것을 토대로 하여 학문을 재정립하는 현상학을 창시했다.[9] 우리 삶은 관계로 이뤄져 있다. 인류人類를 인간人間으로 만든 것은 관계였다. '사회적 거리두기'는 관계를 단절시켰다. 일상에서

---

9　에드문트 후설, 《유럽 학문의 위기와 선험적 현상학》, 이종훈 옮김, 한길사, 2016,

남과 관계를 맺는 것으로 우리는 존재의미를 향유한다. "뭉치면 죽고, 흩어지면 산다"를 구호로 하는 '사회적 거리두기'는 그것을 차단했기에, 우리는 우울하고 무력감에 빠져 있다.

인간의 생각하는 기관인 뇌는 다른 동물과 비교해서 유별나게 크지 않다. 최대 장점은 신경세포인 뉴런과 뉴런 사이의 틈새에 수많은 시냅스가 연결돼 있다는 점이다. 인간의 뇌는 하나의 뉴런에 많게는 10만 개의 뉴런들이 시냅스로 연결된다. 그런 연결이 늘어날수록 정보를 처리하는 속도가 빨라지기에 동물 가운데 인간의 지능이 가장 높다. 거기에 덧붙여 뇌과학자 장동선은 인간에게는 "뇌 속에 또 다른 뇌가 있다"[10]고 했다. "우리의 뇌는 다른 사람들의 뇌를 복사해서 우리의 뇌 속에 넣고 늘 연구하고 있습니다. 다른 뇌들은 어떻게 작동할지, 어떠한 생각을 할지, 어떠한 감정을 느낄지를요. 우리의 뇌가 이렇게 다른 사람들의 뇌를 탐색하지 않는다면, 그들로부터 배우지 않는다면 우리는 아마 그 누구와도 소통할 수 없고, 이해받을 수 없는 우울한 존재로 전락하고 말 것입니다. ⋯ 이런 '나'는 혼자일 때 행복하지 않습니다. 무엇보다 사랑하고 아끼는 다른 사람과 함께 있을 때 행복을 느낍니다. 왜 그럴까요? 그것은 바로 '사회적 뇌'로 진화했기 때문입니다. 좀 더 쉽게 말하자면, 우리의 뇌는 다른 사람들과 함께 공동체 생활을 하기 위해 최적화된 뇌이고, 그래서 제대로 소통하고 상호작용을 할 수 있는 또 다른 뇌가 있을 때 행복감을 느끼는 거랍니다."[11]

인간은 "나는 나다"라는 자의식을 갖고 있으면서 '사회적 뇌'와 연결

---

10  장동선, 《뇌 속에 또 다른 뇌가 있다》, 염정용 옮김, arte, 2017.

11  장동선, 《뇌 속에 또 다른 뇌가 있다》, 7~8쪽.

되어 있다. 그런 이중성이 인간을 이기적이면서 이타적 존재로 만들었다. 생명체를 이루는 기본 단위는 세포다. 세포들의 집합으로 구성된 몸은 "물리적으로 분리된 신체"로 존립하고, 그것을 아는 뇌가 '나'라는 의식을 갖는다. "나는 나다"라는 자의식은 알파고AlphaGo와 같은 인공지능에게는 없다. 알파고가 이세돌 9단에게 이겼을 때, 이세돌은 패배로 슬픔에 잠겼지만 알파고는 어떤 감정도 표출하지 않았다. 알파고는 무지無知하지는 않지만 무아無我다. 알파고에게는 디지털 기호로 계산해서 생각하는 컴퓨터라는 뇌가 있다. 알파고의 연산력은 수많은 컴퓨터들과의 연결을 통해 증강된다. 하지만 뇌 속의 또 다른 뇌인 '사회적 뇌'는 갖지 못한다. 왜 그럴까? 아직은 타자에 비추어서 자기를 보는 자의식이 생겨나지 않았기 때문이다.

내가 죽는다는 것은 나의 뇌가 더 이상 작동하지 않는다는 것을 뜻한다. 하지만 나는 안다. 내 뇌는 죽음과 함께 폐기처분돼도 '사회적 뇌'는 여전히 다른 사람의 뇌 속에서 작동할 수 있다는 것을. 인간이 다른 동물에게는 없는 문화를 만들어 낼 수 있었던 것은 집단학습 덕분이다. 집단학습은 이 세상에 없는 죽은 사람들의 뇌까지를 포함해서 인류 전체의 뇌를 연결하여 학습하는 것을 뜻한다. 집단학습은 내 뇌가 하는 것이 아니라 '사회적 뇌'가 한다. 그런 '사회적 뇌'를 기반으로 인간은 가장 많은 이기적인 개체들이 모여 가장 강력한 협력 공동체를 형성할 수 있었다. 유발 하라리는 그것이 바로 연약한 유인원이었던 호모 사피엔스를 만물의 영장으로 도약하게 만든 요인이라 지적했다.[12]

인간이 '사회적 뇌'의 네트워크로 창조한 의미의 그물망이 문화다. 타

---

12  유발 하라리, 《사피엔스》.

자와 일상적 관계를 맺는 생활세계가 문화라는 의미 세계의 토대를 이룬다. 코로나19는 우리의 일상적 생활세계를 마비시켰다. 그래도 문명이 정지하지 않을 수 있었던 것은 현실 공간 너머에 가상의 디지털 공간을 구축해 놓았기 때문이다. 역설적이게도 코로나19가 현실 공간을 점령한 덕분에 10년 걸려 추진할 디지털 공간으로의 전환을 단 1년 만에 완수했다. 하지만 그런 속성의 변화를 아날로그 존재인 인간은 쉽게 따라가지 못한다. 디지털 공간에 의한 '생활세계의 식민화'가 우리를 무기력하고 우울의 나락에 빠지게 할 뿐만 아니라 '사회적 뇌'까지도 병들게 만들었다.

디지털 시대에는 누구나 의견을 자유롭게 개진하는 정보의 민주화가 이룩될 수 있는 인터넷 미디어 환경이 조성됐다. 하지만 SNSSocial Network Services/Sites를 통한 연결이 '사회적 뇌'의 지능을 높이고 소통의 공간을 확장했는가? 오히려 정보의 편향성을 심화시키는 부작용을 낳는 경향성이 생겨났다. SNS를 통해 같은 생각을 가진 정파와 사회적 진영 및 집단에 속한 사람들끼리만 정보를 주고받는 소통 방식은 '사고의 공조화'를 통해 정보를 과장하고 확증 편향confirmation bias을 심화시켰다. 인터넷상에는 '가짜뉴스fake news'가 판을 친다. 사람들이 지식과 정보를 가장 많이 접하는 매체는 유튜브다. 이제는 누구나 어디서든 자기 콘텐츠를 만들어 유통시켜서 여론과 시장을 형성할 수 있는 1인 미디어 전성시대가 도래했다. 하지만 정보의 민주화가 언론과 사상의 자유를 향유하게 만들기보다는 오히려 사람들을 생각의 감옥에 가두는 역설을 낳는다. 그런 모순이 발생하는 이유를 설명하는 두 용어가 '필터 버블filter bubble'과 '에코 챔버echo chamber'다. 필터 버블은 구글, 페이스북, 아마존, 네이버 등과 같은 대형 인터넷 정보기술IT 업체가 개인 성향에 맞춘(필터링 된) 정보만을 제공하여 비슷한 성향의 이용자를 하나의 거품 속에 가두는 현상을 지칭한다. '에코 챔버'는 좁은 방안에서 일어나는 메아리 효과처럼 인터넷 공간에서 자신과 생각이 유사한 사람들끼리만 소통하면서 점점 더 편향된 사고를 갖는 현상을 비판적으로 이르는 말이다. 모든 소셜미디어 기업은 이용자에게 맞춤형 정보를 주는 '필터 버블'이 있다. 하지만 '에코 챔버'에 갇혀 있는 이용자는 그것을 인식하지 못한다. 그러다 보니 인터넷 공간은 광장의 민주주의가 꽃을 피우는 소통의 해방 공간이 아니라 가짜뉴스를 유통시키면서 편싸움을 하는 권력투쟁의 장으로 변질됐다.

오늘날 디지털 미디어 환경에서는 지식과 정보를 소통하고 공유하는 플랫폼의 순기능과 불행의 바이러스를 증식하는 온상지로서의 역기능이 동시에 일어난다. 트위터나 페이스북 같은 SNS에 많은 사람들이 중독되는 주된 이유는 다른 사람의 관심과 인정을 갈망하기 때문이다. 그러다 보니 연결되면 될수록 소통되는 것이 아니라 오히려 정반대의 현상이 벌어진다. 상대적 박탈감이 심화되고, 그로부터 남의 불행을 나의 행복으로 여기는 '좀비' 같은 사람들이 많아진다. SNS를 통해 한 평범한 사람이 어느 날 갑자기 스타로 떴다가 가짜뉴스로 하루아침에 추락하는 천당과 지옥을 오가는 고통을 겪거나, 댓글 비방으로 인격 살인을 당해 극단적인 선택을 한 연예인도 여럿 있다. 순전히 타인에게 관심을 받을 목적으로 인터넷 게시판에 글을 작성하거나 댓글을 달고, 이목을 끌 만한 사진이나 영상을 올리는 것으로 삶의 의미를 찾는다. 그렇게 남들에게 관심과 인정을 받고 싶은 욕구가 병적인 수준에 이른 사람들을 지칭하는 표현으로 '관종關種'이란 말도 생겨났다.

헤겔G. W. F. Hegel은 사회적 갈등이 발생하는 원인을 홉스Thomas

Hobbes처럼 '자기보존self-preservation'의 이기적 욕망에서 찾지 않고, 각자가 갖는 인륜적 삶을 인정받고자 하는 도덕적 충동인 '인정을 위한 투쟁struggle for recognition'으로 설명했다.[13] 헤겔은 다른 사람들에게 인정을 받으려는 우월욕망과 다른 사람과 등등하게 인정받고 싶은 대등욕망으로 역사가 진보한다고 보았다. 우월욕망과 대등욕망 둘 다를 충족시킬 수 있는 사회가 자유민주주의 체제다. 프랜시스 후쿠야마Francis Fukuyama는 그런 자유민주주의가 1989/90년 현실 사회주의가 자체 몰락함으로써 승리를 거둔 것을 진보의 과정으로서 역사가 마침내 목적지에 도착한 것이라 주장했다.[14] 오늘날 '역사의 종말' 테제를 믿는 사람은 거의 없다.

디지털 시대에는 거의 모든 사람이 쉽게 우월욕망과 대등욕망을 충족하기 위해 인정투쟁을 벌일 수 있는 미디어 환경이 조성됐고, 그럼으로써 자유민주주의가 전성기를 맞이하기보다는 오히려 자유주의와 민주주가 위기에 봉착했다. 고대 그리스로부터 발원하는 민주주의는 자유주의보다 더 오래된 이념이지만, 근대 만인평등을 주장하는 자유주의와 결합하여 새로운 민주주의로 재탄생했다. 개인의 자유를 가장 높은 가치로 보는 자유주의는 다수결의 원칙으로 성립하는 민주주의와의 모순을 내포한다. 다수결로 정한 법률과 원칙에 반해서 말하고 행동할 수 있는 개인의 자유를 어디까지 인정하고 허용할 것인가? 이 문제를 둘러싼 갈등은 민주주의와 자유주의 둘 다를 위기에 빠뜨릴 수 있

---

13 Axel Honneth, trans. Joel Anderson, *The Struggle for Recognition, The Moral Grammar of Social Conflict*, Cambridge, MA: MIT Press, 1995, pp. 3-63.

14 프랜시스 후쿠야마, 《역사의 종말 역사의 종점에 선 최후의 인간》, 이상훈 옮김, 한마음사, 1997.

다. 그런 관점에서 패트릭 드닌Patrick Deneen은 자유주의의 성공이 자유주의의 몰락을 초래하는 본질적 모순을 지적했다.[15] 예컨대 코로나19 상황에서 문제가 되는 것이 개인의 자유와 공동체의 안전 사이의 모순이다. 자유주의 이념에 따르면 나는 마스크를 쓰지 않을 자유가 있다. 하지만 그것을 인정하면 공동체의 방역은 무너진다. 방역의 측면만 보면, 공산당 정부가 독재를 하는 중국은 방역에 성공한 반면, 유럽과 미국의 자유주의 국가들 대부분은 실패했다. 그렇다고 자유민주주의를 포기해야 한다고 주장하는 것은 목욕물이 더럽다고 아이까지 버리는 잘못을 범하는 일이다.

자유민주주의가 가진 최대 장점은 자유로운 토론과 소통을 하는 공론의 장을 매개로 해서 국가와 사회의 중요한 문제에 대한 해결책을 합의해 나가는 것이다. 그런데 우리 시대의 딜레마는 스마트폰을 통해 타자와 초연결될수록 인정을 향한 타자와의 권력투쟁이 더욱 심화되어 소통되기보다는 오히려 불화가 증폭된다는 점이다. 댓글이 많이 달릴수록 '악플'이 증가해서 익명의 타자들은 지옥처럼 느껴진다. 그런데 정말로 "타자는 지옥이다"라고 말해야 하는가? 사르트르Jean Paul Sartre가 했던 이 말은 본래 역설적 의미를 함축한다. 타자는 지옥이라 말하며 불편한 존재로 느끼면서도, 타자에게 인정받기를 갈망하는 것이 인간이다. 인정이라는 열매를 얻기 위해서는 타자라는 지옥을 통과해야 한다. 그러고도 '좀비'가 되지 않고 내 삶의 주인공으로 살겠다는 주체의식이 바로 실존이다.

15  패트릭 J. 드닌, 《왜 자유주의는 실패했는가 – 자유주의의 본질적인 모순에 대한 분석》, 이재만 옮김, 책과함께, 2019.

비대면의 인터넷 공간에서 나는 실재가 아닌 허구의 아바타로 존재한다. 아바타로서 나에 대한 인정은 '좋아요'의 숫자로 결정된다. 그 숫자는 인정투쟁의 승리자가 되었다는 만족감을 주는 동시에 돈으로 환산된다. 유튜브에서 조회수는 광고 수입과 직결되어 자기도 모르는 사이에 '인지자본주의cognitive capitalism'[16]의 희생양이 된다. 디지털 시대 자본주의는 신체적 노동력은 물론 지각하고 느끼고 이해하고 판단하고 의지하는 인지의 무의식 영역도 점령해서 영혼의 노동력까지도 착취한다는 것이 인지자본주의의 주장이다. 이에 더해 온라인상에서 수집한 개인의 빅데이터 정보는 사용자의 명확한 인식이나 동의 없이 향후 행동을 예측하거나 자유의지를 통제하는 데 활용될 수 있다. 하버드대 경영대학원 쇼샤나 주보프Shoshana Zuboff는 구글과 같은 인터넷 기업들이 우리의 '사회적 뇌'를 그런 식으로 감시해서 이익을 창출하는 '감시자본주의Surveillance capitalism'[17]의 위험성을 경고했다. 하지만 디지털 빅브라더는 자본주의사회에서보다는 중국에서 더 심각한 문제로 제기된다. 중국 정부는 범죄와 테러, 재난의 위험으로부터 인민들을 보호한다는 명분으로 세계에서 가장 강력한 감시망을 구축하여, 그로부터 수집한 막대한 데이터를 인민 통제는 물론 도시계획과 산업에 이용한다.

코로나19 사태 이전 생활세계가 작동할 때는 인터넷의 아바타가 아니라 온전한 나로 살 수 있는 삶의 장소가 있었다. 거기서 우리는 친구들과 몸으로 하는 소통을 통해 치유를 받았다. 하지만 코로나19로 인

---

16　조정환, 《인지자본주의: 현대 세계의 거대한 전환과 사회적 삶의 재구성》, 갈무리, 2011.

17　Shoshana Zuboff, *The Age of Surveillance Capitalism: The Fight for a Human Future at the New Frontier of Power*, London: Profile Books, 2019.

해 거의 모든 것이 디지털 공간으로 이동하면서 언제 어디서나 소통할 수 있는 초연결은 이루어졌지만 생활세계는 단절됐다. 코로나19에 의해 가속화된 디지털 공간의 "생활세계의 식민화"를 어떻게 극복할 것인가? 디지털 시대의 초연결이 초래한 인간적 연결 장애로 발생한 병적 현상들을 어떻게 치유할 것인가? 그 문제들을 해결하는 것이 포스트코로나 시대 인문학의 중요한 과제가 아닐 수 없다

## | 인류 문화사, 감염을 통한 연결 |

모든 생명체는 홀로 살 수 없다. 생물은 생존에 필요한 에너지를 얻기 위하여 외부로부터 받아들인 물질을 분해하거나 그로부터 새로운 물질을 합성하는 화학작용인 물질대사metabolism를 해야 한다. 생명의 나무 줄기가 식물과 동물로 나눠진 것은 그것을 하는 방식의 차이에서 비롯한다. 식물은 태양에너지를 이용해 물과 이산화탄소로부터 포도당과 같은 유기물을 광합성하여 에너지를 조달할 수 있기에 움직일 필요가 없다. 반면 스스로 영양분을 만들 수 없는 동물은 다른 생물을 음식물로 섭취해야 한다. 그래서 발달한 것이 손과 발의 운동기관과 눈, 코, 귀 등의 감각기관이다.

운동을 하려면 상황을 시뮬레이션해 보는 사고를 해야 한다. 사고란 "내면화된 운동"[18]이며, 그것을 담당하는 신체기관이 뇌다. 운동을 하려면 먼저 그걸 하고 싶다는 감정이 일어나야 한다. 두려움, 화, 슬픔, 기

---

18  로돌포 R. 이나스, 《꿈꾸는 기계의 진화》, 김미선 옮김, 북센스, 2007.

뿜, 사랑 등 모든 감정은 신경학적 과정이며, 그것은 뇌의 번연계limbic System에서 관장한다. 감정은 통제가 필요하다. 신체를 움직이고 모든 감각 정보를 종합하는 이성적 기능은 대뇌피질이 한다. 나의 뇌가 아니라 뇌가 나의 주인이다. 뇌는 내가 원하는 대로 작동하는 것이 아니라, 뇌가 지시하는 대로 내가 생각하고 느끼고 행동한다. 뇌는 이기적 유전자처럼 나를 로봇처럼 부리지만, 나는 그런 나를 알고 있다. 본능적으로 행동하는 나, 욕망을 추구하는 나, 이성적 사고를 하는 나 사이에서 나는 매 순간 갈등한다. 프로이트Sigmund Freud는 그런 여러 '나'를 이드id, 자아, 초자아로 구분했다. 나는 누구인가의 정체성은 결국 이 셋의 서로 다른 '나'를 어떻게 연결하느냐로 발현된다.

그런 복잡한 여러 '나'가 연결되어 집단을 이루며 사는 동물이 인간이다. 그래서 아리스토텔레스는 인간을 "폴리스적 동물zoon politikon"[19]이라 정의했다. 여기서 '폴리스적'은 '정치적' 또는 '사회적'으로 번역된다. 두 번역 모두 인간은 타자들과 함께 공동체를 형성하는 삶을 영위한다는 의미를 함축한다. 동물은 종種에 따라 집단을 형성할 수 있는 개체의 임계 숫자가 다르다. 그에 대한 가장 유명한 연구는 영국 옥스퍼드대학의 문화인류학자 로빈 던바Robin Dunbar가 했던 '사회적 뇌' 가설이다.[20] '사회적 뇌'의 용량은 대뇌피질의 비율로 결정된다. 가장 발달한 인간의 경우는 친밀한 관계로 집단을 형성하는 최대 인원이 150명이라고 한다. 이를 밝혀 낸 사람의 이름을 따서 그 임계숫자를 '던바의 수Dunbar's number'라고 부른다. 페이스북 친구가 아무리 많은 사람도 정기적으로

---

19  아리스토텔레스, 《정치학》, 천병희 옮김, 숲, 2009.

20  로빈 던바, 《멸종하거나, 진화하거나》, 김학영 옮김, 반니, 2015.

연락하는 사람은 거의 150명 정도로 한정된다.

인간의 뇌 속에는 또 다른 뇌인 '사회적 뇌'가 있기에 나의 뇌 안에는 내가 아는 150명의 뇌가 들어 있어서 그들과 연결된 사고를 한다. 매튜 D. 리버먼Matthew D. Lieberman은 인류가 성공한 비밀이 '사회적 뇌'에 담겨 있다고 보았다. 그에 따르면, 인간의 뇌는 생각하기 위해서만이 아니라 '사회적 연결'을 위해서 진화했다. 다른 사람들과 접촉하고 연결되고자 하는 욕구가 삶의 모든 측면에서 우리 행동을 좌우하는 가장 기본적인 힘이며, 그것이 인류를 위대하게 만든 원동력이란 것이다.[21]

인간은 다른 종들과 달리 다른 사람들의 마음을 읽고자 노력하며, 그들과의 연결을 갈망한다. 그런 '사회적 뇌'는 양면성의 효과를 발휘한다. 타자로부터 인정받고 싶은 욕망을 일으켜서 인정투쟁이 벌어지게 하는 한편, 공감하는 능력을 진화시켰다. 상대방의 생각이나 행동을 마치 자신의 것인 양 느끼는 공감은 인간과 원숭이 같은 고등동물에게만 나타나는 특성이다. 이탈리아 신경과학자 자코모 리촐라티Giacomo Rizzolatti 연구팀은 그 이유를 우연한 계기로 밝혀냈다. 원숭이 뇌에 전극을 꽂고 뇌파 변화를 연구하던 중 한 연구원이 간식을 먹으며 방에 들어섰는데, 그를 보고 있던 원숭이의 뇌파가 움직였다. 그 뇌파는 원숭이가 자기 입에 음식을 넣을 때 보이는 파동과 동일했다. 어떻게 먹는 것을 본 원숭이의 뇌파가 실제로 먹은 것처럼 반응했을까? 그런 의문이 거울신경세포mirror neurons라는 특이한 뉴런의 발견을 이끌었다. 인간은 개념적 추리가 아니라 직접적인 시뮬레이션, 곧 생각이 아니라

---

21  매튜 D. 리버먼,《사회적 뇌 인류 성공의 비밀》, 최호영 옮김, 시공사 2015.

느낌으로도 이해하는 공감 능력을 갖고 있다.[22]

　마음과 마음이 통하는 공감적 연결이 인간에게 준 최대 선물이 예술이다. 인간 사이에 서로 감정이 통하지 않는다면 예술은 성립할 수 없다. 톨스토이는 예술을 "어떤 사람이 자기가 경험한 느낌을 의식적으로 일정한 외면적인 부호로써 타인에게 전하고, 타인은 이 느낌에 감염되어 이를 경험한다는 것으로써 성립되는 인간의 작업"[23]이라고 정의했다. 톨스토이는 인간에게 감정의 감염이 일어나는 것을 인류문화사의 기본 범주로 보았다. 그런 "능력 덕택에 감정의 세계에서도 그 이전의 인류가 경험한 일을 모두 이해할 수 있고, 동시대 사람들이 경험한 감정이나 천 년 전 타인이 맛본 느낌을 알 수 있으며, 또한 자기의 느낌을 타인에게 전할 수도 있게 되는 것이다. 만일 인간에게서 말로써 전해지는 옛날 사람들의 사상을 죄다 몰수해 버리거나 그에게 자기 사상을 타인에게 전달하는 능력이 없었다면, 인간은 야수"[24]로 전락했을 것이다. 인간을 인간답게 그리고 위대하게 만든 거의 모든 활동은 감염을 통한 연결로 성취된 것이다. 예술과 사상은 물론 집단학습의 교육과 종교적 믿음 또한 감염을 통한 연결로 이뤄진다. 소크라테스의 생각에 감염된 플라톤이 있었기에《대화편》이란 고전이 쓰여졌고, 붓다·공자·예수·무함마드의 가르침에 감염된 제자들 덕분에 4대 종교가 생겨났다. 도킨스가 말하는 '밈'은 기본적으로 인간의 뇌에서 일어나는 마음의 감염을 통해 진화한다. 그런 맥락에서 의식을 연구하는 철학자 데닛Daniel C. Dennett

---

22　제러미 리프킨,《공감의 시대》, 이경남 옮김, 민음사, 2010, 102쪽.

23　톨스토이,《예술이란 무엇인가》, 이철 옮김, 범우사, 2019, 72쪽.

24　톨스토이,《예술이란 무엇인가》, 73쪽.

은 "사람은 수백만 개나 되는 문화적 공생체들의 숙주인 감염된 뇌를 지 닌 호미니드hominid이며, 그것을 가능하게 한 주역은 언어라는 공생체 체계다"[25]라고 했다. 언어를 매개로 해서 마음의 바이러스가 다른 사람 의 뇌에 감염되는 것으로 인류문화사가 전개됐으며, 그 과정에서 이야 기는 문화유전자를 전달하고 복제하는 생식세포의 역할을 했다.

많은 사람이 같은 꿈을 꾸면 그것은 현실이 된다. 영화 〈인셉션〉이 이야기하듯이 꿈을 매개로 다른 사람의 뇌에 생각의 바이러스를 감염 시키는 것으로 그 사람의 행동을 바꿀 수 있다. 그것을 집단적으로 하 는 것이 교육이고 종교다. 내 뇌가 어떤 감정과 사상에 감염되느냐로 나는 무엇인가의 정체성이 형성되고 삶의 목표가 설정된다. 감염 자체 는 좋지도 나쁘지도 않은 하나의 연결이다. 어떤 생각과 감정도 감염이 일어나지 않으면 결국 사라진다. 그것들을 문화유전자로 변환시켜서 증식을 위한 생식세포로 만드는 작업이 예술과 학문이라 말할 수 있다. 결국 인간의 생각과 감정이 서식하는 숙주는 뇌다.

코로나19 팬데믹의 문제는 인간에 의해 자의적으로 생명이 아닌 물 질로 취급되는 바이러스가 감염을 일으킴으로써 발생했다. 코로나바 이러스 입장에서 보면, 숙주인 인간에게 감염을 일으키는 것은 자연의 이치다. 다른 사람의 생각과 감정에 감염되어 마음으로 동정하고 연대 하듯이, 코로나바이러스에 감염되면 몸이 병으로 반응을 보인다. 코로 나바이러스와 인간의 연결이 잘못된 만남인가? 과학은 그 만남의 원인 제공자가 인간임을 밝힌다. 대부분의 감염병은 다른 생명의 서식지를

---

25   대니얼 데닛,《자유는 진화한다》, 이한음 옮김, 동녘사이언스, 2009, 243쪽.

침범함으로써 발생하는 인수人獸공통감염병zoonosis에서 기원한다.[26] 인간은 그것을 자기중심적으로 '길들이기domestication'라고 표현한다. 그 순서는 개·양·염소·돼지·소·고양이·말·낙타·닭·오리 등으로 진행됐고, 대체로 그것들을 길들이기 시작한 기간과 인간과 함께 생활해왔던 밀도에 비례해서 각 동물과의 인수공통질병의 수가 나타난다. 예컨대 개와는 광견병을 비롯한 60종, 양과 염소와는 홍역을 포함한 46종, 소는 천연두 이외에 60종, 쥐와는 페스트를 필두로 32종, 그리고 가장 최근에 길들여진 조류는 인플루엔자를 포함한 26종의 병원체를 공유한다고 한다.

우리는 코로나바이러스 때문에 고통을 많이 받았다. 하지만 그것들 덕분에 우리는 지젝Slavoj Žižek이 말하는 근본적인 성찰을 할 필요를 느꼈다. "어쩌면 이것이야말로 우리가 현재진행형인 바이러스 감염병으로부터 깨우칠 수 있는 가장 불편한 진실일 것이다. 자연이 바이러스로 우리를 공격하는 것은, 어떤 면에서 우리에게 우리 자신의 메시지를 돌려주는 일이란 사실이다. 그 메시지는 이렇다. 네가 나에게 했던 짓을 내가 지금 너에게 하고 있다."[27] 여기서 '너'가 인간이라면 '나'는 바이러스, 곧 자연이다. 코로나바이러스는 자연이 보낸 메신저다. 코로나바이러스의 물질적 감염은 인간의 비물질적 마음의 감염에 커다란 장애를 일으켰다. 위에서 말한 것처럼 '사회적 거리두기'로 인해 일상 세계가 차단됐기 때문이다. 인간들은 물질적 감염을 막기 위해 연결의 매체를 인터넷으

---

26  데이비드 콰먼, 《인수공통 모든 전염병의 열쇠》, 강병철 옮김, 꿈꿀자유, 2020.

27  슬라보예 지젝, 《팬데믹 패닉: 코로나19는 세계를 어떻게 뒤흔들었는가》, 강우성 옮김, 북하우스, 2020, 104쪽.

로 바꿈으로써 일상의 생활세계가 차단됐다. 아날로그 세계에서 이뤄졌던 가능할 수 있는 거의 모든 것이 디지털 공간으로 이동했다. 그렇게 디지털 공간이 생활세계를 점령해서 발생한 병적 현상이 코로나 블루다.

인간 뇌가 가진 기능은 아주 오랜 세월에 걸친 진화의 소산이다. 그런데 우리 시대 인류는 유사 이래 가장 큰 변화를 가장 빠르게 경험하면서 적응 장애를 겪고 있다. 자연이 코로나19를 통해 보낸 메시지 가운데 하나가 인류 생존과 문명의 위기가 이미 와 있는 '도착한 미래'라는 사실이다. 이대로 계속 문명이 진행되면 미래 후손들에게는 생존의 기회가 없다. 영화 〈테넷〉이 시간을 거꾸로 되돌리는 상상력으로 위기 상황을 펼쳐 냈듯이, 미래 후손이 현재의 우리를 응징하려고 습격해서 우리를 교정하는 것 말고는 대안이 없다.

코로나바이러스 이전 BC와 이후 AC를 나누는 구원의 메시지는 그리스도로부터 전해졌다. 십자가에서 못 박혀 죽은 후 무덤에서 부활한 예수가 자기를 알아본 막달라 마리아에게 했던 말이 "나를 만지지 마라"(〈요한복음〉 20장 17절)이다. 왜 그리스도는 가장 사랑하는 제자에게 그런 말을 했을까? 여러 해석이 있다.[28] 지젝은 이 말을 코로나 시대 인간관계와 연관해서 해석했다. 그리스도와 당신을 믿는 자들 사이의 관계는 더 이상 육체적 접촉으로 연결되지 않는다. "만질 수 있는 인간으로서가 아니라 사람들을 사랑과 연대로 묶는 존재로 임재할 것"[29]이란 메시지가 담겨 있다. 더 이상 만날 수 없는 승천한 이후 제자들과의 관

---

28  장 뤽 낭시,《나를 만지지 마라: 몸의 들림에 관한 에세이》, 이만형·정과리 옮김, 문학과지성사, 2015.

29  슬라보예 지젝,《팬데믹 패닉》, 17쪽.

계에 대해 그는 이미 말했다. "너희가 내 형제들인 이 가장 작은 이들 가운데 한 사람에게 해 준 것이 바로 나에게 해 준 것이다"(〈마태오복음〉 25장 40절).

코로나19는 우리가 얼마나 취약한 존재인가를 새삼 깨닫게 했다. 인간은 자기정체성을 야훼 하나님처럼 "I AM WHO I AM"이거나 붓다처럼 "천상천하天上天下 유아독존唯我獨尊"이라 말할 수 있는 절대자가 아니다. 한국 사회에는 너무나 많은 교회들과 대형 교회가 있지만, 코로나 상황에서는 온라인 예배를 드릴 수밖에 없다. 그런데 한번 생각해 보자. 신과의 만남은 본래부터가 비대면 아니었던가? 결국 문제는 연결이다. 나는 연결이고, 연결이 나다.

## 포스트코로나 시대 인문학의 과제

내가 있다는 것은 생명으로 태어난 것이고, 죽음과 함께 나는 사라진다. 내가 생명을 유지하는 동안만 나로서 존재한다. 생명을 유지하려면 최소한 두 요건을 충족해야 한다. 먹고 배설해야 하고 숨을 쉬어야 한다. 먹는다는 것은 외부로부터 음식물을 섭취하는 것이고, 호흡은 그 음식물을 소화시켜 얻은 영양물질을 산화시켜 에너지를 얻는 대사 과정이다. 이 둘 모두는 들어오고 나가는 외부와의 연결로 일어난다. 내 몸을 구성하는 세포는 결국 내가 먹은 것들로부터 만들어진 것이고, 내 생각 또한 알고 보면 본래 내 것 아닌 타자로부터 감염된 것들이다.

몸이 더 이상 작동하지 않는 것이 내가 사라지는 죽음이지만, 몸이 나는 아니다. 세계적인 한국인 뇌과학자 승현준Sebastian Seung은 TED

Global 2010 강연[30]에서 "나는 내 유전자들 이상이다I am more than my genes"라고 말하면서, "나는 나의 커넥톰이다I am my connectome"라고 정의했다. 인간이 생각하고 결정하는 모든 행동은 뇌 속 신경세포 사이의 전기·화학적 신호 전달에 의해 이루어지므로, 나를 나이게 만드는 것, 곧 나의 유일함을 결정하는 것은 커넥톰이다.[31]

뇌의 신경망의 연결로 나는 무엇인지를 의식화한다. 그런 의식화 과정은 뇌 안에서 일어나며, 그것을 기반으로 나는 세상과 연결되는 삶을 영위하면서 타자에게 인정을 받고 나는 그것으로 존재의미를 충족한다. 유교는 그런 연결의 네트워크를 구성하는 문법을 인간의 무늬로 새기는 것을 교육의 목표로 삼았다. 나와 세상을 연결하는 가장 유명한 문법이 《대학大學》에 나오는 "수신제가치국평천하修身齊家治國平天下"다. 나의 연결망을 동심원적으로 확대할 수 있는 품성을 길러 내는 것이 유교적 심성 교육의 핵심이다. '수신'은 모두가 해야 하는 것이지만, 그 단계에 따라 연결할 수 있는 크기가 달라진다. 그것은 아래로부터 위로 확장하는 상향식bottom-up의 연결 방식이다.

이에 비해 근본적인 것으로 내려오는 하향식top-down 연결이 있다. 생명체를 구성하는 구조적인 기본 단위는 세포다. 세포들의 연합체로 탄생한 생명은 '경계를 지닌 물리적 실체'다.[32] 그 경계가 나와 너다. 살아 있다는 것은 경계를 지키는 과정이고, 죽음과 함께 경계가 무너지고 자

---

30  https://www.ted.com/talks/sebastian_seung_i_am_my_connectome/transcript?language=en.

31  승현준, 《커넥톰, 뇌의 지도: 인간의 정신, 기억, 성격은 어떻게 뇌에 저장되고 활용되는가?》, 신상규 옮김, 김영사, 2014.

32  폴 너스, 《생명이란 무엇인가: 5단계로 이해하는 생물학》, 이한음 옮김, 까치, 2021.

연으로 회귀한다. 세균에서부터 인류까지 지구상 모든 생명체는 하나의 뿌리에서 나와 진화를 통한 성장으로 거대한 나무로 자라났다. 지구 역사에서 가장 경이로운 순간이 생명의 탄생이다. 생명은 수십억 년 전에 우연하게 생겨난 단 하나의 씨앗에서 발아했다. 그런 생명이 탄생하는 사건은 오직 단 한 번만 일어났다. 지구상의 모든 생명체가 동일한 유전자 암호를 갖고 있다는 것이 모든 생명체가 하나의 기원 세포로부터 진화했다는 증거다. 다윈이 제안한 '생명의 나무the tree of life'에서 가장 밑기둥에 해당하는 그 최초의 세포를 모든 생명의 공동 조상 "루카LUCA: last universal common ancestor"라고 부른다. 지구상에 있었고 있는 모든 생명체가 그로부터 기원했기에, 우리 모두는 한 가족이고 '공생자 행성'에 살고 있다.

지금 있는 '나'는 생명의 역사에서 아주 짧은 시간 동안 한정된 지역에서 잠시 있다가 사라지지만, 그 '나'가 없다면 내 후손들은 생겨날 수 없고, 마찬가지로 내 조상 가운데 한 분이라도 존재하지 않았다면 현재의 '나'는 없다. 그렇다면 "나는 어디서 왔고, 무엇이고, 어디로 가는가?" 나는 세상과의 연결로 생겨났고, 다시 세상과의 연결로 사라진다. 삶이란 너와 나의 경계가 있는 동안에 일어나는 현상이고, 죽음과 함께 그 경계가 무너지면서 다시 자연으로 돌아간다.

그렇다면 이렇게 있다가 없어지는 게 '나'라면, 나의 진면목은 무엇인가? "이 뭐꼬?" 이 물음을 던지는 "나는 연결이고, 연결이 나다." 그리고 '경계를 지닌 물리적 실체'로서 존재하는 나의 연결이 어떻게 어떤 차원에서 이루어지느냐로 나의 정체성과 존재의미가 규정된다. 과학이 몸이라는 물질의 연결 방식을 법칙적으로 밝히는 학문이라면, 인문학은 마음의 문법에 대해 이야기하는 학문이다. 코로나19 팬데믹은 우리의 몸에 코로나바이러스가 들어옴으로써 생겨난 현상이다. 그것이 인간에게는 감염병으로 나타났지만, 코로나바이러스의 입장에서 이는 연결을 통한 자기 유전체의 복제를 위한 것이다. 인간들이 잘못된 만남으로 여기는 그 연결의 일차적 책임은 다른 유기체의 생명권biosphere을 침범하고, 심지어 그들을 식용으로 섭취한 인간에게 있다. 포스트코로나 시대 인문학은 인간과 인간 사이의 차원을 넘어 인간과 비인간 사이 연결에 대한 새로운 관계 문법에 대해 숙고해야 한다.

코로나바이러스는 지구라는 대지의 아들로 태어난 인간이 대지를 소유하고 지구 생태계를 파괴한 업보를 받고 있다는 반성을 하지 않으면 6번째 대멸종을 피할 길이 없다는 메시지를 가져왔다. 마르크스는 인간을 노동을 통해 자연과 물질대사를 하는 생산자로 위치 지웠다. 생산자로서 인간은 자연을 자원으로 착취했지만, 이제는 그 한계 지점에 도달했다. 브뤼노 라투르Bruno Latour의 주장대로 지구에서 인간의 위치를 "생산 시스템system of production"에서 "생성 시스템system of engendering"[33]으로 바꾸지 않으면 미래 문명은 지속가능하지 않을 뿐 아니라 인류 생존도 위험하다. 생성 시스템 속의 인간은 다른 존재를 자원으로 이용하는 생산자가 아니라, 지구 생태계 네트워크상에 있는 하나의 행위자다. 행위자로서 인류는 포스트코로나 시대 새로운 마음의 자세를 가져야 한다. 우리가 자연뿐만 아니라 우리가 발명한 핵무기, 플라스틱, 인공지능 등과 어떤 관계를 생성할 것인가? 이 물음에 답하는 것이 포스트코로나 시대 인문학의 중요한 과제다.

---

33  브뤼노 라투르,《지구와 충돌하지 않고 착륙하는 방법: 신기후체제의 정치》, 박범순 옮김, 이음, 2021, 120쪽.

## 참고문헌

낭시, 장 뤽,《나를 만지지 마라: 몸의 들림에 관한 에세이》, 이만형 · 정과리 옮김, 문학과지성사, 2015.

너스, 폴,《생명이란 무엇인가: 5단계로 이해하는 생물학》, 이한음 옮김, 까치, 2021.

노르베리 호지, 헬레나,《오래된 미래》, 양희승 옮김, 중앙북스, 2012.

던바, 로빈,《멸종하거나, 진화하거나》, 김학영 옮김, 반니, 2015.

데닛, 대니얼,《자유는 진화한다》, 이한음 옮김, 동녘사이언스, 2009.

도킨스, 리처드,《이기적 유전자》, 홍영남 · 이상임 옮김, 을유문화사, 2006.

_____,《확장된 표현형: 〈이기적 유전자〉 그다음 이야기》, 홍영남 · 장대익 옮김, 을유문화사, 2016.

드닌, 패트릭 J.,《왜 자유주의는 실패했는가: 자유주의의 본질적인 모순에 대한 분석》, 이재만 옮김, 책과함께, 2019.

라투르, 브뤼노,《지구와 충돌하지 않고 착륙하는 방법: 신기후체제의 정치》, 박범순 옮김, 이음, 2021.

르 고프, 자크 · 몽트르미, 장-모리스드,《중세를 찾아서》, 최애리 옮김, 해나무, 2005.

리버먼, 매튜 D.,《사회적 뇌 인류 성공의 비밀》, 최호영 옮김, 시공사 2015.

리프킨, 제러미,《공감의 시대》, 이경남 옮김, 민음사, 2010.

아리스토텔레스,《정치학》, 천병희 옮김, 숲, 2009.

이나스, 로돌포 R.,《꿈꾸는 기계의 진화》, 김미선 옮김, 북센스, 2007.

장동선,《뇌 속에 또 다른 뇌가 있다》, 염정용 옮김, arte, 2017.

조정환,《인지자본주의: 현대 세계의 거대한 전환과 사회적 삶의 재구성》, 갈무리, 2011.

지젝, 슬라보예,《팬데믹 패닉: 코로나19는 세계를 어떻게 뒤흔들었는가》, 강우성 옮김, 북하우스, 2020

톨스토이,《예술이란 무엇인가》, 이철 옮김, 범우사, 2019.

콰먼, 데이비드,《인수공통 모든 전염병의 열쇠》, 강병철 옮김, 꿈꿀자유, 2020.

핑커, 스티븐,《언어본능: 마음은 어떻게 언어를 만드는가?》, 김한영 옮김, 동녘사이언스, 2008.

하라리, 유발,《사피엔스—유인원에서 사이보그까지, 인간 역사의 대담하고 위대한 질문》, 조현욱 옮김, 김영사, 2015.

후설, 에드문트,《유럽 학문의 위기와 선험적 현상학》, 이종훈 옮김, 한길사, 2016.

후쿠야마, 프랜시스,《역사의 종말 역사의 종점에 선 최후의 인간》, 이상훈 옮김, 한마음사, 1997.

Honneth, Axel, trans. Anderson, Joel, *The Struggle for Recognition, The Moral Grammar of Social Conflict*, Cambridge, MA: MIT Press, 1995.

Niles, John D., *Homo Narrans: The Poetics and Anthropology of Oral Literature*, Univ of Pennsylvania Pr., 2010.

Zuboff, Shoshana, *The Age of Surveillance Capitalism: The Fight for a Human Future at the New Frontier of Power*, London: Profile Books, 2019.

**인터넷 자료**

https://www.ted.com/talks/sebastian_seung_i_am_my_connectome /transcript?language=en (검색일 : 2021. 2. 6).

초연결사회를 향한
여덟 개의 인문학적 시선

2021년 7월 30일 초판 1쇄 발행

지은이 | 김기봉 · 유강하 · 이지선 · 이청호 · 정성미 · 정락길 · 차민철 · 한의정
펴낸이 | 노경인 · 김주영


펴낸곳 | 도서출판 앨피
출판등록 | 2004년 11월 23일 제2011-000087호
주소 | 우)07275 서울시 영등포구 영등포로 5길 19(37-1 동아프라임밸리) 1202-1호.
전화 | 02-336-2776  팩스 | 0505-115-0525
전자우편 | lpbook12@naver.com


ISBN 979-11-90901- 39-0